家庭性教育
16讲

方刚 著

中国社会科学出版社

图书在版编目（CIP）数据

家庭性教育16讲 / 方刚著. — 北京：中国社会科学出版社，2018.10（2022.7重印）
ISBN 978-7-5203-2684-1

Ⅰ.①家… Ⅱ.①方… Ⅲ.①性教育－家庭教育 Ⅳ.①G479②G78

中国版本图书馆CIP数据核字（2018）第132137号

出 版 人	赵剑英
责任编辑	郭晓娟
责任校对	周晓东
责任印制	王　超

出　　版	中国社会科学出版社
社　　址	北京鼓楼西大街甲158号
邮　　编	100720
网　　址	http://www.csspw.cn
发 行 部	010-84083685
门 市 部	010-84029450
经　　销	新华书店及其他书店
印　　刷	北京明恒达印务有限公司
装　　订	廊坊市广阳区广增装订厂
版　　次	2018年10月第1版
印　　次	2022年7月第8次印刷
开　　本	710×1000 1/16
印　　张	18.75
插　　页	2
字　　数	248千字
定　　价	78.00元

凡购买中国社会科学出版社图书，如有质量问题请与本社营销中心联系调换
电话：010-84083683
版权所有　侵权必究

前　言

近些年，性教育受到越来越多家长的重视，但许多家庭并不知道该如何进行性教育。

性教育是一个专业，确实是需要学习才可以进行的。性教育做得好，孩子受益；性教育做得不好，还不如不做。

对孩子的性教育，不只是性生理知识的教育，更是亲密关系的整体教育，是人格成长的教育。

本书有助于家长在最短的时间内学习到性教育的一些基本理念，能够处理孩子成长过程中常见的一些性教育问题。

我在这本书中传递给读者的性教育态度，就是我对自己孩子的态度。我希望你们孩子接受的教育，就是我对自己孩子进行的教育。如果我没有孩子或者我对我的孩子是另一种性教育的态度，读者就有理由担心我把别人的孩子当试验品了。但是，我也是一个父亲，也是家长，我希望你对你们孩子讲的，就是我对我的孩子讲的。

本书以我的16讲家庭性教育微课的录音整理稿为基础编写，许多地方保留了讲座中的口语色彩。我希望这让读者感到更轻松、随意、亲切，像同我一起喝茶谈心。

在每一讲后面附上了一些家长的提问。这些家长的提问，是我多年来在各地讲课时，家长们现场提出的问题汇总。我收到过几千个问题，这里收入的几百个问题都是最常见到的。

每个家庭都不一样，每个孩子也不一样，所以，每位读者都可能会有独特的性教育问题。但是，仔细阅读本书内容，我相信便可以举一反三，有能力处理您自己的问题了。

本书16讲的内容并不是我一拍脑袋瓜想出来的，而是人类性教育积累了约一百年的经验后，性教育工作者普遍认为应该讲给孩子们听的。

这16讲的逻辑关系是这样的：

第1讲，介绍家庭性教育的基本理念，这对于理解本书后面具体的性教育内容是必需的。性教育是有理论指导的，不是凭个人经验或热情便可以做的。这一讲我着重介绍了我倡导的"赋权型性教育"的理念。

第2讲，介绍家庭性教育的一些技巧。性教育有四种形式，即家庭性教育、学校性教育、社会性教育、同伴性教育。家庭性教育有不同于另外三种性教育的技巧，这些也是家长从事性教育所必须了解的。

第3讲，可以视为家庭性教育技巧的延伸，提示读者性教育从出生就开始了，父母日常生活中亲密关系的实践就是对孩子的一种性教育，孩子从小到大接触的童话、电影等也是对他们的性教育。理解、擅于这些"性教育"，是促进孩子健康成长的一部分。

第4讲至第13讲，是几乎所有家庭都会遇到的性教育的具体问题。我们按照遇到的大致时间顺序，进行了排列。从"我从哪儿来的"这样的问题，一直到青春期的恋爱与性，逐一深入解读，从理论到实务给家长具体、详细的建议。所以，这是一本实操性很强的书。

第 14 讲，主要讨论残障孩子的性教育问题。

第 15 讲，讨论特殊家庭，如离异家庭、单亲家庭的性教育问题。

第 16 讲，"未尽的性教育话题"，是针对一些家长提问的回复，这些提问涉及的问题均是前面 15 讲中没有包括进来的，但又是家庭性教育中难免遇到的。

虽然我已经尽可能地在本书中涵盖了家庭性教育的主要议题，但是，人类生活的复杂性和孩子成长的差异性，都决定了任何一本书都不可能囊括家庭性教育的所有问题。与给读者问题的答案相比，我更希望读者能够通过有限的阅读进行思考、成长，形成赋权型性教育的价值观。有了这种价值观和思维方式，你遇到的问题再多，都可以很好地自己处理。

不谦虚地说，真正认真阅读、理解、消化本书，便可以做到：一册在手，家庭性教育不再困难。

本书所有的内容，都是基于增能、赋权的理念，目标是促进孩子的成长，使他们懂得我提出和倡导的"自主、健康、责任"的"性爱三原则"，而不是对孩子进行简单的规训。

虽然题为"家庭性教育"，但本书的阅读对象，不仅包括 0—18 岁孩子的家长，还可以包括幼儿园、小学、中学教师，因为家庭和学校是相互交织和影响的。

目　录

第 1 讲
性教育最重要的是理念正确

性教育是人格成长的教育	2
好的教育是促进孩子成长	3
赋权不是放弃教育和责任	7
禁欲型性教育行不通	9
坦然地和孩子谈性	11
答问	14

第 2 讲
家长做性教育的应备技巧

性教育技能需要花时间学习	26
要有正确的性观念	27
要不断思考和学习	28
用身边小事进行性教育	30
以平常心、诚实地进行性教育	34
答问	37

第 3 讲
从出生开始的性教育：父母榜样与童话的影响

被"屏蔽"的性	44
我对女儿的性教育设想	45
孩子从父母那里学习亲密关系	47
如何用《白雪公主》进行性教育	50
如何用《灰姑娘》进行性教育？	55
答问	57

第 4 讲
"我从哪儿来的"？

种子、房子，是误导孩子	64
《小威向前冲》的一些误导	65
赋权型性教育怎么讲	67
利用一个绘本解说"我从哪儿来的"	68
答问	72

第 5 讲
身体亲密，禁止还是接纳？

分床	80
共浴	83
撞见父母做爱或更衣	86
亲热镜头	87
答问	89

第 6 讲
孩子自慰怎么办？

自慰背后的价值观之争	106
自慰最大的害处是你对自慰有害的担心	107
自慰次数不会"过度"	109
自慰方式可能"过度"	110
婴幼儿自慰的三个要点	111
女生自慰同样不羞耻	113
答问	115

第 7 讲
疑似同性恋、偷穿异性衣物怎么办？

概念澄清	126
小心"恐同症"	127
孩子是同性恋怎么办	129
变装与变性	132
如何更好地爱孩子	135
答问	138

第 8 讲
孩子被性骚扰或者骚扰别人怎么办？

有些防性骚扰的教育是片面的	146
孩子受性侵后怎么办	150
应该强调身体权	151
这样做是对孩子的二次伤害	153
给施加性骚扰的孩子成长的机会	156
答问	158

第 9 讲
孩子"不阳刚""不温柔"怎么办？

性别气质多元呈现不可怕	168
二元划分的性别教育伤害了孩子	169
兼性最理想	172
从小培养兼性气质	173
答问	177

第 10 讲
孩子看了色情品怎么办？

色情品不是真实生活的反映	186
意外看到色情品莫焦虑	188
注重人格培养最重要	190
看完色情品做坏事，怎么办？	191
答问	192

第 11 讲
青春期那些事儿

月经	198
遗精	201
性梦	202
性幻想	203
乳房	204
阴茎	205
悦纳自己	206
答问	209

第 12 讲
孩子进入青春期,谈恋爱怎么办?

让孩子学会负责任	214
处理情感问题的增能	216
学习思考如何应对不同的可能	219
恋爱学习,如何两不误	221
答问	225

第 13 讲
孩子有了性关系,怎么办?

孩子发生性关系,家长怕的是什么?	234
守贞教育为什么失败	236
最重要的是让孩子学会负责任	237
如何培养孩子负责任	239
理解和接纳孩子	242
答问	244

第 14 讲
残障孩子的性教育需要注意哪些问题?

不能否定残障者的性	252
父母要尊重残障孩子的性人权	254
用残障者的标准看问题	255
如何实现残障者的性权?	256
性教育不能成为性规训,残障者的性教育更是如此	259
残障孩子性需求的满足	260
答问	263

第 15 讲
特殊家庭的性教育

父母一方出轨家庭的性教育　　266
单亲家庭的性教育　　267
再婚家庭的性教育　　268
家长太忙，没有时间进行性教育　　269
答问　　270

第 16 讲
未尽的性教育话题

身体的探索　　274
身体接触的困惑　　277
性的懵懂与好奇　　281

延伸阅读　　285
致　谢　　287

性教育最重要的是理念正确

我接触过很多家长,一谈性教育就很恐慌,有点"谈性教育色变"。他们谈关于孩子的其他教育的时候都没有问题,而且都非常关心孩子的教育,但是涉及性教育却不敢谈了,甚至认为不应该谈。

与上述家长不一样,有一些家长是非常重视性教育的,想给孩子进行性教育,他们通常也是很开明的家长。但是,重视性教育、想做性教育,与能够做好性教育是两回事。性教育不能靠个人经验,也不能靠"常识",性教育是一个专业,需要学习。而在我看来,最需要学习的是价值观。有了正确的性教育价值观,性教育就好做了。给孩子树立了正确的性价值观,性教育也就成功了一大半。所以,学习性教育,要先从理念入手。

性教育是人格成长的教育

关于孩子成长的课程有很多，比如"注意力集中训练"之类都非常火爆。但是性教育的课程，包括我给家长办的"如何对孩子进行性教育"的线下课程，却只有少数家长问津。多数家长认为性教育不重要，这其实是错的。首先，他们非常错误地理解了性教育的内容；其次，又非常错误地理解了性教育可能对孩子的影响和改变。比如说，父母对性教育的内容最常见的一个误解就是认为：性教育就是讲生理知识、讲性知识。错了，这是一个非常大的错误。

如果只是讲一点性生理知识，那还需要全世界不同国家这么多专业工作者研究那么多年吗？所以性教育当然不是简单的生理知识教育，性教育只不过是从性的角度来促进孩子全面的人格成长，所以它是人格成长的一部分。所以，性教育做好了，有助于孩子认识自我、处理人际关系，知道如何对自己和他人负责，甚至会安排自己的生活、安排自己的人生。性教育是一种人生观、价值观、责任感全面成长的教育。

我经常和家长说，如果我们的性教育成功了，这个孩子的学习你根本就不用管了，这个孩子未来的择偶你也不用管了，这个孩子一生的事业你基本都不用管了。听起来似乎有些夸张，但这强调的是性教育是人格成长的一部分。后边随着课程的展开，大家就会越来越发现这一点。

同样我也认为一个从小在其他领域学习了懂得对自己和他人负责、有人生追求、有积极进取的人生态度、人际关系非常好、有理想有目标的人，他不学习性教育也问题不大，或者说只需要很少的性教育就可以达到目标。但实际上，这样的孩子在今天中国的教育体系当中很难培养出来。为什么？因为今天中国主流的教育是应试教育，都在培养孩子考试。所以缺失这种人格的全面成长、责任心等的教育。

还有一些家长对性教育有偏见。这些家长首先就没有认识到性教育的重要性，其次是对性教育有一些错误的认识：我的孩子原来不懂得性，结果你讲完了，他／她更关注性了。这是非常错误的担心，为什么？首先，你的孩子原本是否关注性你并不真的知道，他／她即使今天不关注，明天不关注，后天还不关注吗？今年不关注，明年还不关注吗？你的孩子如果一直不关注性，那你才应该着急呢。其次，如果说孩子学习了性教育，像有些家长担心的那样，有了过早的性关系等，那我们做的就不是性教育，而是性教唆！总的来说，这些家长不相信性教育这个专业领域的专业人士。

还有一些家长会担心：如果孩子很小便懂得性，会不会过早地对性失去兴趣？这个观点和之前一样，把性教育当作简单的性生理教育了。首先，一个人不会因为了解性知识而没有"性趣"。成年人会因为了解了性知识而没有性欲吗？我作为性学家，对性还是依然有兴趣的。其次，我还要说，性教育不是简单的生理知识。我倡导的赋权型性教育是以讲性生理、性知识为基础的，进行一个人人格成长的全面的教育。

好的教育是促进孩子成长

性教育有四种不同的渠道，分别是家庭性教育、学校性教育、同伴性教育、社会性教育。学校性教育，此处就不做过多解释了；同伴性教育，是指同龄伙伴进行的性教育；社会性教育，是指广播、影视、网络中的涉性信息。这三种性教育渠道各有优点，也各有不足，本书只讨论家庭性教育。

在笔者看来，家庭性教育应该是这四种性教育渠道当中最重要的一种。为什么这么说？我们通常都会说，家长是孩子的第一任老师。所以，家长也是孩子的第一任性教育老师。性教育从何时开始？一出生就可以开始了，之所以这样说是因为还没有人研究到进行胎教的性教育方法。如果哪天我研究出进行胎教的性教育的方法，那一定分享给大家。

从出生就开始的性教育，谁有机会来进行呢？家长，而且只有家长才有可能。孩子跟家长每天在一起成长，谁对孩子的影响最大？性的观念、亲密关系、责任等，谁对孩子潜移化的塑造最大？当然是家长！这里说的不只是指家长直接的、口头的教育，还有家长的言传身教。

父母的相处方式、亲密关系模式，就是孩子学习建立亲密关系的榜样。所以父母是孩子的第一任性教育老师，父母在孩子的性教育问题上责无旁贷。这一点很重要，家长们需要时刻牢记，才能谨言慎行。

家庭性教育是家庭教育的一部分，如果家庭教育理念错了，那家庭性教育理念就不可能对。家庭性教育和家庭其他教育是一样的。所以一个家长对孩子其他方面的教育是什么态度，也将和你性教育上的作为是一致的。你是鼓励孩子成长，给孩子充分的自由，还是对孩子进行极大的管理，一定也体现在家长的性教育上。一个家长几乎不可能在其他方面很开明，到性上很保守；或者在其他方面很保守，到性上变得开明。所以性教育是和这个家长整体的教育理念一致的。

说到教育理念，给大家两个词选择：一个是管制，一个是增能。你会选哪一个？这两者是完全不一样的教育理念。管制是说你不许干这个，不许干那个；这是对的，那是错的。家长想把自己的价值观和对错观强加给孩子，让孩子做所谓对的，惩罚孩子以便不让他们做所谓错的。管制不是教育，而是"规训"，想把孩子规训成一个样子。

真正的教育是什么？真正的教育一定不是家长或者教育者要把自己认为正确的东西强加给孩子。真正的教育是要让孩子成长。如何帮孩子实现成长？这就要增能。笔者提出的赋权型性教育理念，也是今天中国唯一本土的性教育理念。赋权（Empowerment），给孩子增能，赋予孩子权利。我们不是强行让孩子按照我们说的话做，不是强行告诉孩子什么是对、什么是错，而是要给他们权利，让他们自己做出选择。当然，这个赋权的背后是增能。

所以 Empowerment 又被翻译成"增能"，"增能"和"赋权"两者其实是一回事。要等孩子有能力之后，他才有能力来行使他的权利。我们是赋予他权利，不是说抛出权利，更不是放弃教育者或者说长辈的责任。

赋权是比管制更辛苦的教育，因为管制只是告诉孩子这个能做、那个不能做，这个对、那个错。而赋权是跟孩子讨论每一种做法可能带来的后果，跟他讨论每一种后果该怎么应对，学习应对每一种后果的可能，引导孩子如何对自己的选择和行为承担责任。

做管制教育，你只需要两句话一天就完成了；赋权教育，对同样一个事物的教育，你可能两天都结束不了，因为你要做的是让孩子自己思考、反复思考，不断成长。每一种思考、每一个选择后面，又都跟着新的思考和新的选择。那么想想看，经历这两种不同的教育模式的孩子，哪一种孩子更成熟？是那个管制教育下的，还是这个赋权教育下的？在回答这个问题之前，你还要先想一想：你管制孩子的时候，孩子是一直都听你的吗？

不要说进入青春期的孩子未必都听你的，就是两三岁的孩子都未必听。所以简单地告诉孩子这个可以做、那个不可以做，这样的教育能够成功吗？

如果你说的孩子就都听从，那人类社会不就简单了吗？一说什么别人就听什么，那这个世界的管理不是太简单了吗？另外一点，孩子是人呐，每个人都是独特的，家长要尊重他自己的权利，这个权利包括他自己的价值观、自己的好恶观、自己的选择，所以管制本身是对孩子权利的剥夺。

在管制下长大的孩子，他可能暂时"听话"，但能一直言听计从吗？能成为一个未来对自己和他人负责、有很好地处理人生各种问题的能力的人吗？不可能。为什么这么说？所谓管制就是你因为爱孩子，因为怕他受到伤害，所以就是告诉他不能做这个、不能做那个。听起来是爱孩子，但是你仿佛永远把他放到襁褓里，永远让他没有机会经历风雨，让他也永远没有机会思考，让他没有机会自己判断、自己决策，也就没有机会成长。而所有父母都不可能跟孩子一辈子，总有一天孩子要独立成长，离你远去，总有一天他要独自面对人生的许多问题。而一直在父母严格管制下、只会听话的孩子，当他有一天离开父母的时候怎么办呢？就算他还想听父母的话，他每次都有机会听吗？更何况孩子进入青春期、成年之后不听家长的话呀！而那个时候他完全没有经历过增能赋权的训练，他受的只是被管制的训练，那他怎么来处理自己的亲密关系？亲密关系有各种各样可能的呈现，不可能一切都是你事先"管教"好的。

所以主张管制的家长表面上是在爱孩子，实际上这种管制的方法不是害了孩子吗？因为你剥夺了孩子成长的机会，剥夺了他做一个"成人"的机会。

心理学家弗洛姆说过一句话："父母对孩子的爱是世界上最艰难的爱。"为什么？因为所有的爱都是把你爱的人留在你身边，但父母对孩子的爱却应该是让孩子不断离你远去。因为你让他成长了，他有自己独立的成熟的思维，能够处理好即将面临的各种风雨的挑战。如果你希望你的孩子未来有力量独自面对挑战，那你从他小时候便开始进行增能赋权的教育吧！

好的性教育一定可以让你的孩子在离开你的时候能够独立面对人生的各种风雨，不仅是亲密关系领域，而是所有领域。为什么？因为好的性教育在帮助孩子成长，帮助他学习对自己和他人负责任。

所以，我们从现在开始，就要给孩子增能赋权，避免简单地替他决定。

赋权不是放弃教育和责任

我经常被问到的一个问题是：孩子真的能够增能吗？经过教育，孩子真的能有能力吗？他真的能够学习对自己和他人负责吗？特别是在性的领域，很多家长担心性太有诱惑力了，这么有诱惑力的事情孩子是控制不了自己的，家长不管他，他一定会尝试、好奇、犯错误啊！这就错了，家长太不相信孩子了，这就是管制的思维方式的思想根源，这就是那种让孩子没有机会成长的教育方式的思想根源。

小学生去学奥数你都不担心他学不会，为什么对于自己和他人负责、处理好自己的身体权这点事你就认为他学不会呢？当你认为他学不会的时候，是你真的已经给了他机会学习和成长吗？不是！通常是家长剥夺了孩子成长和学习的机会，因为我们坚定地认为他学不会、他太小。如果你把孩子永远当成小孩子，那他就永远长不大，而如果在孩子很小的时候，你就把他当作一个可以平等交流的人，当作一个可以征询意见的人，在很多家庭、生活事务上你都和他探讨，尊重他的想法，那么他就可能迅速地成长，他就可能比别的孩子成熟很多！

同样是孩子，为什么会有差异？我的儿子2017年到美国读大一，有一个同届入学的中国学生，去美国的时候让父母陪着去，到美国之后半年了不让妈妈回国。而有的孩子可以自己订机票，联系一切事务，完全不用父母操心，全都自己做了。同样都是18岁的孩子，为什么别人的孩子可以，你的孩子不可以？因为你从小就没有给孩子赋权增能的训练。

赋权型性教育是让你从性教育的角度去给他增能赋权。这种理念接纳了之后，你也可以在孩子其他的教育中增能赋权。性教育从来都不是孤立的，它是整个人的教育的一部分，你把性教育这件事情弄懂、弄通了，其他的教育也一样。

对于赋权的一个常见的误解是：让孩子决定，把权利扔出去。其实赋权不是这么简单的，它是以增能为前提的。赋权是女权主义的概念，也是社会工作的概念。但是有一次我竟然遇到一位某女子学院的女教授，直接质问我："我赋权给孩子，那我孩子玩游戏，我就说'你随便玩吧'，结果她眼睛瞎了，难道这样也可以吗？我不是不负责任吗？"这位老师完全没弄懂什么是赋权。

以这个孩子爱玩游戏为例，那么多少家长为此困扰、痛苦，很多家长都说我不想让他玩，怕影响学习、怕眼睛不好等，成功了吗？有些家长成功了，但多数家长没成功。没成功的家庭中，各种版本的故事都有可能出现，比如家里打打闹闹、孩子偷偷出去玩、偷钱，甚至还有新闻报道一个孩子为了玩游戏把祖母杀了。那些"管教"成功了的家长呢？就会一直成功吗？孩子被压制的渴望就这样一直被你压制吗？永远不开出他自己的花朵吗？我不这么乐观。我觉得哪里有压迫哪里就有反抗，表面的顺从解决不了根本问题，所以我们应该做的是以赋权型性教育为例，把赋权的理念放到教育理念当中。游戏不算性教育，但教育的理念却是一样的。我们就会认识到：玩游戏是孩子正常的需求，玩游戏可以带来很多快乐啊！而且玩游戏还能锻炼智商、促进人际关系的发展呢！像玩桌游之类的游戏，对促进智力成长很有帮助。所以，不应该那么简单地禁止孩子玩游戏。那么，用赋权的理念，家长应该如何与孩子讨论游戏呢？我们应该跟孩子讨论游戏会带来哪些好处和坏处，然后讨论如何发挥好处，如何削减、化解坏处。

家长首先应该对孩子说：玩游戏是一件好事，说明你有好奇心、有竞技欲、有搏击的欲望……很多女生被规训的不玩游戏，其实那是规训了女生的竞技欲，这个过程中女生的进取心等都会被削减很多。

我们应该有这样一个信念：所有人在清楚的判断下，都会希望自己向好的方向发展，没有人会打定主意把自己搞垮，立志说"我活着就是为了我自己苦，我怎么苦怎么来"。正常人应该都是希望自己幸福快乐的。那我们就和孩子一起分析怎么能让自己快乐？玩游戏。然后呢，游戏伤眼睛又影响学习，可能还会影响你未来的快乐，你该怎么办？这就可以让孩子自己提出一个办法，比如玩半小时看绿树半小时以便休息眼睛、玩一小时学习半小时，一个星期只是周末玩两个半天……这样一个决定是孩子自己思考后做出来的，不是家长强加给孩子的，这就叫赋权增能。

孩子自己思考做出的决定，他才能真正做到。强加给他的，他做不到，即使做到了，也不甘心。最重要的是，在他自己思考决定的这个过程中，他成长了，他思考了游戏的问题，他思考了性教育会面对的问题，未来人生所有的问题他都能够思考，他都能做出对自己利益最大化的选择，这才是教育啊！

家长要做这样的教育，在其他领域也要用这样的方法教育孩子。

禁欲型性教育行不通

要警惕的是：多数家长爱孩子而不会爱。他们不是弗洛姆说的那样让孩子有能力远去，而是一心想着让孩子长大别受伤。但是，如果你剥夺了他成长的机会，他怎么可能不受伤？

《处女之死》是一部改编自美国的真实事件的电影，一对夫妻有五个女儿，怕女儿们受到性伤害，怕她们过早有性行为、在性上"学坏"，所以他们就严格地管制女儿们。在我看来那就是禁止、惩罚与恐吓，结果怎么样？

首先有一个女儿自杀了，之后父母不思悔过，继续用禁止、惩罚、恐吓的手段管理另外四个女孩。这四个女孩基本上完全没有机会跟异性接触，好不容易在几个女儿哀求下，父母同意她们搞了一次家庭聚会。女孩子请了男生来，但父母一直在场监视着……家长以为这样就能把女儿培养得完全规训了吗？结果有一天，一个女儿终于有机会去参加学校的舞会，她不仅参加了，还当天就和一个男生做爱了，而且一夜未归。所以孩子那种表面的规训，一旦遇到机会，就会反抗、叛逆的。

再举一个例子：有一个所谓的名校的女生，听爸妈的话，一直不谈恋爱，努力学习，终于考到北京读名牌大学了，离开了父母的监管。结果，四个月换了四个男朋友。这就是那种简单的规训带来的结果。我们应该换一种方式了。

《处女之死》这部电影反映了美国很流行的一种性教育理念。我们千万不要以为美国在性上很开明，其实并不是。美国的性教育很腐朽、很没落、很腐败，是没落的资本主义的性教育！《处女之死》就体现了美国性教育的主流流派——纯洁型性教育。它想让孩子纯洁，怎么纯洁呢？严管孩子，不接触性，没有性关系，不谈恋爱，等等。《处女之死》影片当中的父母采取的就是这种方法，想让孩子"纯洁"，结果命都没了。这是父母想要的吗？

这里不过多介绍不同的性教育理论和流派了，只告诉大家一些核心主张。比如这种纯洁型性教育的理念就主张青少年婚前不能有性关系，更不能谈恋爱等。这些就是《处女之死》中父母做的，为了不能有性行为就不能谈恋爱，不能谈恋爱就要尽量减少和异性的接触。这种性教育模式对很多中国家长很有诱惑力，但它的结果是在美国社会被证实失败了的，接受纯洁型性教育的女性会更早发生性行为，性病、怀孕、堕胎比例也高于其他性教育模式的受教育者。为什么是这样呢？我多年前参加过凤凰卫视围绕这个性教育理念的一场辩论节目，现场一位嘉宾说："这不很简单嘛，禁止就有反抗啊，你越禁止青少年做什么，他/她就越会反抗你，尤其是青春期的时候。"

那应该怎么办呢？就像我之前说的，应该对孩子进行培养他们对自己和他人负责的能力的教育。如果家长一直只是对他们说不许这个、不许那个，没有让他们学习对自己和他人负责，那么当他们不听你的时候，怀孕、堕胎、性病、艾滋病的比例就会明显高了。

坦然地和孩子谈性

我做性教育培训的时候，很多家长包括教师总关心自己遇到的一个个具体的问题怎么处理，他们总会问我：这个问题怎么办？我该怎么说？先说什么，后说什么？其实，这些都不重要。为什么不重要呢？因为你了解了赋权型性教育理念，把理念融会贯通地消化了，这些问题你就都会解答了。而如果你不了解，我只是给了你100个具体问题的处理答案，你也一定还会有第101个问题等着我；或者说当你的孩子发生第101个问题的时候，你依然不知道怎么处理，所以我说理念是最重要的。

掌握了增能赋权的理念之后，家长就可以在孩子的性教育当中坦然地、开放地谈性了。怎样才是坦然开放地谈性呢？家长应该把性当作一件平常的事。我们可以谈其他生理功能，比如感冒、打喷嚏、拉屎放屁，我们都能谈，为什么就不能坦然地谈性呢？你不坦然地谈论，就是回避，回避可能会增加性的羞耻、污名和神秘感。

所以这里要讲的两个重要的理念，一个是赋权增能，一个是坦然谈性。

很多家长可能会说，我说不出口。重要的一点是你自己首先要有一个开明的性价值观。换一种方法说，针对孩子的性教育其实从来都不缺少，为什么？正规的性教育没有，但是坏的性教育一直有。什么是坏的性教育？你不讲性就是坏的性教育！比如，孩子问你"我是从哪儿来的"，你说"长大了你就知道了"；孩子问你"那俩人为什么接吻？"你说"小流氓，这么早就关心这件事"。你以为这不是性教育吗？这就是坏的性教育呀！孩子谈恋爱你不分青红皂白上来就禁止，这不就是坏的性教育吗？这样坏的性教育你做过没做过？

不要以为回避就不是性教育，回避谈性是增加性的羞耻感、罪恶感的"性教育"，这样的性教育使孩子对性更好奇，好奇心才带来更早的、不懂得负责任的性行为。

欧洲的性教育模式下，从来不回避性教育，孩子很小的时候就跟他们讲性，但是受过这样的性教育的孩子在性病、意外怀孕等方面，却是全世界最低比率的。为什么？因为欧洲性教育更多地让孩子思考对自己和他人负责，所以孩子围绕着性思考更多的是对自己和他人是不是负责任。如果我没有准备好对自己和他人负责，我就不发生性关系，这就是增能赋权！所以家长不要害怕，坦然谈性，是什么就直接说什么，重要的是我们要帮助孩子学会负责任。

孩子问你："为什么爸爸你有胡子我没胡子？"你会紧张吗？如果孩子问你："爸爸，为什么你有阴毛我没阴毛？"你还会不会坦然地谈？孩子问你"为什么你的小鸡鸡又黑又大，我的小鸡鸡又白又小？"你不知道怎么谈，但是孩子如果问你："爸爸，为什么你个子比我高？"你还会回避回答吗？所以，坦然谈性的态度是最重要的。父母要先去掉性的羞耻感、罪恶感、污名感，把性教育当作和别的教育一样教育就好了。

有的家长可能说了，如果孩子问的问题更"性"呢？有一位家长的女儿四岁，她很焦虑：我女儿看到街上那么多人流广告，会有什么坏影响，我该怎么办？我想告诉她：有什么可以焦虑的呢？首先，对于这个四岁的孩子来说，可能只是多认识了两个字"人流"。其次，家长也可以把这当成很好的性教育机会，比如直接告诉孩子什么是人流，为什么要去做人流，让女孩子知道怎样才能保护好自己不受伤害，男孩子要做个有责任心的男子汉。

有的家长一直对孩子回避性，但孩子仍然会好奇地去探究。一位家长对我说：我发现孩子在电脑上看和他年龄不相符合的内容，他初三了，怎么办？我想问的是：什么是和他年龄不相符合的呢？如果是看了小 A 片，其实和年龄很相符合呢。这个年龄正是对这些开始好奇的时候。如果家长能提供孩子开放的渠道和机会，去获取关于身体、生命、性、爱、如何处理关系等科学全面的认知，孩子也就不用像我们曾经那样，背着家长偷偷看一些良莠不齐的东西，甚至从色情品中，来了解和学习关于性的一切了。关于如何处理孩子看色情品的问题，后面还有专节讨论。

总之，这一讲主要分享了两点：一个是要用赋权增能的态度来进行性教育；一个是当我们谈性的时候要坦然地谈，不制造神秘感、羞耻感，这两个理念将贯穿本书全部的内容。真正掌握了这两点，你就具备了进行家庭性教育的基本资格。那些具体的性教育问题在这个理念的带领下，你都会游刃有余地处理了，如果没有这样的理念，处理起来就会比较困难。

答 问

问：性教育就是性行为教育吗？

回复：当然不是。我们说的性教育的"性"是 sexuality，是在心理、生理、文化、历史、宗教等所有社会因素影响下的性。我们也反对性教育只讲性生理。性教育中很重要的一部分是性价值观的教育，还有社会性别的教育。同样，我们还要将性教育与个人人生观、道德修养的教育结合起来。一个人对性的态度是和他整个人生态度紧密结合在一起的，因此，性教育也应该是人生观、价值观教育的一部分，但它又具有其独特的性的内容。

问：我理解"增能赋权不仅是性教育"，其实是所有有关孩子教育问题上比较先进的观念。

回复：是这样的！我觉得赋权型性教育是增能赋权的教育，不只是性教育。但一个比较有意思的现象是，你要在知网上查一下"赋权教育"，会发现很多文章，但是"赋权型性教育"则只有方刚写的文章了。为什么我们觉得在别的方面可以鼓励孩子负责，在性上却不行呢？家长和教师总担心孩子们在性上不能增能赋权，担心他们没有办法控制自己，没有办法管理自己。

问：如何判断增能成功？

回复：我觉得人的成长是一个不断发展的过程，可能很难有一个节点来让你判断增能完成了。孩子成长是一个持续的过程。所以我们要做的是不断地增能。这样不断地引导他讨论，当你发现他做事情的时候，不仅是性领域，而是在做各方面事情的时候，都已经开始思考、开始权衡利弊了，权衡之后还能做出一个对自己和他人负责任的选择了，这就是成功！就是他能够分析、判断和选择了，不再是凭一时的激情、兴趣来做决定，这就是成功。

可能有人又会说了，他这选择未必是最好的。对，未必。因为我前边说了，人一直在成长，我们20岁的选择，可能到30岁时认为就不好了，到了50岁又觉得我们30岁的时候选择错了。但是，我们要的是他做出当时认为最好的、对自己和他人负责任的选择，我觉得这个孩子就很棒了！

问：增能是增加能力的意思吗？

回复：对，简单地说是。但是增能包括给他知识、思考的能力，让他最后拥有做出决定的权利，又是一个赋权的过程。就像我们讲过的玩电脑游戏的例子，给他知识，认可玩游戏可以带来这么多好处，但也有可能带来伤害。给知识只是第一步，第二步要让他有能力思考、判断、做出选择，怎么才能利益最大化，第三步是尊重他做出的选择。

问：如果妈妈看到孩子被赋权后，选择的是危险的、有害的，怎么办？

回复：这个问题好比是我跟孩子说，你摸电阀门会电死，孩子说，我就要电死；或者我们跟孩子说你跳虎山里会被老虎吃了，孩子说，我就要被老虎吃了。这种可能性是几乎没有的。我们相信每个人都希望自己快乐健康，对不对？所以你如果真正的增能赋权，他认清每一个选择可能带来的后果，他已经真正做了一个充分的评估之后，他怎么可能去做那个一定给他带来伤害的选择呢？正常思维、正常心智的人是不可能这样做的。

这种使自己受害的选择，通常来自受到父母严厉打压的孩子。他们恰是通过这样的选择来反抗父母。懂得增能赋权的父母，是真正尊重孩子的父母，孩子不会以伤害自己来反抗父母。

当然，还有一种可能是他并不知道那个有害的后果，那是你前期的知识提供得有问题、不够充分。如果你已经充分提供了，但他还是要做你认为有害的选择，你要考虑一下你的判断是否准确？为什么孩子会有不一样的评估？而且，最终你只能尊重他的选择。你可以把意见提出来，让他思考，让他重新做一次自主选择。如果他还要坚持原来的选择，我要告诉你：第一，可能你的认识错了，这件事并不一定有害；第二，你要尊重他的选择，没有别的办法。你强行禁止他，他也不会听你的。虽然他可能会因为这个选择受伤，但是没有关系，吃一堑，长一智。下一次再选择的时候，他就会做出利益最大化的选择了。

比如，很多时候父母认为谈恋爱一定是错误的选择。错了。太简单了！谁说谈恋爱一定是坏的选择？我们要避免对自己太自信，对孩子不相信。这种态度本质上仍然是管制教育，不是赋权。这和管制没有什么区别。如果明明知道是坏的选择，我们可以再一次提出我们的建议，让他进行新一轮的思考。如果孩子还这样选择，尊重他的选择。

当然，父母也可以做好准备帮助孩子，帮他消解因为这个选择可能带来的伤害。

问：方老师，我女儿十岁，有次她说和几个小伙伴一起去商场玩游戏，我当时答应了，但是其实我心里挺担心的，主要是安全方面，担心会不会碰到小混混儿啊？回来后她说他们下次约好去溜冰场，我当时表示反对，也就是你说的管制，因为我觉得这个年龄还不适合。后来她和她的小伙伴没再组织这样的活动，所以也没去成。我的问题是：这件事情我做得如何？应该赋权在哪儿？她要去玩是真的有危险，还是我过于担心了？

回复：我个人觉得那是有危险的，世界上任何地方都是有危险的。对于十岁的孩子来说，我倒觉得游戏厅和滑冰各有各的危险。这时候我们如果单纯地否定了，我不知道孩子是不是能够理解，是不是能够接纳，也许十岁的孩子还没有进入叛逆期，能够接纳。但也不是一个最好的方法，最好的方法是你跟孩子分享可能会有什么风险。然后看她有没有能力应对这些风险，你问她遇到这样的风险怎么办？十岁的孩子可能还不知道怎么办，也可能她已经知道了。不管怎么样，这是引导她思考成长的过程。最后，当她知道这个风险以后，她可能就选择不去了；如果选择去，一定是她知道怎么应对这个风险了。当然她提出应对策略后，你还可以跟她讨论这个策略是不是能够真正很好地保护她？这个过程的重要性还不仅在于游戏厅、溜冰场是否真的有危险，社会上所有地方都可能有危险，这个过程的重要性是她懂得可能会有什么危险，思考如何应对危险。

所以，我觉得重要的不是否定，而是你要跟她一起讨论。最后，如果她自己都没有想出一个好的应对风险的办法，你再说："等你长大些，你想好了办法，再去玩。"可能她过半年就能想好一个办法，这个过程非常重要，让孩子思考、想办法。

有调查显示，在欧洲的性教育模式下，荷兰的学生从谈恋爱到发生性关系要用三年的时间。为什么要用那么久的时间？这里就是我们要说的"想办法"，他在想我是不是能够承担责任？如果不能承担责任，遇到各种风险，我该怎么处理。他在思考这些，而这个思考习惯就是在我们点点滴滴的增能赋权教育中培养起来的。

问：如果我启发孩子思考针对一些事情的各种可能性及应对办法，如果孩子没有思考出来，比如我说发生性关系可能有许多危险，但是孩子没有意识到这些，他光说好的没说不好的，这个时候我把有风险的、不好的说出来，这还算不算赋权？

  回复：这取决于你怎么说，如果你当作一个启发、一个选项、一个可能来说，就算增能赋权。比如你说："你刚才说的都是各种可能性，我想到一个可能，……有没有这种情况啊？"这还是赋权。如果你说："你怎么光说这些无关紧要的？如果有性关系，可能怀孕、可能堕胎、可能会死人！所以你不可以有性关系！"这就不是赋权了。所以家长还是应该用商量的口气提出来。

  而且，在这个过程中，家长是只"启发"孩子认识到那些和自己价值观、目标一致的可能性，比如反对发生性关系，还是对所有可能性都进行启发？你只说一个选择可能带来的伤害，还是也说这种选择带来的各种益处？如果你全面地来分享，那依然是赋权。所以重要的是看你启发的时候想干什么，你是想帮助孩子更好成长，还是想吓唬他、替他决定？如果想把自己的观点强加给他，那就不是赋权了。

  问：我逐字逐句通读了您关于赋权型性教育的论文，里面绝大部分的观点我是认同的，您所谓的赋权型性教育，说到底，就是提升孩子自己做出决定的能力。

  理论上讲，只要不伤害到其他人，孩子有权做出各种与性有关的决定。但是，通读您的这篇论文，都是笼统地说学生或者青少年，并没有一条年龄方面的明显的界限。

  我同意从一出生就让孩子接受性教育的观点，但是，按照您的理论，既然是决定赋权给受教育者，有一个问题就不能回避，那就是，多大年龄的孩子可以做出是否性交的决定？按照一般理解，做出性交的决定有两种方式，一种是积极、主动地寻求性交对象；还有一种是对其他人的请求做出承诺。

前一种不讨论。我想知道，按照您的理论，假如一个成年人向未成年人，尤其是向年龄幼小（比方说六岁）的未成年人提出性交的请求，这是一种什么性质的行为？（请不要从现行法律规定的角度解答。）如果这个未成年人承诺了这个成年人的请求，这是不是您所说的"自主决定"？如果不是，差距在哪里？

回复：如果成年人提那个要求，那是性诱骗，或性教唆。在赋权型性教育下，孩子不会答应这个要求。只有在性无知的情况下，才会答应。

因为赋权教育当然会告诉青少年过早性交的伤害，包括有人对你提这样的要求是对你的伤害。我们相信他们不会选择对自己伤害的行为。正如我们告诉他们摸电门会电死一样，我们也相信他们不会摸。

赋权不可能解决一切问题，但因为致力于提升青少年的负责任的行为能力，所以一定是最好地保护青少年的手段。

问：基于人权的视角，我们认为赋权之后青少年是可以对自己负责的，但对于一个十三四岁的孩子而言，他们能说对自己的后果负责，但真能负责吗？

回复：当我们讲承担责任的时候，是鼓励他对于行为及后果进行思考，更关键的含义是：如果无法承担责任，就不要选择这个不能承担后果的行为。比如讨论谈恋爱的时候，有的人说可能会影响学习，你能对这个结果负责任吗？如果不能承担责任就不要选择这样的行为，鼓励孩子做出对自己和他人负责任的选择。不是让孩子独自承担各种行为的后果，包括伤害。

另外一层意思可能是担心孩子还小，他现在说愿意对学习不好负责，如果将来长大了后悔怎么办？如果这样，我们成年人就不会后悔自己的选择了吗？成年人也是一样的，每个人都是一样的。（如果我当初不认识他就好了，就不会和他恋爱，就不会结婚……）这是一个成长的过程，所以教育没有办法替别人决定，有的人（家长、老师等）替孩子决定就是认为这样的选择是好的，但实践证明对孩子不一定是真的好，有的还有可能带来伤害，所以从这一层意思来讲我们最终是鼓励他的成长的。

性教育不能解决所有的问题，没有任何教育或者行为可以解决所有的问题，无论是对于成年人和未成年人都是一样的。我们只是在努力地让每个人学习什么是负责任的，怎么有能力负责，如何对自己和他人负责，谨慎地做出选择。有没有能力负责，恰恰是我们教育的目标。成年人无论多大年纪（三四十、七八十），都有可能无法对自己的行为负责，能不能负责与年龄没有关系，与能力有关系，与有没有受教育和增能有关系。

问：如何纠正以前性教育的错误？

回复：听完我的性教育讲座后，这是一个经常被家长问到的问题。问这样问题的家长非常勇敢，因为他们一定是通过听讲座，意识到了自己以前的性教育存在问题，现在想改变、想弥补了。这是非常好的事。

我个人的看法是，从现在起，用正确的理念、正确的方式，讲正确的性教育就可以了。如果其中涉及和以前讲的有冲突的地方，那您可以坦然地"自我暴露"，告诉孩子：父母也在成长，父母意识到以前错了，所以这次改了；你们以后如果在学习、交友中，发现自己以前错了，也要勇敢地改正。这样，性教育又延伸为人生的教育了。

问：方老师，您好！听了您对您儿子性教育的故事，我们很受益。假如您有一位女儿，您会怎样对她进行赋权型性教育？

回复：会和男孩一样进行赋权型性教育。因为赋权型性教育的理念是对所有青少年有益的，而不是只对男生有益。

您这样问我，其实说明您思想中有一个观念：女孩在性方面是容易受到伤害的，性教育应该是不一样的。我理解您的想法，这种想法非常普遍。但这恰恰是我们反对的，也是最有害于青少年的。因为这是基于性别的二元划分的性教育，可能打着保护女生的名义剥夺她们的权利，结果可能堕落为守贞教育、性别不平等教育，与我们倡导的性别教育、性权教育也都是冲突的。

问：现在整个社会对于性教育还是保守的。如果一个孩子在家里了解了很多性知识，在学校说时被老师训斥，该怎么办？

回复：我理解您的这种担心。但是您要知道：其实许多老师进行性教育的时候，也有同样的担心，担心家长们会找来提意见。老师和家长需要的是交流。如果真出现您担心的这种情况，应该和老师交流，让老师意识到这是不对的，至少要注意方式方法。要防患于未然，不能因噎废食，不敢让孩子了解性知识了，而是要对老师进行性教育。这是我们需要做的功课。

问：最近，四岁的宝宝从幼儿园借阅了一本很有特色的书《我们的身体》。有妈妈生孩子的拉图、拉便便的拉图，小家伙很感兴趣！第一页就是男女生的身体区别，让小家伙找不同，他很快就发现了。于是我也直言不讳地告诉他不同器官的名称，但有一个问题我想请教一下：当我直言不讳地告诉他之后，他也会很坦然地把他知道的这些名称去说给其他家庭成员或其他成年亲戚朋友听，这些成年人的反应如果很不坦然，或立刻反馈给宝宝的是异常的惊讶，或者一些负面的表情和言语示意不要这样说、不好之类的，宝宝会发现妈妈的坦然和其他大人的不坦然形成强烈对比。我该如何去跟孩子解释呢？

回复：坦率地告诉孩子：社会上许多人对于和性有关的东西采取回避的态度，会羞怯，甚至认为不好。这种观念是错误的，所以妈妈不对你进行这样的教育。如果有人因为这个而批评你，你就直接说：你们这样的性观念是错误的。总之，就是把真相告诉孩子。

在这个过程中，孩子还了解了社会上的不同价值观，懂得求同存异，懂得面对和自己不同价值观的人时应该如何做，等等。这也是非常好的人格教育。

问：女儿小时候问过我，她是打哪儿来的，我没很正经地回答她。现在知道了性教育的重要性，想再来一次已经不可能了，孩子都快升高中了。我们现在母女关系虽然不错，但在性教育方面俩人都是回避的。我实在不知道从哪里找突破口。我很想跟她谈谈，如何在合适的时候、与合适的人可以发生性关系，如何保护好自己。可是，面对一个青春期的孩子，怎么开口呢？

回复：正如您所讲的，在孩子成长过程中，如果父母跟孩子之间对"性"是讳莫如深的，进入青春期了忽然想聊聊，想对孩子进行性教育，会非常困难。

在这种情况下，我建议，不如不谈。第一，既然对性教育羞于开口，可以推测您对性的价值观不是指向健康、快乐、幸福的；第二，正确健康的性教育需要大量关于性的观念和知识的储备，临时恶补，不太可能立即转化成性教育能力；第三，青春期的孩子本就敏感，在亲子沟通已经不够坦诚的情况下，再去谈"性"这种敏感的话题，基本就是走一步踩一个雷了。

这样说，您也不要太伤心，因为不是所有父母都有能力进行性教育的。千万不要一时兴起，就要拉孩子来聊聊"性"。错误的性教育，孩子听不进去，会把亲子关系搞坏；听进去了，会把孩子的人生搞坏。这不是危言耸听，举个例子，如果父母歧视同性恋，传递给孩子的性教育也是这样，如果孩子恰恰是同性恋，这有可能会把孩子逼上绝路，有空可以看看根据真人真事改编的电影《天佑鲍比》。

最好的办法是让专业人士来给孩子进行性教育。如果学校没有开性教育课，那就买一本权威的性教育书送给孩子吧，特别推荐我主编的《中学性教育教案库》。编这本书的初衷虽然是给老师用于教学的，但实际用起来，中学生自学也完全适宜。

需要特别提醒的是：相信专业人士，尊重他们的意见，不要再用自己的性价值观去干涉。

如果您希望亲子关系更好，建议您也读读《中学性教育教案库》，看得出您是一个很好学的家长，正确的性教育不仅对孩子有益，对家长也有益。

至于您提到的对于孩子"如何在合适的时候、与合适的人，可以发生性关系，如何保护好自己"，在该书的第三辑"爱情和性"当中，有17个教案都是讨论这个问题的。最重要的不是家长要求孩子如何做，而是应该让孩子懂得并做到——在觉得对自己和他人负责的情况下，选择负责任的性。

第 2 讲

家长做性教育的应备技巧

我们说过，性教育是一个专业，自然需要专业技能。家庭性教育的专业技能，有一些是和家庭教育的技能一致的，还有一些是独有的。这些技能是可以学习的。这一讲，我们就将分享一些家庭性教育的技能，供家长学习和使用。

性教育技能需要花时间学习

不久前的一天,有人加我微信,说是朋友介绍的,上来就问我一句话:"我女儿八岁夹腿,我该怎么办?"这让我怎么回答呢?很难一句话回答。我说:"一句话说不清,你来上课吧。"然后他问我:"是不用管吗?"我说:"你没有性教育理念,只能不管。"他又问我:"孩子的行为会自然解除吗?"我就完全没法回答了。因为这个问题背后有很多性教育的理念,我没有办法简单地给一个答案。我只是奇怪,为什么家长不需要为孩子的成长花一些时间学习呢?

我们理解性教育的时候,千万不要把它变成一个一个具体的问题,而是要变成一种我们的教育能力、一种性教育观念、一种我们关于性教育的价值观和思维方式。只有这样,你才可能遇到问题解决问题,不然针对一个八岁女孩夹腿的问题,我们花一天时间也都说不清楚。我建议那位父亲来学习家庭性教育的理论和技巧,但是他并没有来。这说明什么呢?我们是不是真的准备好了为性教育投入时间、投入精力?选择看书、上网课的各位家长似乎准备好了,但是,各位也不要指望只听一门课、看一本书,就能够彻底解决孩子所有的性教育问题了,你一定要在生活中实践。我们性教育技巧的第一步就是家长投入一些时间、投入一些精力,自己思考、成长。

家长要为孩子多投入一些时间。陪他去上英语课,你从来不会担心浪费你的时间；你陪他去上这个课那个课，都不怕耽误时间。为什么你在孩子性教育上怕耽误时间呢？我说的不只是要听课，你还要思考，还有后续的学习，现在用一点时间，就避免你未来用更多的时间。当孩子真正出现问题、亡羊补牢的时候，你就需要用更多的时间了。你要投入一些时间在孩子的性教育上，这是很重要的。

要有正确的性观念

想要具备性教育的资格，你首先要建立一个正确的性观念。

你有没有做家庭性教育的资格证书？我觉得我们很多父母都没有做父母的资格证书，更不用说做性教育了。我这里有几道判断题，大家先来判断一下你的观念正确、不正确？

1. 女孩比男孩更需要接受性教育；

2. 性学著作不必每个人都读；

3. 性教育内容主要来自个人经验，而非书本；

4. 不宜在单位或日常社交圈公开谈论性。

按照我们的理念，这四道判断题都是错。如果第一道判断题你给了"对"的选择，那你其实在假设女性在性上是亏损的那一方、弱的那一方，当你有这样一个假设的时候，你的孩子就会从小被灌输这样的性别意识。这样的性别意识会认为女性在性上不如男人，容易被男人占便宜。有这样的性别意识对孩子的成长是有很多负面影响的，包括亲密关系中可能有的各种问题。

也许有的人会说你的孩子是男孩子呀，所有你跟我们讲这些是"站着说话不腰疼"。事实上，如果我的孩子是女孩，我更要讲这些。我们要树立的不是单一的性价值观，我们要培养的是能力！是对自己和他人负责的能力。如果你觉得女孩儿容易吃亏，那你不就更应该让她学习对自己和他人负责的能力吗？

上面的第 2 个问题，性学著作不必每个人都读？错，是要读的。第 3 个问题，性教育内容主要来自个人经验，而非书本？也错了。不宜在单位或日常社交圈公开谈论性？只有你可以非常坦然地公开谈论性了，你做性教育才能坦然。为什么？因为性就是我们生命中和其他事物一样的呀！跟健康、跟安全等都是一样的。所以，当然可以坦然地谈论性。

如果你和普通朋友、同事都不能坦然谈论性，那你跟你的孩子怎么可能坦然地谈论性呢？你跟成人都不能坦然，跟孩子能够坦然吗？

这是我们说的第一个观点：性教育的根基就是价值观，我们要有开明的价值观，认识到性是美好的，我们可以直面谈性、坦然谈性。

有人可能会说，我跟孩子说性是美好的，那他去"美好地"做了怎么办？但是美好并不一定等于现在就去做。不是有"延迟满足"这个概念吗？不同年龄有不同的美好啊！性的美好不一定是发生性关系。

不说性是美好的，难道你要说性是很坏的吗？那将来你的孩子性冷淡、性无能怎么办？

我自己给孩子们讲性教育的时候，会和孩子们讨论性如何才是美好的，孩子们通常都会总结出来：自主、健康、责任。这也是我倡导的"性爱三原则"。这里面是非常有内涵的，需要深入讨论才能明确何为自主、健康、责任。家长要先懂这个，然后才能用这个理念去影响你的孩子。

要不断思考和学习

具备性教育资格的第二点，就是要有正确的性教育理念，正确的性教育理念是增能赋权的。我们不是简单地禁止孩子们干这个、干那个，而是要跟他一起分析每一个行为背后的责任、义务、风险，然后帮助他自己成长。

你有了这样的性教育观念，才不会犯一般家长可能犯的错误。比如说：孩子看 A 片了要"打断他的腿"，孩子恋爱了便整天担心她发生性关系，如果怀孕了家长非打即骂……家长的这些做法显然都是错误的。那么什么是好的做法呢？遇到这些问题应该怎么应对呢？我建议各位家长朋友自己思考一下，这个思考的过程非常重要。为什么我不直接告诉大家我的想法，因为你思考了才能消化成你自己的东西。后面各章节，我会再和大家一起讨论正确的处理方法。

第三点，我们的性教育是全面的，各方面都要讲。

第四点，家长要有丰富的性知识。现在就来测一下你自己的性知识是不是丰富。这里有一些关于性的身体知识的问答：

※ 女孩子幻想性，比男孩子幻想性更下流。
※ 频繁自慰是有害的。
※ 女性第一次性交会感到疼痛。
※ 自慰有助于了解身体对于性刺激的反应。
※ 同性恋就是想和同性别的人发生性关系。
※ 可以有性行为的合适年龄是 18 岁之后。
※ 女孩在月经期不应该做体育运动。
※ 如果男孩没有射精或没有"进入"她，女孩就不会怀孕。

大家怎么看这几个论断？我告诉你，它们全错了。

这里面最有争议的，可能是许多家长认为孩子可以有性行为的合适年龄是 18 岁之后。有的家长甚至可能希望孩子结婚后再有性行为。你可以有你的想法和期望，但是，这只是你个人的价值观。性行为并没有一个所谓的必然合适的年龄，自主、健康、责任的，才是好的。有人要说了：你是鼓励孩子们 18 岁以前就做爱吗？这又是断章取义、以偏概全了。关于如何对孩子进行性爱的教育，我们后面有专门的章节讨论。

上面的几个判断句，一定有很多家长没有做对。那么再来看几个判断：

"一周自慰五次是过度。"错。

"女性性生活多了阴唇就会变黑。"错，那是因为色素沉积变黑的。

"自慰会影响与伴侣的性生活，未来会造成阳痿、早泄、性冷淡。"错。

这些都是我们生活中一些很流行的错误观念，所以家长要先抛除这些错误的"知识"。你要读点性学书，很多知识在快速更新，别以为会生孩子就会做性教育。为什么我不是太欣赏很多做性教育的人呢？就是因为他们讲的都是四手五手六手的知识，拿起一本性教育或者性健康的书讲一辈子。人类的知识在不断更新，你要有一缸水才可以端给孩子一碗水呀！

比如"生命是如何来的"这个问题，很多教育工作者还跟孩子说：精子冲过去找卵子，卵子在等精子。错了！这个已经被证实是错的了！本书后面会讲到，在这里想强调的是，我们要学习新知识。

用身边小事进行性教育

有了知识，再讲性教育技巧。第一点就是：善于运用身边小事进行性教育。

坦白地说，家长给孩子进行性教育挺难的。即使前面观念都对了，我们能够坦然、坦率地跟孩子谈性了，家长的性知识也足够丰富并且足够正确了，但你发现性教育还是很难做。为什么？关键是家长怎么做性教育呀？吃完晚饭，你和孩子说：我们搬个小凳子坐这儿学英语单词，这没问题。你说我们搬个小凳子坐这儿讲性教育？就比较难讲了。为什么？因为性教育是一个价值观形成的教育，不是教知识这么简单。

每个人的价值观，一定是在思考、经历中形成的，是很难灌输的。写童话的郑渊洁给做性学研究的李银河讲过一个故事。郑渊洁说他要给孩子讲性教育，孩子正玩呢，郑渊洁说："你别看了，我给你讲性教育吧！"然后就开始讲精子卵子结合那一套，讲完以后，看着他的儿子问："你听懂了吗？"儿子说："爸爸，我可以玩了吗？"

原来孩子根本没听进去！因为这是一种非常生硬的教育方式。那么，除了这种生硬的方式之外还有什么？我认为家庭里能采取的最好的性教育方式，就是利用身边小事来进行教育。

观念一定是在思考、讨论中形成的。这样形成的观念才比较扎实，但这需要许多孩子在一起成长。比如夏令营的效果就会比较好，因为孩子之间有思想碰撞。这就是一种同伴教育。孩子能够听到同龄伙伴的声音，同伴之间会相互影响，这比成人、家长、老师给他们讲的效果好多了。但很多家庭都是一个孩子怎么办呢？那就从身边小事做起，让这些点点滴滴的小事自然地影响孩子，事情发生了你就讲，不需要做特别准备，但你需要准备好性教育意识和性教育观念。

这里举几个我给儿子进行性教育的故事。

孩子小的时候，两岁多不到三岁，有一次我们去餐厅吃饭，正好那天有人举行婚礼，那家餐厅前面的桌子都是婚宴用的，后面隔着过道就是我们的散座。看前边又唱又跳、又说又闹的，儿子就很好奇。这时候，我就顺其自然地进行了性教育。我告诉孩子这是结婚典礼，结婚就是一男一女成年之后觉得彼此相爱，愿意在一起生活，就走进了婚姻。如果是两个男的或者两个女的，那叫同性恋，同性恋很少，他们目前在中国不能结婚，但是在有的国家也能结婚。我讲的时候提到了几个关键词，即成人、彼此相爱、相互扶持、愿意走入婚姻、彼此帮助。我这就讲了婚姻观，而且还介绍了同性恋和平等的议题，这是一个很自然的讲述。

有一次，走在街上看见一对恋人当众抱着接吻，儿子就问："他们干什么呢？"我说："他们两个人相爱，在接吻，通过接吻表达他们的爱。他们情不自禁地喜欢对方要表达爱，所以就在街上接吻了。"我没有一点污名的教育，而是强调了"相爱""情不自禁"。后来有一次，我们晚上坐出租车，出租车在路口等红灯，马路边又有一对恋人在接吻。儿子看了之后说："哇，太动人了！"所以，你看，孩子懂了这是一个美好的、动人的事情。当然，他的话让出租车司机笑得前仰后合的。

儿子上小学高年级的时候，大约十一岁吧，有一次放学后买了一张光盘回家——《让子弹飞》，我们一家三口就坐在一起看这部电影。看过这部电影的人可能都知道，里边有这样一个情节：土匪强奸了一位女性。据说是剧组里的剧务客串了受暴妇女，她胸部非常大，土匪把她衣服扒掉之后，画面是几秒钟的"豪胸"镜头。这样的画面出现在一家三口一起看电视的时候，显然父母和孩子都会有一些尴尬。如果没有受过性教育训练的家长，可能就会尴尬得不知所措，或者忙着调台。但是你调台有什么用呀，孩子已经看到了，对不对？这个时候，受过性教育训练的家长就知道，坦然地评论几句就行了。我当时就说了一句："你看，这叫强奸，土匪的做法。确实是土匪，在那儿强奸别人。"我就把土匪、强奸、坏人这几个概念联系起来了，告诉了孩子。

所以，家长遇到这类事情，不需要抓住孩子的耳朵，对他耳提面命，再三强调。你这样自然地评论一句，他就听到了。这就是一个价值观的教育，你既避免了一家人坐一起看这种镜头的尴尬，又用这样的情景做了性教育，多好啊！

　　还有一次，我太太的一个朋友要和朋友来北京玩，请我太太帮忙订酒店。那个朋友说，要订大床房。我家对面就有一个五星级酒店，我太太去订房时发现正值春节房价非常便宜，就按照那个朋友的要求帮他订了。玩了几天临走，可能想感谢我太太帮他们订了这么好的房间，要请我太太吃饭。那时候我儿子还在上小学一年级，我太太吃完饭回来之后一脸诡异的表情，跟我说："俩男人，当着我的面，一个给另一个喂一勺饭，另一个人又给这个人喂回一勺饭。"我立即评点了一句："不就是同性恋嘛，有什么大不了。人家两个人相爱，不仅相爱，人家还很自信！当你面儿都敢亲热，这说明没把你当外人呀！这是好事呀，没什么，挺好的！"我虽然是跟我太太说的，但是我的孩子在旁边一定会听到。很多家长都有这样的经验，你们俩人聊天儿说过的话，过些天孩子突然会冒出来，说你那天说什么什么了。所以我虽然是跟我的太太说话，但是已经把这个观念传递给我的孩子了，即对同性恋的正确态度。

　　如何才能做到利用身边的小事对孩子进行性教育呢？第一，你要准备着点，孩子有可能随时都会问你问题，你也可能随时都会遇到进行性教育的机会；第二，对孩子可能问到的问题，你要事先想好答案。这本书的内容包括几百个家长的提问，如果你认真消化，再遇到这类问题，就能够直接回答了。

　　性教育中，家长不要回避孩子问到的任何问题，包括如何做爱。如何讲性爱，我们后面会谈到。这里主要是提醒大家：任何时候不要回避，回避孩子的问题就意味着你加深了孩子对这个问题的好奇，意味着你让孩子自己去摸索，甚至意味着你给了孩子关于性的羞耻、污名等负面印记。记住，回避是最糟糕的。

以平常心、诚实地进行性教育

除了不回避之外，你回答问题的时候还要保持健康明朗、充满自信的心态，注意自己语气和声调的变化。比如，孩子问你：我哪儿来的？你太紧张，就不自然、不正常了。或者你太兴奋了，说："太好了，太好了，终于问到这个问题了！我来告诉你啊！"你这么一激动，把孩子吓一跳。我们能不能就像回答孩子其他问题时那样自然？保持很平静的心态、平常的语气、平常的声调，不用特别兴奋和激动，也别羞怯回避。做到这一点，需要你有正确的价值观，就像我前边说的，要有坦然谈性的态度。

除此，你回答孩子问题时，还要微笑、爽快，不要有任何担心和迟疑。当然做到这一点并不容易，还是需要你自己修炼性的价值观。

同样是平常心，我们主张使用准确的名称称呼身体部位，比如用"阴茎"，不用"小鸟""水壶"之类的外号。

另外，你还要擅于使用图片作为辅助工具，特别是婴幼儿问的问题，比如"我哪儿来的"，比如女孩说"我想看看爸爸的身体"，男孩子说"我想看妈妈的身体，想看阴道长什么样"……你怎么告诉他们？这个时候就可以用图片。

另外很重要的一点是，要成为孩子的同伴，做到平等、尊重、倾听。尊重孩子是性教育当中非常重要的一点，你看到的不等于他看到的，你想的不等于他想的。比如一些小孩的性游戏，可能会把你吓坏。其实，性游戏没什么大不了。小孩子之间的性游戏非常常见，不需要如临大敌。你也可以针对性游戏进行性教育，但不可以训斥、惩罚孩子。

或者，孩子要求看家长裸体，注意：你理解的裸体和他理解的裸体是不一样的。他只是对和自己不一样的身体好奇，但你可能想到了性。所以，你要理解孩子和你这些不一样的地方，要站在他的角度看问题。

另外，家长和孩子交流的时候要诚实。什么叫诚实？至少不要说那些你都不信的事。连你自己都不相信的事情非要让孩子相信，这就是不诚实了。比如说："一定要结婚才可以做爱，不结婚不能做爱。"现在很多家长还这样跟孩子讲呢，特别是跟女孩讲："一定要结婚才能做哦！不结婚不能做那一步。"孩子都读大学了，还跟孩子说这个，太不诚实了！你自己是结婚之后才做爱的吗？你自己都做不到，你让孩子去做？你不会傻到真的以为他会结婚之后再做吧？既然你自己都知道他做不到，你还这么骗他？许多家长想的是："我告诉他结婚之前可以做，他不就更早做了吗？我让他结婚之后做，他不就能晚点做了吗？"这是你自己一厢情愿想的。你越这么说，可能越没效果。你自己都不相信的，就别骗他了。你应该做的是强调：自主、健康、责任的性爱三原则。当然也不是说这三个词就这么简单，本书后面会展开讨论。

要知道，受过"没结婚不要做爱"这样教育的孩子遇到流产的事情，更不可能向家长求助了。如果你告诉孩子，你一定要结婚之后才做爱。那孩子意外怀孕了，怎么会向你求助？有的孩子遇到这类事不敢向父母求助，找个小门诊堕胎，或者生出来，在楼道里摔死。这样的事情出现，很大程度是因为家长的虚伪、不诚实带来的。所以你要诚实、尊重她，这是很重要的一点。我看到有的女大学生，已经流产几次了，父母还以为孩子没发生过性关系呢。因为家长和孩子开启了互骗模式。

还要记住：你爱孩子，就要支持他。只要他的行为没有伤害到别人，就应该支持。所谓的支持，就是支持他的选择。因为那是他被赋权之后自己的选择。除非他的选择明显地侵犯到人权，伤害到了别人，触犯法律了。你为了保护他不触犯法律、不被警察抓起来，可以对他强制一点。但是我认为从小尊重孩子的赋权教育不会产生那样的后果，通常越是禁止、惩罚、恐吓，孩子才越有可能走上伤害自己和他人的路。

如果有些时候你接受不了孩子的选择，比如孩子看 A 片，或者过早发生性关系，你该怎么做？你仍然要理解、支持和接纳他。当然，你可以反复跟他强调：自主、健康、责任。因为你简单地反对和惩罚是没有效果的，只会使孩子离你更远，所以你要先理解和接纳他，然后再引导他。

家庭教育通常要在耳濡目染当中完成，要在游戏当中进行。如果你的孩子还很小，我建议你可以给他做两个布娃娃。一个男娃娃，长阴茎、睾丸；一个女娃娃，长阴道，肚子里还可以放个孩子，再给他们穿上衣服。孩子都喜欢玩娃娃，如果你让他玩这样的娃娃，就可以同时讲很多了，如男女的生理差异、生命的来源、预防性侵犯等。

答 问

问：在给幼儿做性教育时，科学的名称和适合孩子年龄的名称应该是同等重要吧，比如既要知道小鸡鸡，又要知道阴茎。

回复：科学的名称和适合孩子年龄的名称是同等重要的，但我不知道为什么"阴茎"不适合孩子的年龄呢？那为什么胳膊、手、脚指头、脑袋、肠子等适合孩子的年龄呢？背后不是是否适合孩子年龄的问题，而是我们的观念，我们对性羞耻、羞怯，才回避使用准确的、科学的名字，才说"小鸡鸡""水壶"。

问：举个例子，假如说我儿子20岁了，我赋权给他了，他带女朋友来家里同居，可是我不接受，不理解这事，太难和他们相处了。

回复：你儿子20岁了，还不带女朋友回家住，你才应该着急。20岁了人家带女朋友回家住，你高兴才对。你要是实在接受不了，可以说"你们去外面宾馆开房住吧"。

问：一个六岁的男孩，第一次见我就很喜欢我，然后又是抱又是亲，做一些类似情侣的动作，说想和我睡一起，在离别时说"你一走我就会想你"，还偷偷摸摸地在我耳边说"你是我的哟"。对于这样的孩子，我该怎样应对？

回复：这个小孩子可能看了电视、电影里情侣间的亲密动作，无法区分那是情侣间的举动。他认为那就是跟自己喜欢的人一样可以有的亲密动作和谈吐，所以才会跟你有这样亲密的表达方式。从这个角度看，我觉得没有什么，只是这个孩子在表达对你的喜欢。

我讲过了：不要用你的想法去想孩子，孩子的想法和你想的不一样。理解了这句话，也就能够理解这个六岁男孩的情况了。他只是不知道这个关系表达的差异，随着年龄的增长，他会知道的。

问：我十多岁的时候第一次无意间直接看到了男性的生殖器，当时的反应是觉得好丑陋、好恶心，心里也好慌乱，不知所措。后来也没有跟大人说，觉得说了也没什么用。这个好丑陋、好恶心的看法一直都在，如果说现在换作是我的女儿来跟我说，我怎么去回应她？

回复：首先，我觉得你自己的这个问题要解决。因为如果这个问题没有解决，你跟孩子分享性教育会有难度，我也不觉得你能跟孩子说清楚，所以你自己要先解决这个问题。你在当时和现在觉得它好丑陋、好恶心，背后是你的性价值观，因为你采取了一个不接纳的态度。你或者认为性是不好的，没有坦然地把性当作健康的、积极的、美好的、愉悦的，这才是你觉得恶心的根源所在。

理想的性教育，可以说："它是身体的一部分，它不丑陋，它很美；只是因为你很少看到它，突然看到它吓你一跳，才觉得丑陋恶心；或者那个地方，别人告诉你应该藏起来，是见不得人的，你看到了才会觉得丑陋恶心；或者是因为它黑，这是肤色的问题，你才会觉得丑陋。"总之，我们要让孩子清楚，觉得丑陋和恶心的背后是对性的污名的价值观。

问：我的孩子现在13岁了，以前受的性教育是相对保守的，是您所讲的那种回避性的"性教育"。听了您的课，我知道自己错了，怎样才能把他引领到阳光下呢？

回复：通常情况下，13岁的孩子在同龄人中已经学到了足够的性知识。而且孩子进入青春期了，已经不太会老老实实地听家长的话了。所以，不适宜很正式地像讲课那样进行性教育了。但是，父母仍然可以通过日常生活中的小事来进行性教育。

比如，遇到与情感、婚恋、性有关的公共事件，可以和他一起讨论。有时孩子不一定愿意参与讨论，那父母可以在旁边聊天，实际上是说给孩子听的，可以引导他。

比如，这些年常见媒体上曝光校园霸凌事件或校园性侵事件，这些就可以成为聊天和讨论的话题。一直延伸开去，就是关于身体的权利、自我保护、责任与尊严、性的年龄标准、性的私密等这些话题。

我最近看到一个新闻报道：在一个僻静之处，一群女中学生将一个女同学的衣服全部扒光，凌辱她。虽然被侵犯的女生连声求饶、泣不成声，但是仍然没有阻止那些同学的做法，甚至还被拍了照片和视频。父母在谈论这个事件的时候，就可以清楚地表达出这样的态度：首先，无论原因是什么，施暴的女学生们都是在犯罪，这种侵犯别人的做法是可耻的，是要承担道义和法律后果的；其次，被侵害的女学生事后应该立即告诉父母，绝对不能向恶势力低头。

问：对于进入青春期的孩子们，应该送给他们一本什么样的性教育书籍？

回复：一定要拒绝那种有鲜明的、强烈的禁欲主义色彩的性教育读本，那些书没有用，只会害了孩子。要去找专业人士编写的性教育书，找来后要认真看一看，对于不符合"赋权型性教育"理念的，可以注明你的观点再给孩子。对于一些有争论的内容，也要注明，让孩子知道这问题是有争论的。

总之，不是简单的一元化的灌输，而是给孩子思考和成长的空间。

看电影就是一个很好的性教育方法，这里给各位推荐一本我的书，非常实用的《电影性教育读本》，这是联合国教科文组织支持我写作和出版的。父母拿到之后可以利用假期给孩子放电影，这本书中指导了不同的电影怎么进行讨论，怎么和孩子分享。

问：我女儿今年14岁了，她没有问过任何性教育的问题。没问过是否也不正常？我们应该怎么办？是不是要给她补课？怎么补？

回复：女儿没有问，并不等于不知道。对于许多青少年而言，同伴教育也是获得性知识的重要途径。特别是在信息如此发达的今天，我们有理由相信，一个14岁的女孩子已经懂得很多了。

但是，通过非正规渠道获得的性知识，有时是残缺的，甚至是错误的，至少，很难是我们主张的全面的、综合的性教育，很难是包括人生观、婚姻观、爱情观、性别平等观念的性教育。所以，父母还是应该关注孩子。

问：孩子问我："我和妈妈（爸爸）的身体怎么长的不一样？那多出来的是什么？"我该怎么回答？

回复：人，分成男人和女人两种，男人和女人的身体是不一样的。男人有阴茎，女人虽然没有阴茎，却有阴道和子宫，它们藏在身体里面。妈妈还有乳房，爸爸没有，这是因为妈妈要给宝宝喂奶。所以，男人和女人虽然器官不同，但都是平等的，谁也不比对方更优越一些。

问：给孩子进行性教育教得比较直白，如果他跟小伙伴玩的时候也特别坦然谈到从父母处学到的东西，比如直称性器官之类，小伙伴再跟自己父母说，而小伙伴的父母不能理解这样的教育，不让自己孩子跟他玩了，孩子可能遭到孤立，这种情况怎么处理？

回复：这个你想多了，父母不让孩子跟谁玩，孩子不一定听。如果其他父母真的这么差劲，你就直接跟孩子说，他们这样是错的，你不需要为自己的正确而感到自责和羞耻；你应该坚持自己，等等。将这转变成很好的人生观、人格成长的教育。

人的一生当中充满了各种类似的情况，你不能因为别人的错误，或者可能出现的伤害，就放弃对的事情，那样的话从一开始就是对孩子更大的伤害。因为担心可能出现的小伤害，就对孩子进行更大的伤害，不值得。在我看来，不坦然地、科学地、全面地谈性教育，就是对孩子更大的伤害。

问：听过您的课，我准备买个"大卫"和"掷铁饼者"摆在家里，让孩子自然地了解异性的身体差异。但十岁的女儿坚决反对，说"太下流了"。我该如何对孩子解释？

回复：孩子反对就先不要买了。可以和孩子讨论为什么觉得"下流"，进一步可以讨论身体是美丽的，展示身体并不是下流的，对身体有歧视才是下流的。

可以告诉她不同的人对裸体的看法是不一样的，妈妈看待这两个裸体艺术品是非常自然、不肮脏下流的。也可以跟她谈谈这两件艺术品的故事，增加对裸体艺术的了解。

第 3 讲

从出生开始的性教育：
父母榜样与童话的影响

　　父母是孩子的第一任老师，也是孩子的第一任性教育老师。你无意间的一举一动就在影响着孩子，在性教育的领域也是一样的。所以在父母的日常生活中做好自己亲密关系的实践，就是对孩子的性教育。

被"屏蔽"的性

我是在我的孩子出生前后开始关注性教育的,在之前对性教育的关注很少。我记得儿子出生后不久,我就开始写系列的性教育文章,其中有一篇就是《性教育从0岁开始》。当时我在一家杂志社做主编,所以就发到了我的杂志上。从那之后,我下班回家的时候,同事们都跟我开玩笑说:"你又回家去进行性教育了?"他们说的是对的,我回家就是进行性教育。

很多人好奇0岁开始怎么进行性教育?我要告诉大家的是:父亲在场就是性教育!父母相处的状态和父母亲密关系的呈现,就是对孩子的性教育。所以这样想来,是不是能够明白为何性教育要从0岁开始?

我个人甚至觉得再往前推,在孩子没出生的时候就应该要做好进行性教育的准备了,家长就应该学习了解怎么进行性教育了。

我听到过一个80后女孩子的真实故事:在她出生之前,她的父母就商量认为:"现在社会上关于性的信息这么膨胀,如果我们的孩子太早接触性,受到伤害怎么办?所以我们要把与性有关的信息尽可能地屏蔽起来,不让他/她看到这些,让他/她纯洁点,别接触这些。如果是男孩,就由爸爸来负责进行教育;如果是女孩就由妈妈出面进行教育,不要让他接触关于异性的信息。"

结果迎来的是个女孩,果然,父母就尽可能地对她屏蔽了一切和性有关的信息,甚至都刻意不在一个房间里睡觉,更不会有拉手、接吻、拥抱这样亲密的举动。女儿曾经问妈妈:"我从哪儿来的?"妈妈说:"你是捡来的。"但是还不错,她不是说从垃圾箱里捡来的,她是说从小河边、柳树下、大石头上捡来的。我怀疑这个母亲是文学青年,所以编了这么一个浪漫的故事。受了这样教育的女孩子,在成长过程中曾很多次到小河边、柳树下、大石头上,也想捡一个孩子,但是没捡到。

有一次她看到妈妈来月经,就问妈妈:"为什么你流这么多血?"妈妈就说:"都是被你累的!"她妈妈回避了真实的科学知识,结果女孩子就很自责:我每个月都把妈妈累得大出血一次!其实,当这个女孩子在问"我从哪儿来的""妈妈为什么你流这么多血"的时候,都是非常好的进行性教育的时机,但是父母却错过了这样的好机会。他们想的是屏蔽所有和性有关的信息,不要让孩子了解。这是什么?这就是"性教育",就是坏的性教育,你所做的一切都是在增加孩子对性的错误的认识,都是在培养孩子关于性的羞耻感、污名感和负面的价值观,甚至更加引起孩子对性的好奇。

我想说的是,这对父母在女儿出生之前准备的对女儿的性教育理念,就是错的!这个女孩子因为父母的做法受到了很大的伤害,成年后差一点没有办法建立亲密关系,后面还会讲到她的故事。

我对女儿的性教育设想

我的儿子出生前我已经准备好了要给孩子进行性教育,我曾经在太太怀孕之后写过一篇文章:《给尚未出生的女儿的信》。为什么是给女儿的信呢?因为我当时希望太太生个女孩,这和我当时正深入思考性别议题有关。这封信当中,寄托了我对未来女儿的很多理想,性别啊、人生啊等。当后来发现出生的是儿子,我就赶紧写了一篇《给初生的儿子的信》,免得他将来看到只有给女儿的信、没有给儿子的信会不高兴。

在《给尚未出生的女儿的信》中，我有一节专门提到了性的问题，在此截取其中一段，目的是为了让大家看看我是如何准备给自己的女儿进行性教育的。这背后既是性教育、性别教育，又是人格成长的教育。

爸爸相信，我们这个社会尊崇的主流性观念本质上是错误的。从幼年起，你便会接受一种"离经叛道"的性教育。首先，你对异性的裸体便不应该感到陌生，性的神秘感从一开始便不会出现在你的意识中。你看两性的差别，就像看一幅图画和另一幅图画一样。

爸爸对我们传统的社会性别角色定位深恶痛绝，所以我不会告诉你什么是一个女人应该做的，而只会告诉你什么是一个人应该做的。爸爸不担心你成为什么"同性恋者""易性癖者"之类，爸爸要让你知道的是，生物学意义上成为可能的选择，都是最正常不过的。

很小的时候，爸爸便会告诉你，我们这个世界流行的贞操观念是男人们用来控制女人的，是对女人的毒害。女人在性问题上不是被动者，不是受害者，更不是附属者。女人同样可以成为性的主动者、占有者、获益者。性绝不是罪恶、丑恶的事情，性是大自然为每一个人准备的最美妙的礼物。

在你初通男女之情后，爸爸会告诉你，你有说"要"的权利，也有说"不要"的权利。选择说哪一个，你只需要问自己的心便可以了。这个社会上流行的所谓道德，往往是置生命个体的自由与利益于不顾的。你只需要对自己的心灵负责，而无须考虑其他。只要是不伤害他人的个人选择，任何人、任何社会都无权干涉。

因为爸爸不会藏起那些性学藏书，所以我相信你很早便会懂得自我保护的方法。在广泛阅读下长大的女孩子，不需要父母过于操心。

社会是否会伤害你这样的女人呢？任何时候，爸爸都是你最坚强的后盾。令爸爸气愤的是，即使在今天，仍时常听到大学女生因怀孕而被"劝退"的事情。我对这样的教育者愤恨无比。但我知道这不是他们的错，仍然是他们处于其中的文化的过错。希望这样的事情不会在你的时代继续存在，如果存在，我们就联手彻底打倒它！

这就是我在孩子出生之前，假设是一个女儿而写给她的。这里我对性别观念及女性的性的定义，应该都是和我们主流社会不一样的。我相信这是对孩子好的。很多女孩子的家长会跟我说："如果你有一个女儿，你就会有不同的性教育主张了。"我说："错了，女儿，我仍然会这样教育。"这篇文章，也就是体现了我对女儿教育的一些看法。我这个父亲对未出生的女儿的性教育计划和前面故事中的父母对于未出生的女儿拟订的性教育计划对比一下，就能看出差别了。

孩子从父母那里学习亲密关系

性教育从出生就开始了。从出生后哪天开始呢？从出生的第一秒开始。什么意思？就是父亲要进产房陪产！

你不要告诉我说医院不让进，你问医院了吗？你跟医院争取了吗？现在应该都让进，只不过你连问都没问。你不要跟我说男人进产房会吓阳痿，那是你自己想的，不要为阳痿找借口；你说生孩子流血怪吓人的，其实生孩子流血很少，又不是大出血，流的是羊水。

进产房为什么非常重要？进产房对谁重要呢？

进产房对产妇很重要，因为产妇可以得到安慰。进产房对男人也很重要，因为男人在这一刻会更懂得爱，和孩子建立直接的连接。最重要的还有一点：进产房对孩子也很重要。孩子出生后护士会把他抱起来给妈妈看看，如果妈妈是剖腹产，打麻药了，看不了，这时候孩子睁眼看到了医生，认人家作父作母。但父亲在场就不一样了，不仅父亲看到了孩子，孩子也可以看到父亲。这样就建立了一个情感的连接。这种连接，将影响你和孩子的关系。所以我们鼓励男人进产房，在这个瞬间建立亲子之间默契的连接。

在孩子的成长过程当中，也不要总把他留给妈妈陪伴，父亲的陪伴也重要得很。到幼儿园门口一看，接孩子的全是女人，全都是妈妈，有的是奶奶，有几个男的呢？有也是爷爷。男人都去哪儿了？

如果孩子从小看到的是这样的男女分工，他长大之后，也会形成自己的亲密关系的模式，理所应当地认为男人不用做家务，男人不用带孩子。男人给孩子树立的观念是：这都是女人的事儿！无论男人还是女人可能都使用这样的模式，而当有一方不愿意的时候，特别是女人不愿意的时候，男人又没做好承担责任的准备，亲密关系危机就出现了。

所以，孩子在和父亲生活在一起的早期，便学习了如何建立亲密关系，以及亲密关系中的双方是怎么样做的。所以，父亲在场就是一种性教育——性别平等的教育，男性参与的教育，男性承担家务责任的教育。这些都非常重要！

夫妻之间、伴侣之间日常的交往过程，就是你的孩子从原生家庭当中学习亲密关系的过程。比如爸爸进不进厨房？参与不参与做饭？都是妈妈一个人做饭？爸爸是不是带孩子？关心不关心孩子成长？夫妻两个人在一起是亲密还是吵闹？是冷漠还是相互支持？总是女人照顾男人，还是互相帮助？这些都是孩子学习亲密关系的过程，他们未来的亲密关系模式就在这个过程中建构起来了。所以你现在跟你的伴侣怎么做,你的孩子未来就跟他的伴侣怎么做。

这就是我们说的教育,这个过程当中不仅有亲密关系的学习,还有性别角色的学习。我们不要总是让女人扮演服务者的角色,男人扮演挣钱的角色;不要男人养家,男主外、女主内;不要认为男人是照顾者,女人是被照顾者。孩子们都会从父母那里学习这些性别的刻板模式。

学习了这些性别角色,会影响他未来的亲密关系。未来的亲密关系并不一定是女人要做照顾者。想象一下,未来你有个儿子,他从小就大男子主义,成家后不做饭、不照顾伴侣,也不关心孩子,他将来的生活真的会幸福吗?所以我们说父母是孩子的榜样,父母是否愿意因为孩子在场而改善自己的亲密关系?换句话说,就算是为了孩子,父母也应该学习如何改善自己的亲密关系。

当着孩子面也可以拥抱吗?当然可以。可以接吻吗?当然可以。可以表达爱吗?可以说"我爱你"。可以诉说衷情吗?当然可以。这些都是让孩子感到安全的亲密关系的表达。孩子目睹父母之间的爱,会感到幸福、安全。然后他也会学习到将来如何跟别人建立亲密关系,所以我们鼓励父母在孩子面前表达你们的爱。

举个例子,我们可以通过看一个家庭门口的鞋的摆放,来判断这个家庭的亲密关系。通常家门口都有鞋柜,你家的鞋是东一只西一只,乱七八糟地扔在外面,等着女人回来收拾;还是说每个人回来都摆放好?或者全家谁也不收拾,就那样乱摆着。这些小事看起来细微,其实就是原生家庭亲密关系的呈现,就是父母对孩子的亲密关系教育。

我们经常听到一种说法是,男人带孩子是为了培养孩子,特别是男孩子的阳刚之气,错了。后边有一讲专门是关于应该培养什么样的性别气质的。

男人在场不是为了培养阳刚之气,而是为了告诉孩子:男人应该做饭,男人应该带孩子,男人应该承担家务,男人应该关爱女人、关爱家人!伴侣关系当中,双方是平等的,不应该有一方总是照顾另一方,充当照顾者的角色,这是父亲在场非常重要的意义!

如何用《白雪公主》进行性教育

下面谈一谈童话如何给孩子做榜样。小孩子从小接触童话,但有些经典童话可能传达了错误的性与性别观念,成了我们说的"坏的性教育"。同样一个童话,父母懂性教育就能把它变成好的性教育;父母不懂性教育,好的童话也能做成坏的性教育,包括看动画片等都是一样的。我写的《电影性教育读本》开篇第一个电影就是《白雪公主》,我用迪士尼版的《白雪公主》作分析。《白雪公主》这个童话,一代代的孩子都在看,但是全世界从事性别研究的人都认为,《白雪公主》其实强化了社会性别刻板印象,传递了错误的性别认识。怎么办?如果你不懂性教育,看电影只是看电影;如果懂性教育呢,就可以一边看电影,一边和孩子讨论,就进行好的性教育了。我们就讲一讲如何用《白雪公主》这个故事进行性教育。

影片开篇是这样讲的,白雪公主的妈妈去世了,爸爸找了一个后妈,后妈很坏,总欺负白雪公主。看到这里,你就应该告诉孩子:"错了!写这个电影(童话)的人写错了,不是所有的后妈都是坏的,也有好后妈和好后爸。"我们不应该把后妈后爸污名化,这部电影不就把后妈污名化了吗?这让那些再婚家庭的孩子情何以堪呀!你的孩子可能不是再婚家庭的孩子,但他的同学可能是再婚家庭的孩子呀!要防止他再把这样的理念传达给那个孩子。所以要告诉孩子:不是所有的后妈都坏,也有好的,这个电影太有刻板印象了、太片面了。

影片继续演，后妈照镜子问："魔镜魔镜，谁是世界上最美的女人？"魔镜说："白雪公主！"后妈生气了，后果很严重，她还要派一个猎人去杀白雪公主。这个电影此时在告诉我们：女人要做世界上最美的女人。如果别人比你美，你就要杀了她。而你应该及时告诉孩子：女人不一定要做世界上最美的女人，美是没有标准的，萝卜青菜各有所爱，每个人都有自己的美，每个人都有自己值得欣赏和被欣赏的地方，不要被那些主流社会的美的标准所毒害。未来你长大了，可能全世界都在告诉你什么是美的，但是有几个人符合那个美的标准呢？如果你不符合那个美的标准也不要自卑……这就是非常好的性教育了。

电影中，猎人去杀白雪公主，一看白雪公主太美了，没忍心杀她，放她走了，然后猎人杀了头猪回去交差。影片到这里告诉我们："女人就一定要美，一定要美！只要美了连杀手都会放过你。"在这种不断强调女人要美的文化压力下，普通的大众女孩受得了吗？在对美的标准过分夸大的语言环境下成长的孩子，将来怎么办？有一天她会发现自己不符合这个美的标准。事实上我们中绝大多数人都不符合这个美的标准。特别是进入青春期，关注自己的身体形象的时候，这些影响可能都成问题。所以早期就不能做这样的教育。

家长要帮助孩子不要被这种美的标准所建构，日常生活中，也要避免被这种美的标准所建构。你要夸孩子聪明、智慧，你老夸她美干什么？

其实，孩子出生前，父母给他/她起的名字也是一种性教育。你起个花朵啊、美丽啊，她可能就按照这个标准要求自己了；给她起个柔弱的呀，她可能就按照柔弱的方向发展了；你给他起个刚强，他有可能朝着刚强自我要求了。所以我主张起中性化的名字，不要阳刚也不要温柔，要兼性。

我们要培养兼性气质的孩子，所谓兼性就是男性女性的气质特点，这个孩子都有。我们后边讲兼性气质的时候还会再讲。有的人说了，我的孩子已经起完名字了，应该怎么办？那你就跟他／她分享，妈妈和爸爸可不是一定要让你做"小丽"或"小强"呀！我们不是要你那么柔弱或那么强大。这种教育是一个补救方法。

我的孩子叫"一"，有的人就说"这个好，争第一！"错了，在我的孩子的成长过程中，我们一直告诉他，不要争第一，那个第一不重要，快乐自由才重要！

我的孩子那个"一"是什么理念呢？第一，这是一切数字之始，象征着基础、起始；第二，一是独特的、唯一的，我反复和儿子强调这个理念；第三，一是《易经》中阳爻的象征。

我们继续讲《白雪公主》。猎人放走了白雪公主，她就跑森林里去了，这时候迪士尼版的影片演的是：白雪公主一路屁滚尿流地逃亡。为什么这么说呢？她看那个树枝动了就想："坏了，这个一定有毒蛇"；草丛动了，她就想："坏了，一定有老虎。"她就这样被吓得一路猛跑。影片在这里告诉我们什么？父母看到这儿应该跟孩子怎么说呢？我的建议是："女孩子也不是这么胆小的，女孩子也可以很勇敢，女孩子也可以什么都不怕！"

很多动画片演男孩子就很勇敢，一演女孩子就把白雪公主这样的正面形象也演得胆小如鼠了。这样的教育对孩子的影响非常大，她成年之后会觉得我身为女人很弱，不如男人。那你还想让她防性侵犯、防性骚扰，怎么可能呢？她从小就被教育：你很弱，你不如男人，外界世界很可怕，身为女人很麻烦。这样她还好得了吗？所以有广场恐惧症的多数是女性，就是这样从小被这么培养起来的。厌食症也多是女性，为什么？因为文化教育女人：你要瘦，你要瘦！没有最瘦只有更瘦。所以，影片到这里，作为父母就应该跟孩子进行反省文化的分享。本书后面，还会深入讨论性别。

接着白雪公主看到前边有一个小木屋，她很高兴，跑了进去。她跑累了，进到小木屋，按照常理说，可能需要赶紧坐那儿歇会儿。她不是，看屋子里很乱，就开始给人家收拾。你又不是小时工，小时工也要跟雇主谈价钱，你进谁家就给谁收拾屋子？这也太奇怪了吧！影片这里告诉我们什么？女人要爱做家务，爱做家务的女人才是好女人！家长在和孩子看电影的时候，就可以这样对孩子说：不一定是这样，男人也应该做家务；做家务不都是女人的事儿，不一定爱做家务的才是好女人，事业有成也是好女人！

做完家务，白雪公主累了，躺在床上睡着了。七个小矮人回来了，推门一看，惊叹道：哇，有个大美女啊！白雪公主醒了，跟七个小男人说："你们留下我吧，我在你们这里避难！"七个男人中有六个同意了，有一个没同意。这时候白雪公主使出了自己的"撒手锏"，在迪士尼版的《白雪公主》里，她说："让我留下来，我就每天给你们做土豆炖蘑菇。"这时唯一不同意她留下来的男人也立即说："太好了，留下来吧！"因为他最喜欢吃土豆炖蘑菇。

影片在这里教育我们：通向男人的心，要经过他的胃。影片到这里，父母应该跟孩子分享什么？父母可以说：做饭不一定是女人的专利，我们也不能通过饭做得好与不好来评价女人的价值；男人也应该做饭。

白雪公主留下来了，那之后，男人白天出去采集、打猎，女人在家做饭。这里再次建构了女性的传统角色：针对女性的刻板印象，女性要会做家务，女人主内，男人主外。在这样的教育下，男孩会认为做饭是女人的事，女孩儿看了之后也认为做饭是自己的事。从小耳濡目染接受这样的教育，他们在未来亲密的关系当中，怎么能平等？不平等的现实条件下，女性的成长空间在哪里？男性参与关爱女性又如何体现？所以这部电影要一边看，一边反思。

影片中，后妈又问镜子："魔镜啊，魔镜，谁是世界上最美的女人？"魔镜又如实地说了："白雪公主。"后妈很生气，后果很严重，还是要把白雪公主杀了，自己做世上最美的女人。

这次后妈不信任别人了，决定亲自去杀白雪公主。这时候，白雪公主正在屋里一边扫地，一边陷入了性的白日梦——幻想自己遇到了一个白马王子，邂逅了浪漫的爱情，白马王子娶了她。

白雪公主自言自语："啊！我人生最大的理想就是嫁一个白马王子啊！"此时后妈来了，她想杀掉白雪公主，就给了白雪公主一个毒苹果，说："你吃了这个苹果吧！"白雪公主说："我不吃，我不吃，我母亲教育我了，不能随便吃别人给的东西。"这时候后妈说："你吃了这个苹果就能实现你人生最大的理想！"白雪公主一想，那岂不是可以嫁给白马王子了吗？这时亲生母亲的教导也被抛之脑后了，白雪公主就把苹果吃了。后果大家都知道，她中毒死了。到这里，电影告诉我们的是：女人啊，你最大的理想是嫁个好男人啊！为了嫁个好男人，别人给的毒苹果你也要吃！这样的电影塑造的女人的人生梦想，如果可取，女人们还有希望吗？

白雪公主死了，白马王子来了。白马王子看了一眼白雪公主，就深深地爱上了她，还吻了她。于是，白雪公主就复活了。

影片到这里告诉我们：女人一定要美，一定要美，一定要美！只要你美，你死了都有男人爱你，男人根本不关心你内心毒不毒，你品德坏不坏；男人只关心你的美貌，只要你美，就有男人爱；只要有男人爱你，你死了都能复活！这个时候家长该如何引导孩子？家长应该说："不是这样的，孩子！对女人来讲，最重要的不是美貌，年老色衰、美貌失去，你又怎么办呢？你要的是自己人生的成长、人格的独立。如果一个男人，只爱你的美貌，那就不是真正的爱！"家长应该做这样的分享，而不是顺着童话作者错误的性别观念走。

这部电影、这个童话原本是把女性塑造成一个第二性的弱者，但是经过我们的重新解读，它就变成了一个把你的孩子，不论男孩还是女孩，都培养成人格健全的人的电影。如果是女儿就是一个自主自强、自立上进的女孩，如果是儿子也可以通过影片把他塑造成一个尊重女性、爱女性、支持女性、参与家务的好男人。如果做到这些，你还担心他未来的幸福吗？

所以很多经典的影片、经典的故事都可以拿来做性教育。但是因为它原来的局限，很可能要经过我们新的理念的改编。《白雪公主》是《电影性教育读本》当中的第一个电影，这本书一共收入了80部电影。家长如果按照这个思路，将来看电影的时候即使遇到有局限的故事，都可以做好的性教育了。

如何用《灰姑娘》进行性教育？

《灰姑娘》这个童话，同样既可能给孩子留下不好的影响，也可能成为好的教育素材。

《灰姑娘》的故事一开始，也是说亲妈死了，后妈欺负她，还有两个后姐欺负她，总之这孩子很惨。但幸好这时候还有几个小动物爱这个孩子，还有仙女出来帮她，等等。后妈不让灰姑娘去参加舞会，小老鼠什么的都出来帮她。听起来很好，但这个时候，家长可以停下来问一问孩子："有人帮灰姑娘，但是如果在生活中没有人帮她，或者将来有一天我们身处逆境的时候没人来帮助我们，又怎么办？"可以让孩子进行这样的思考，最终启发孩子认识到：即使这个世界上没有一个人爱我们，也没有关系，我们可以自己爱自己！

《灰姑娘》的故事中，午夜钟声敲响的时候，灰姑娘往回跑，掉了一只鞋，然后王子拿着这只鞋到处找，所以我认为这位王子是"恋足癖"。这个时候你要跟孩子讨论的不是恋足的问题，你应该跟孩子讨论的是：童话故事到这儿，有没有哪里不符合逻辑？启发孩子思考。孩子可能就会认识到：对呀！不是说十二点的时候一切都变回去吗？怎么这只鞋就不变呢！这就叫思考。

从性教育的角度，《灰姑娘》仍然可以用来讨论女性角色、女性外貌等问题。

所以，各位家长可以引导孩子一起批判经典名著，不要让孩子觉得这些名著是不可批判的。虽然我们在利用《白雪公主》《灰姑娘》讲性教育，但是我们同时批判了这些经典名著。这种批判，意义非常大。你是在从小培养孩子"名著也是可以批判的"的意识，让他们知道权威也是可以挑战的，应该独立思考和质疑等。这些都是人类社会顶尖人才具有的品质。所以好的性教育能够起到这样一系列促进人格成长的作用。

这就是在娱乐当中进行性教育，在轻松休闲中润物细无声地完成了性教育。①

---

① 对本章介绍的电影《白雪公主》和《灰姑娘》从性教育角度的详细解读，参见方刚《电影性教育读本》，中国人民大学出版社2014年版。该书对80部经典电影从性教育角度进行了解读，非常适合家庭亲子共读，也适合其他形式的性教育使用。

答问

问：有一种人总是喜欢在别人不知道的情况下，给予一些自认为对他人好的"帮助"。比如别人生日的时候远程买一个蛋糕送过去；过节日别人在加班，突然跑过去送吃的，提前也不打招呼；赠送给别人礼物的时候，还要别人过来拿，如果不过来拿就会生气。这些行为都让人很不舒服，把自己认为的好强加给别人，还要别人必须按照自己的想法来做事，这样自己才会舒服。

我观察父母的亲密关系，都是这样的，妈妈一直按照自己的方式对爸爸好，爸爸一直以责怪的语气强加自己的想法给妈妈。方老师，这样的家庭关系，应该如何对女孩进行疏导，她要如何做才能将自己的好心让对方感觉舒服呢？

回复：这个问题重要的是父母要改变，前边说过，父母要因为孩子而改变，如果爱你的孩子，你就希望对他好。即使仅仅为了孩子，也要改变你们的亲密关系的交往方式。否则孩子会学习父母的交往方式，孩子如果看到父母的冲突就会受到伤害，内心就会缺少安全感。如果不能做出改变，你就要告诉孩子：爸爸妈妈这样的表达方式是不好的，你不要学。

问：起中性化的名字，有什么意义？

回复：因为名字许多时候影响一个人对自己的认知，在名字里面通常寄托有这样或那样的理想。父母会说：我希望通过这个名字让你成为什么样的人。所以在名字当中可能会培养孩子过于阳刚或者过于柔弱的性别气质，而我们现在鼓励培养孩子的兼性气质，起个中性点的名字更好。兼性气质为什么好呢？我们后边的课程当中会专门讲，简单地说，男人女人的优点，男人女人都具有，怎么不好呢？一个男人既勇敢又温柔，既细腻又刚强，一个女人既坚毅又温柔，这有什么不好呢？如果只让男人阳刚、女人温柔，那么可能阳刚易碎、温柔受欺。理想的性别气质恰恰是兼具男女两性共同优点的，这样无论在职场还是现实生活当中都会更好，都会更有力。

问：之前参加过其他老师的儿童性教育课程，也有类似的讲解，有个同学说这些童话和传说是有我们甚至都没觉察的民族的潜意识在里面，并不适合这样的解读，不知老师怎么看。

回复：它有什么意识不重要，重要的是你想通过它给孩子什么影响，你又不是研究民族意识和那个国家文学的，管他有什么意识呢？你要关心的是你的孩子听了这样的故事，对他有什么影响。作家怎么想都不重要，重要的是你的孩子是怎么想的。

问：我在老师讲之前看的《白雪公主》，听方老师讲后，有一定的认同。但是有一个疑问，刚刚讲的都是有知识背景的，实际孩子是不理解的，那就会出现我们把电影本来表达的意思说出来，然后再反驳的现象。这样行吗？

回复：可以的，没有问题。影视广播这些东西，对人的价值观灌输是潜移默化的，这个是在文化背景当中生成的，当然你要有这个性别觉悟，有这个意识之后你才能认识到这些问题并揭示出来。孩子小意识不到，包括很多家长意识不到，这需要我们转变思维方式，是我们培养思维方式的一个过程，没有错。

问：请问方老师，家长面对一件事情的时候总习惯用批判、挑刺的态度看，即预设这个东西有问题，这个过程对孩子的影响是怎样的？

回复：要具体问题具体分析。挑刺批判和独立思考、质疑精神，是两回事，我们培养的是质疑精神，而不是刻薄挑刺。

问：分析电影时，鼓励孩子说出自己的看法以后，家长再引导，培养孩子敢于质疑的精神和独立思考的能力，效果更好吧！

回复：当然，这个和我们前面所引导的反思批评这个电影的思路完全不冲突。如果孩子达到了这个认识是当然可以的，如果孩子没有达到这个认识，顺着主流价值观走，那不是独立思考，而是继承了主流价值观呀！你要启发他反思，才能促进他独立思考。如果看完电影他说，女孩就应该漂亮，就应该会做家务，就要找个好老公，男孩儿就应该挣钱，那是他独立思考吗？当然不是啦！

问：没有办法同意你的观点，觉得把《白雪公主》这样的电影如此解读，就给解读坏了。经典的美好形象被破坏了。

回复：这样的解读，可不完全是我的创作，我真的没有这样一个水平。《白雪公主》，包括格林童话等，在过去的几十年间，已经被女权主义文学、女权主义分析，批判得体无完肤了。我只不过是借助了西方女权主义对《白雪公主》的一个分析，应用到了性教育领域。女权主义文学的发展过程中，清理了过去的文学史，对很多的经典名著都进行了批判，我们这里只举了这样一个例子。

从学术的角度来看，《白雪公主》所灌输的传统的性别意识，确实有它产生的那个时代的背景，不只《白雪公主》这样，所有的文学作品都这样。这没什么奇怪的,也不是说它不好,也不是说格林、安徒生不好,只是每个人都有他历史的局限性。在当时好,过后就不好了。我们做性教育时都可以拿来为我所用。

我觉得比较有意思的是:为什么这样一个特别的发现、有趣的点评,会让一些学员感到比较焦虑、体验到焦虑情绪呢?这可能依然是触动了你多年以来被培养起来的性别观念呀!所以家长能不能先反思这些传统名著对我们性别的建构?这是家长要做的第一个工作。第二,要挑战、颠覆原有的那种被建构起来的思维方式和价值观。如果一个家长不做这些工作,可能就会继续强化错误的性别教育。如果想做性教育的专业人士有这样的思维方式,那距一个合格的性教育工作者的距离就太远了。首先你不具备自主地反思社会文化对我们的性别建构的能力,其次对于别人的反思和发现你又采取了一种抗拒的态度。

我们的性教育要挑战大量旧的价值观,性别观念更是如此。对错误性别观念的认识不是少数几个学者的看法,而几乎是当今国际社会的一个共识。所以我们从事性教育的人,要有性别平等意识,要反对对女性的传统性别塑造,反对刻板印象的建构。

问:我孩子才刚六岁,就有人劝我该给孩子进行性教育了。我觉得没必要,为什么要跟那么小的孩子刻意去谈性的问题呢?想当年,我到了十来岁才开始想性这事。我觉得还是顺其自然好,孩子啥时候问到了,我就正面回答好了。不知道我这种想法对不对?

回复:如果把性仅仅理解为生理上的性,那性教育就跟当年学生理卫生差不多了。事实上,性教育的内容很宽泛。孩子两三岁时,问爸妈自己从哪里来,爸妈坦然正确地回答,这是性教育。当孩子问到亲密关系、家庭关系、情侣关系以及恋爱关系方面的问题，爸妈坦然正确地回答，这也是性教育。让孩子知道男孩女孩都是爸妈的宝贝、都是平等的，这也是性教育。

知道了性教育管的事这么多，那你就会发现，我们的社会从来不缺少对孩子的性教育，而且从出生就开始了。孩子刚从产房推出来，我们就根据孩子是男是女准备不同的衣服了，我们也会对孩子有不同的期望，是男孩就要求阳刚、勇敢、不哭，是女孩就要求温柔、细腻、乖巧。我们一直在做性教育。问题的关键是，这样的性教育对不对，对孩子的健康成长来说，是好还是不好？刚才列举的这几条，都是不好的。所以，我们现在提倡对孩子尽早用正确的观念来做正确的性教育，关于性、性别、亲密关系、婚姻家庭等。

顺其自然地对孩子性教育，这没错。但有些事也不能等到事情发生了，再去教育。孩子六岁，也有可能受到性骚扰，也有可能因为好奇、好玩而性骚扰别人。这时候，孩子不问，家长也得先说了。

问：家长的亲密关系比较糟糕，又无法调和，如何给孩子进行性教育，让孩子成长？

回复：父母之间的亲密关系如果比较糟糕，又无法调和，那你就要在教育上包括性教育上下更大功夫。更大的功夫包括你要让孩子认识到亲密关系是什么样子的，孩子通常通过在原生家庭当中观察父母来进行成长。那你的主要思路就要告诉他这个观察不行啊，因为我们的关系不是好的，好的关系是什么样子的。你要首先把这个分享给他。当然这对于家长也蛮难的。

问：我孩子两三岁，请问当着孩子的面，我和妻子可以有亲密动作吗？比如亲吻、拥抱。如果现在可以，是不是孩子大些就不能再这样了？

回复：当然可以有，不管是现在，还是将来。这样做的好处首先是孩子会收获安全感，因为孩子看到爸妈是相亲相爱的，家庭是和谐的、稳固的。

第二个好处是孩子能学到亲密关系。亲密关系是人一生中特别而强烈的生命体验，是人生中最美好、最重要的财富之一。父母等于通过这种方式，递交给了孩子一份宝贵的财富。

孩子可能会不理解，没关系，解释给孩子听——爸爸妈妈是相爱的，这是爸爸妈妈表达爱的方式。还有什么不理解的，尽管问，这些都没必要藏着掖着。倒是很多没看到过父母表达亲密、关心和爱的孩子，在长大后跟相爱的人在一起时，尴尬得很，不知道怎么表达爱意。

第4讲

"我从哪儿来的"？

你可能会说，孩子问我从哪儿来的，这么简单的问题还用讲吗？告诉孩子是"从妈妈肚子里生出来的"不就完了？其实，回答好这个问题并不简单，是我们把问题想简单了。如何回答，体现了你拥有什么样的性教育理念。

种子、房子，是误导孩子

性教育是一门专业，国际上有多种不同的性教育理念，比如守贞型性教育、安全型性教育、整合型性教育，还有笔者提出的赋权型性教育。不同的性教育理念，回答这个问题时可能都不一样，这背后都体现着不同的价值观。

对于"我从哪儿来的？"这个问题，守贞、纯洁型性教育这么回答："捡来的，垃圾箱里捡来的。"它是回避性的知识。一些守贞教育的支持者可能也会告诉你："你是妈妈生出来的。"但是妈妈如何怀上孩子的呢？就回避了，本质上还是不敢讲性。当然，现在说"捡来的"有点落伍了，各种新版本在与时俱进，比如：淘宝买来的、充话费送的；还有的比较浪漫，如天使送来的、圣诞老人送来的。我听到最现代化的版本是 WiFi 下载的。儿子听到后，对妈妈说："不对呀，妈妈，咱家没 WiFi 呀！"妈妈灵机一动地说："我借隔壁王叔叔家的 WiFi 下载的。"爸爸在旁边，感觉好像哪儿有点儿不对劲。

无论你是 WiFi 下载的还是捡来的，都是在回避性、害怕谈性，连最基本的生理问题都不敢谈。即使谈了是妈妈生出来的，但是当问道"我是怎么进去的""你为什么要把我吃肚子里"时，就不敢谈了。守贞教育回避性教育，不敢讲性交，跟性交有关的都不谈。

现在国内一些搞性教育的人，是这样讲的："妈妈肚子里有一个房子，住着卵子；爸爸的身体里有一个种子叫精子，这个种子通过爱的通道就到了妈妈身体的房子里（子宫里面），和卵子结合，孕育宝宝。"听起来好像是个不错的童话，但问题来了，这么讲真的好吗？我告诉你：非常差！为什么说非常差呢？第一，没有告知孩子真相，真相是性交；第二，把简单的问题复杂化了。教育，特别是对孩子的教育，要简单明了，越简单越容易懂。房子、种子、爱的通道等，这些比喻把简单的性教育复杂化了。如果孩子问"爱的通道在哪儿呀"，你又怎么回答？所以说，这样的回答根本没说清楚。这还不算，有的人甚至在给自闭症的孩子做性教育的时候，也讲什么种子、房子、通道等。自闭症的孩子理解能力非常有限，这样讲他是听不懂的。所以，这样进行性教育是错误的。

《小威向前冲》的一些误导

我们再来看一个经典的绘本，这也是一些性教育的人当宝贝使用的绘本，叫《小威向前冲》。

这个绘本的大概意思是，小威住在布朗先生的身体里，他数学很不好，老师问他1+1等于几，他说等于8。但是小威很爱游泳，他是个游泳高手。每天他会和几亿枚小精子在布朗先生的身体里学习游泳。游泳冠军赛的日子就要到了，老师给每个小精子一张布朗先生身体的地图，又给了一张布朗太太身体的地图。那天晚上，布朗先生和布朗太太在床上做着亲热的事儿，这时候老师一声枪响说："冲啊！"几亿枚小精子就冲了出去，小威冲在最前面，遇到一颗美丽的卵子，他就和卵子结合了。然后奇迹发生了，卵子变啊变啊，越变越大……小威去哪儿了没有人知道，最后这颗卵子变成了一个小女孩，她出生了，叫小娜。小娜长大以后，大家发现她的数学很不好，但她是一个游泳高手。听起来挺好玩、挺有意思，但从性教育的角度来看，这个绘本也是挺差的。

差在哪儿？差在该说清楚的事情还是没说清楚。比如，"做着亲热的事"，什么是亲热的事？比这更可怕的是：绘本灌输着错误的知识。它的错误之处体现在两个方面：第一，小娜上学了，数学不好，但是个游泳高手。从这点上，体现出作者提倡的观点是生物决定论或先天决定论。爸爸数学不好，孩子就数学不好。事实不是这样的，决定一个孩子学习成绩的除了生物因素还有环境因素，二者共同起作用。如果一个孩子受了这样的教育，而他的妈妈数学不好、爸爸语文不好、爷爷英语不好、奶奶物理不好，那孩子就有理由不用上学了，干脆直接回家吧。所以这样的描写无法激励孩子上进。某一科好不好不是先天决定的、不是遗传的，跟孩子的后天努力有很大关系。第二，小威冲在最前面，卵子在某个地方等待，然后精子扎进了卵子。这也错了，卵子外面有一层壳，很多个精子把壳撞破了，那时才会有一个幸运的精子进去。而且，整个过程中卵子也并非是一直被动的，它会随着女性的性愉悦和高潮释放出吸引力，吸引精子，并且选择精子。让哪个精子进，不让哪个精子进，卵子是有选择的，不是跑得最快的就可以进。这个绘本传递的知识不仅过时了，还有错误。

有一个香港组织，在香港做着最好的性教育，挺有影响力的。但他们有一个绘本，也一样存在问题。《小威向前冲》中，至少布朗先生和布朗太太在床上盖着被子不知道在干什么，而香港的绘本连床上盖着被子的画面都没有，就直接说"那天晚上做着亲热的事"。

在我看来，这些不敢讲性交的性教育，都是在回避性，和守贞教育是五十步笑百步的差别。

赋权型性教育怎么讲

赋权型性教育如何回答"我从哪儿来的"这个问题呢？通常，性教育讲到孩子能够理解的地步就可以了，有年龄的标准。比如，如果两三岁的孩子问时，你就回答：是妈妈肚子里生出来的。一般的孩子对这个答案就满足了。但到四五岁的时候，孩子的探究可能就会延伸了。具体问的内容可能不一样，我儿子问我的是："我是我妈生的，你在我们家待着干什么？"每个孩子会有不同的问法，但都指向性交。这个时候就必须要讲，不能回避了。但怎么讲，学问就非常大了。

先说两岁时。讲到"从妈妈肚子里生出来"就够了吗？不够，远远不够。应该这么讲：你是从妈妈肚子里生出来的，妈妈怀胎十个月，爸爸要照顾妈妈，爸爸陪妈妈去做孕检，妈妈很辛苦，爸爸照顾妈妈也很辛苦……这样的性教育就超出简单的性（sex）的教育，即生理性知识的教育，而变成了亲密关系、性别平等、男性参与的教育。

讲到这里还没有完，如果是剖腹产的，可以给孩子看看剖腹产的刀疤。如果不是剖腹产，孩子问怎么生的，要给孩子看看阴道吗？我觉得对于两三岁的孩子来说，取决于家长的态度。你如果觉得无所谓，就可以给孩子看看，既然阴道和鼻子、嘴、眼睛是一样的身体器官，身体的其他器官都可以给孩子看，为什么阴道不可以看看？如果你心理上实在接受不了，从小受的教育让你感到害羞，不敢给孩子看，也没关系，你可以给他画幅画，把阴部画出来。你不给他画出来，他会以为他是从肛门生出来或尿尿尿出来的。你把阴道画出来，或者直接给他看，都是让孩子从小了解身体。

我十七八岁时，有一个同学交了女朋友，神秘地跟我们说："女人身上有三个孔,阴道、尿道、肛门。"我们才知道了关于身体的生理知识。很多女人自己可能也不知道,长到很大才知道。所以你的孩子无论是男孩还是女孩,早点告诉他阴道的存在没有坏处。

至此,"我从哪儿来的"性教育还没有结束,还可以做更多。比如,你弄一个大水袋绑在孩子的腹部,或者简单点把双肩背的书包反过来绑在孩子腹部,然后这一天让他上厕所、吃饭、看书、写字、睡觉、系鞋带、弯腰……不管干什么,都带着这个书包或者水袋,让他体验怀胎十个月的辛苦。这个过程也是亲情的教育、爱的教育。

一个"我从哪儿来的"问题,就可以讲这么多,这才是好的、赋权的性教育。

利用一个绘本解说"我从哪儿来的"

孩子四五岁时,问题延伸了,你该怎么讲?

我推荐丹麦的儿童绘本《我从哪儿来的》。我见过的所有性教育的绘本当中,只有这个绘本我挑不出毛病来,非常好,但它没有出版中文版。

绘本第一页,一男一女,正面全裸,女人的乳房、阴毛,男人的阴茎、睾丸、阴毛,画得都非常清楚;第二页,男女拥抱接吻,男人的阴茎勃起;第三、第四页,男女在床上性交,阴茎插入阴道;再下一页,宝宝在妈妈肚子里长大;然后,男人陪伴女人一起去医院、进产房;医生把小宝宝接出来;爸爸在床边抱着小宝宝给妈妈看;回到家里,妈妈给宝宝喂奶,爸爸在旁边陪伴着妈妈……这个绘本非常非常棒!很坦然、很直观地展示了男女生理差异、性、全裸体、阴茎勃起、阴茎插入等。你会被激起情欲吗?不会。因为画家虽然把性器官、性活动都画得很清楚,但画面中的人体被画得像梨一样,是卡通造型，这种对人物身材的处理不会激起情欲。所以，虽然画了勃起、画了性交，但是不会激起观者的情欲。

这个绘本就这样直接地把身体讲得特别清楚，让孩子一看全明白了。看到阴茎插入阴道，有的家长可害怕了，画得这么清楚，怎么插都知道，他们上完课、看完画，自己去插怎么办？

我们的性教育不是性教唆，这种担心是没必要的。因为绘本是一回事，如何将绘本讲出来是另外一回事。以这个丹麦性教育绘本为例，我会这样讲：这是一个长着胡子的成年男人和一个成年女人，他们彼此相爱、接吻，男人的阴茎会勃起，这是他的爱的一种表达；他们为了更好地表达爱，就在一起做爱；做爱就是把阴茎插入阴道，然后射精……讲完这些，还要跟孩子讨论："这是成年人彼此相爱、相互自愿的情况下才会做的，你可以做爱吗？"如果孩子说："可以！"你就进一步告诉她，她的身体还没有发育好，做这件事是会受到很大伤害的。而且，还可以说："为什么可以呢？他／她愿意吗？你愿意吗？如果生小宝宝呢？你没有收入，怎么养宝宝呢？"在这样的引导过程中，让孩子懂得性交要到能够承担责任、遇到彼此自愿的人的时候，才可以做。

我自己每年讲性教育的夏、冬令营，虽然多数都是十一岁以上的孩子，但我还是会给他们看这个绘本。目的不是告诉他们"孩子是怎么来的"，而是让他们思考后面的问题。看完绘本，我会让他们分组讨论，每个小组列出"好的性"和"不好的性"，哪些性交是可以有的，哪些性交是不可以的。为什么这么做？我们不怕告诉孩子性交的真相，重要的是如何引导孩子认识性交，怎么看待性交。对于"好的性""不好的性"，我也不会给它贴上标签，我只是想借这个机会给孩子分享性交的自主、健康、责任这些原则，并且在这个三原则的基础上，尊重性的多元选择。

家长不讲性交这部分内容，就以为孩子不知道怎么插入了吗？他们会知道的，从黄片或者什么地方都有可能看到，很多小孩子几岁就开始模仿了。所以，最好的办法就是主动告诉他，这样就可以和他进一步分享这么做的责任、权利、义务等，简单的回避会使孩子失去成长的机会。

有家长担心：这样赋权教育之后，孩子还是要去做爱，怎么办？你不讲这些他就不做了吗？不讲他也有可能做，他做不做不取决于你讲不讲。你讲了自主、健康、责任，他才更有可能不做。这就是为什么要讲全，而且要讲透的原因。重要的是，我们不是只讲性交，讲性交只是一个开始，从而引导出自主、健康、责任的性爱三原则。

这个丹麦绘本，从第一页到最后一页，爸爸一直在场。性交的时候有爸爸，爸爸陪妈妈去做孕检，爸爸在产房陪妈妈，爸爸在一旁照顾妈妈……这就是男性参与的教育。一个孩子从小看这样的绘本长大，和看只有妈妈一个人带孩子的绘本长大，他未来亲密关系的态度能一样吗？性别观念就是这样点点滴滴、润物细无声地建构起来的。社会在绘本、童话、动画片、电影，甚至一个个广告、一篇篇文章当中，建构了我们的性别观，以及对亲密关系的态度。

可能有人还担心："他知道性交之后，真的不会去做吗？"我曾参观荷兰阿姆斯特丹青少年科技馆的性教育展区。这个展区有一个玻璃柜，玻璃柜里边有很多一对儿一对儿的小玩偶，摆出了各种性交的姿势。展区还有另一个大玻璃柜，玻璃柜里头有两个大皮舌头，两个小孩子可以从柜子两边各自伸手进去，各操纵一个皮舌头练习如何接吻。如果吻得好，机器还会给你打高分。注意，这是青少年科技馆，不是性博物馆。

我去参观的时候，身边很多三岁、四岁、五岁、六岁的小朋友在科技馆里面玩，他们都可能随时进入性教育展区。荷兰人给小孩子看这个，荷兰的小孩子回去之后，会不会就接吻、做爱呢？要告诉各位：荷兰孩子的平均首次做爱年龄是 17.7 岁。这是非常晚的一个平均年龄，比鼓励守贞教育的美国晚一年多。

为什么这么晚？不是因为他们回避、不告诉孩子什么是性交，而是因为他们在幼儿园、小学教育里就告诉孩子了，在这个青少年科技馆里甚至告诉孩子怎么性交，但荷兰孩子并不会更早地发生性关系。因为荷兰的性教育从小就非常重视自主、健康、责任。他们通过增能赋权的态度让孩子学习对自己和他人负责任，这也是赋权型性教育一直倡导的。赋权不是回避，回避没有用。你要把真相告诉孩子，同时更重要的是要进行性爱原则的教育。

所以，对"我从哪儿来的"要实话实说，这个回答不是一个单纯生理的教育，而是爱、性别平等、责任、权利、尊严的教育。

答　问

问：在中国的民俗大环境下，推行方刚老师说的这种直言不讳的方式，确实太需要勇气了。

回复：说谎比说实话更需要勇气。你欺骗孩子，你知道他不相信，你知道他可能早就把你看穿了，你还欺骗他，这不需要更大的勇气吗？讲实话，引导他成长，学习责任、权利，这需要的是诚实的勇气。

另外一个角度看，也不存在一个"中国大环境"，只有家长个人的价值观，不要把你自己的价值观当成所有人的价值观。我们自己恐惧的时候，通常会夸大自己的恐惧，以为别人也像自己一样恐惧。其实，只是你恐惧而已。最重要的是，我们是科学的性教育，用的是全世界成功的经验，为的是让青少年更好地成长，更有可能学习对自己和他人负责。充满谎言的性教育注定是失败的。

问：我家孩子十岁了，她不问自己从哪里来，但她问母猫和公猫怎么交配。是不是也可以当作一个性教育的契机？

回复：当然。直接告诉孩子猫和狗交配都是阴茎插入阴道，男人和女人也一样，你就是这么来的。

问：荷兰青少年科技馆里的玩偶在中国，应该算是色情了吧？我儿子15周岁，买了一个动漫的半裸的玩偶摆在他的卧室，我觉得不好，不知道怎么说，就想听了您的课可以知道怎么说。今天听了您的课，我想就别说了。对不对？

回复：对！你没白听这课。为什么说"别说"对了呢？15岁的孩子了，你干涉他干什么？他买了一个有点色情的东西摆那儿，他都不回避你，多么信赖你，你还让人家收起来？孩子已经进入有情欲、有性欲的时候了，看看这样的玩偶还可能放松一下，看着自慰还可能宣泄一下。让人家收起来？不合适。当然别说了，尊重他自己的选择、自己的空间。

问：方老师，你说性交是爱的表达，这个从成人来说并不是如此吧，毕竟有"约炮"哟。所以，这也只是骗骗孩子对吧？

回复：您忽视了一个背景，我们讲的是孩子问"我从哪儿来的"，我们从爸爸妈妈相爱，然后他们表达爱等讲起。这个时候更多的是在阐释伴侣之间的关系。当然我希望伴侣的关系彼此是相爱的，并不只是单纯为了生孩子在一起的。当然，现实生活中可能有利益结合等各种情况。孩子问他为什么出生，如果你要跟孩子讲，俩人"约炮"生的你，这不合适吧？人家都是因为爱出生的，他是"约炮"出生的，让孩子多伤心呀。

问：最近我家母猫发春，我女儿总问交配的事。我就按照方刚老师教的由动物交配讲到人，用丹麦那套绘本来讲的。没有想到女儿看完绘本，很平静。我发现我们预想的种种担心都是多余的。

回复：这就对了。很多时候，家长是担心给孩子讲性教育，比如像丹麦绘本里那样直接讲性交，是孩子承受不了的。其实，只是家长错误的价值观受不了。性教育当中很多家长的各种担心都是自己想出来的。我每年做性教育夏令营、冬令营的时候，家长们也会有各种各样的担心："讲自慰孩子会不会不懂啊？"结果讲的时候，家长发现自己杞人忧天了，家长担心的情况从来没有出现过。所以我一直以来强调：坦然谈性、开放谈性。

问：如果孩子幼年时主动提问时，家长回避了，或者讲了不坦然、不正确的性知识，现在孩子进入学龄甚至青春期了，已经不再提问，或很少主动发问了，那么如何纠正以前教育的偏差，弥补遗憾呢？

回复：首先，孩子以前关心过的那些问题现在已经不关心了，幼儿时期的教育机会已经没有了，你也不需要把那些问题再找回来重新跟他谈，没有意义了。你只需要在以后的教育过程当中，遇到涉及性、亲密关系、情感、性别的时候，按我们的理念，坦然地和孩子分享就可以了。其次，他们不发问，不等于不需要性教育。幼儿时期可能以发问为主，年龄大些之后家庭性教育就不是单纯地靠孩子发问了，主要是家长遇到相关问题时的处理态度。比如，孩子恋爱了、看黄片儿了……你对孩子这些情况的态度，都非常重要。后面还会详细地讲。

问：我女儿刚上一年级，最近问了一个问题：爸爸又不生孩子，为什么妈妈还要和爸爸结婚呢？因为我信基督教，所以我就这样跟女儿说：是上帝让男人与女人结婚的。上帝说，这才是一个家庭。女儿问这个问题是出于好奇吗？我那样回答她，可以吗？

回复：可以从两个层面跟孩子聊聊。

一个层面是关于生命的起源。孩子会问这个问题，就是因为对"我是从哪里来的"还不明白，对此好奇。可以找比较好的绘本，跟孩子一起读读。即使没有书，也可以自己画一幅画，告诉孩子男人和女人的不同，人的生命都是从爸爸的精子和妈妈的卵子结合开始的。现在很多科普馆里也有实物模型，带孩子去看看吧，孩子很容易就能看明白。

另一个层面是关于爱情和家庭。可以跟孩子讲讲爸爸妈妈相爱的故事，告诉孩子，爸爸妈妈因为相爱，所以两个人结合，组成了一个家庭。在这个家里，爸爸妈妈可以互相满足爱的需要、情感的需要，而且我们会共同努力把你抚养成人。这就给孩子做了关于家庭责任和家庭观的教育。这些内容，即便有宗教信仰，也是可以跟孩子说的吧。

问：如果像您讲的那样和孩子说性交的事，孩子问我："我和××小朋友相爱，我们能做爱吗？我和妈妈（或爸爸）也相爱，我们能做爱吗？"我该如何回答？

回复：明确告诉孩子：当然不能。做爱必须是两个相爱的大人之间的事情，你和小朋友还都未成年，所以你们不能够做爱，而且，你和小朋友之间的爱是朋友之爱，不是那种情侣间的爱。情侣间的爱与朋友之爱是不同的，是至少进入青春期之后才会有的一种感情，你那时就会慢慢懂得了。你与妈妈或爸爸之间的爱，是孩子同父母的爱，也不是那种情侣之间的爱，所以也不能做爱。

爱是一种很美好的感情，但是，爱有很多种。诸如朋友之爱、父母之爱、兄弟姐妹之爱，等等。只有相爱的情侣，愿意并且也有能力为对方负责，才可以做爱。

问：儿子快五岁了，总是问我怎么从肚子里出来的？

回复：是您真的不知道吗？知道的话就告诉他呗，就是从阴道生出来的。医生怎么接产？就是用手托着他的头，帮助生出来的呗。如果是剖宫产你就告诉他是怎么剖宫的，怎么生的怎么说。总之是什么就说什么，性教育是实话实说，不是编故事。

问：小学一年级的课上，我对学生讲：爸爸把一粒种子种到妈妈肚子里，种子大了，就成了宝宝出来了。第二天，一名女学生来问我："爸爸说让我问您，那粒种子是怎样种到妈妈肚子里的？"我不知如何回答。

回复：我觉得您应该讲性交与受孕的过程了。只要态度正确，借助图片与性教育动画，不用担心孩子知道太多就会受伤害，就会去模仿。重要的是，在讲这个的过程中，要把年龄标准、身体保护、责任与义务等一起告诉孩子。

问：如果孩子问我："妈妈爸爸现在还做爱吗？"我该如何回答？

回复：当然做爱了。因为爸爸和妈妈还相爱呀。

问：十岁女儿看到宣传小报，问父亲："什么叫抽动？"被父亲严厉批评了一顿。三个月后，在家庭会议上，女儿给父亲提意见："上次问您什么叫反复抽动，您还没回答我！"做父亲的应该怎么办？

回复：女儿第一次问时，就应该告诉孩子：成年的、彼此相爱的情侣之间，有一种表达爱情的方式，就是做爱。做爱就是阴茎在阴道里抽动。但是，未成年的小孩子"抽动"会伤害身体，可能得病，还可能怀孕生下小宝宝。如果有人要和你玩"抽动"的游戏，他可能就是不怀好意，你要坚持拒绝，必要时报警求助，还要告诉父母或老师……

这样，就不再是被动地回答问题，而变成了主动的性教育。不仅回答了孩子对"抽动"的疑问，还告诉孩子不能够做，有年龄标准，同时告诉孩子如何自我保护、避免性侵犯等。

不要担心孩子知道什么是抽动了，就一定会去尝试。你同时把风险、希望等告诉她，她就不会去做。相反，如果你什么都不讲、回避，她就会好奇，更有可能去做。好奇心常常会带来更早的性行为。

因为第一次问时，父亲没有正面回答。所以，第二次孩子再问时，父亲应该道歉，直接说出自己的担心。比如：因为那是成年人的事，爸爸担心你知道了会去模仿，伤害你，所以上一次不敢告诉你。这是爸爸不信任你的表现，爸爸道歉。现在爸爸告诉你了，爸爸相信你会知道如何自我保护的。

问：本校在进行"疾病预防"的宣传时，我在小学三年级播放了有关光盘，其中一项内容为"艾滋病"的预防，讲到传播途径有血液传播、母婴传播、吸毒、性交等。当光盘播放到"性交"这一词时，我班学生都在发出疑问"什么是性交"，学生们互相讨论、满脸疑惑。当时我只是默不作声，并没有做出解答。如果今后再遇到此类问题时，我应该怎么做呢？

回复：我们害怕讲性交，但我们敢于讲艾滋病，这岂不是很可笑吗？没有性交，哪有性病、艾滋病？这是长期的性教育的缺失导致的，我们敢讲预防性病，却不敢讲性交。这是我们文化的过错，是守贞教育的后果。

坦然告诉孩子什么是性交就可以了，同时也告诉他们——性交的责任、权利与安全。

问：我姐家的女儿刚五岁多，可她提出的问题却总是让做大人的很难回答，诸如"我是从哪里来的""为什么幼儿园里的男孩子会有小鸡鸡"等。姐姐总是胡乱回答一通，我知道这样做不对。现在我家孩子才两岁多些，可我知道总有一天他也会问我这些问题，到时我该如何回答这种关于男女身体器官差异的问题呢？

回复：因为我们把性看作一件特别的事情，一件"见不得人"的事情，所以我们才会在回答孩子的问题时躲躲闪闪。其实，性像吃喝一样是人体的一种功能，有什么可特殊化的呢？性器官像任何人体器官一样，都是我们身体的一部分。如果家长向孩子介绍性器官时，用平静的语气和神态，就像介绍胳膊、手的功能一样，就能够从小培养他们对性的平常心。告诉孩子：你是从妈妈肚子里来的；妈妈和爸爸相爱、结婚，就有了你；至于为什么结婚就会有孩子，是因为相爱的夫妻要做爱，精子进入妈妈的体内……当然，还要强调与之相伴的"性的责任感"教育：做爱必须是成年之后、相爱的人，甚至是夫妻间的"专利"，等等。

第5讲

身体亲密，禁止还是接纳？

父母和孩子是否需要分床睡？是否可以共浴？电视中出现亲密镜头怎么办？等等这些问题，其实都涉及我们如何看待自己的身体，想培养孩子什么样的身体观和亲密观。

分　床

父母和孩子要不要分床睡？什么时候分床睡？你如果关注一些心理学教科书，就会发现很多书告诉我们要早早地分床睡。比如有的书告诉我们要三岁分床睡；有的书告诉我们要五岁分床睡。当你看到这种规定一个具体时间的、狭隘的、直截了当的说法的时候，你都应该在心里画一个问号了。因为人是丰富多彩的，每个人都不一样，但有人却告诉所有人都要在几岁干什么，这本身不就是很奇怪的一件事情吗？这本身不就是一件值得我们挑战、质疑的事情吗？对于几岁分床睡这个问题，也是一样的。

我的儿子跟我的太太分床就比较晚。我记得孩子应该五六岁了，有一位心理学家到我们家做客，知道我儿子跟我太太在一张床上睡，他就说："这不行，要快分床，不然对性心理影响不好，不能再让他们在一张床上睡，你们仨在一张床上睡也不行。"我没理他，当时就觉得这很荒唐。为什么这么说呢？他说在一张床上睡对性心理影响不好，稍微动动大脑，甚至不动大脑，用脚趾头想一想，也能知道这种说法的荒唐之处。在一张床上睡，怎么就对性心理影响不好了？在床上你睡你的我睡我的，最多家长打呼噜、放屁、翻身、踹一脚，影响孩子睡眠质量，和性心理有什么关系啊？完全说不通。

如果说同床睡觉对孩子有影响，那就只有一种可能，就是父母在床上做爱，把孩子给吵醒了。孩子看见你们做爱了，你又没有及时地给予正确的解释，这就有可能会对孩子性心理产生不好的影响。我们以后再说被孩子看到做爱怎么办，这里先说为什么在一张床上睡觉孩子就会看到你们做爱。你们就不能换个别的地方做爱吗？人家在床上睡觉，你们在旁边做爱，当然容易吵醒别人，影响睡眠质量了。做爱能不能有点儿创意？干吗非在床上做呢，地毯上、沙发上、卫生间里、马桶上、餐桌上……哪儿不能做？

有人可能会说："万一在床上睡，看见裸体了、摸到身体了怎么办？"这些本来就该看到，具体原因我们后边会谈，所以这些担心也是荒唐的。有人认为几岁不分床就对性心理影响不好，在我看来，这些完全是西方的价值观，这可不是中国文化下的论调。中国人什么时候关心过跟孩子分床睡啊！在农村，几代人在一张大炕上睡一辈子，也没有使中国人民的性心理都出问题。

在和孩子早早分床这件事情上，我们看到的是西方的霸权主义的影响。我的外甥女住在美国，几年前我去美国，在他们家里住了几个晚上。他们三间房，孩子一间，自己一间，来客人了，他们俩就住阁楼上去了。孩子当时两个月，一出生他们就单独给孩子一间房。孩子夜里哭醒，哭声要足够响，才能把父母吵醒，父母才过来。小孩子得哭多长时间呀，这不成虐待孩子了吗？我在那儿住了几天，天天把我吵醒好几次，我就进一步反思分房睡这件事。我们中国人觉得在一张床上睡，才是最爱孩子的表现。婴幼儿时期，孩子最需要帮助，而一起睡，可以让父母能够迅速地给予帮助。无论是饿了、渴了、尿了，还是翻身掉地上了，你都能够迅速地给予帮助，这多人性啊！而且在一张床上睡，孩子会感觉到安全，他睡在你的身边，听到你的心跳，与你共同呼吸。和父母在一张床上睡，是孩子感受呵护和温暖的一个过程，对孩子意味着幸福、安全、爱，等等。你如果强行分开，就剥夺了这些东西，他哭得死去活来，这时他幼小的心灵就已经受伤害了。

有的家长说："分床睡后，孩子一到周末就跑我们床上来。平时没时间，因为起来就上学去了。周末不用上学，跳到我们床上，开心得都笑岔气儿了。"这说明孩子渴望享受和父母同床共枕的那份爱。所以，我们就应该同床共枕，中国人的这个习惯挺好的，不要过早分床睡，没必要。

当然可能有的家长会担心："什么时候该分开呢？分不开怎么办呢？总得有个分床的时间吧。"国际性教育的经验是：睡到有一方不舒服的时候，就可以分床睡了。家长或者孩子有一方感觉到不舒服，比如妈妈觉得孩子这么大了怎么还跟我睡，孩子觉得我这么大了不想跟父母睡了，就可以分床了。通常是父母先感到不舒服，这个时候，你要分就可以分了。只是，你要小心别被"不分床影响性心理"这样的论调绑架就好。

有的家长说："孩子太大了或者太晚分床睡的话，会不会就很难分？"其实也没这么难，我的孩子是上小学之后分床的，应该是九岁左右了。当时我们给他买了一套迪士尼动物版的床单、被罩、枕巾，让他也参与了选购，并布置好房间。然后那天晚上铺好床，说："你去那儿睡吧！"他就高兴地抱着玩具过去睡觉去了，很开心。后来过了几天，他可能开始琢磨：有点儿不对劲儿了，怎么回事，就让我自己睡了？所以就让我晚上过去陪他。我躺在他的枕边，用我的大手握着他的小手，直到他的呼吸变得均匀了，握住我大手的小手松开了，我就知道他睡着了，可以走了。他需要我陪伴他一会儿，这个过程中安全、幸福、温暖的感觉全在手心里面。就这么分开了，没有那么难。所以分床睡不像你想得那么难。你之所以觉得难，是因为孩子最渴望你的拥抱和爱的时候，你强行把同床的温暖剥夺了，他痛苦、反抗，所以才困难。

有人说："我分床睡是为了培养他的独立精神和独立照顾自己的能力。"培养能力没问题，但需要以剥夺安全感为代价吗？三五岁的时候其他方面你都不让他自己照顾自己，就睡觉方面需要自己照顾自己？家长一方面在很多地方宠着孩子、不给孩子成长的机会；另一方面，又急着在分床睡方面让他成长，说白了，背后还是对身体和性的敏感和焦虑。

可能有的家长又担心了，说："你说睡到一方不舒服的时候，但万一两个人总舒服怎么办？都二十岁了，还舒服呢！"如果是这样的话，这是双方人格成长的问题、双方成长中割离的问题，不是同床睡觉睡出来的，这是整个亲密关系的问题。就算早早地分床睡觉，依然可能有这方面的问题。有媒体报道：儿子结婚了，妈妈还进去给他盖被子。他们倒是没在一张床上睡，但你觉得他们成长得对吗？

还有人担心一张床上睡觉容易导致乱伦。我访问过一些乱伦者，还写了一本书叫《乱伦研究》。那些乱伦者没有一个是跟父母一起睡到七八岁的，都是早早就分开了，所以这之间没有什么因果关系。

综上所述，不要过早地剥夺孩子跟父母在一张床上感受爱、亲情、呵护、安全这些幸福的机会。

共　浴

赋权型性教育主张，孩子应该从小看到父母的裸体，父母应该跟孩子从小一起自然地沐浴。我说的不是爸爸和儿子，妈妈和女儿，而是：父母跟孩子，无论男性还是女性一起沐浴，甚至三个人一起沐浴。

浴室是很好地进行性教育的场所，在浴室了解身体差别非常自然。孩子看到了就会问：为什么这个我没有你有？为什么你那儿大我这儿小？你的黑，我的白？这些我的孩子也都问过，这时父母可以很坦然地讲讲男人和女人的差别。

儿子当年问我："为什么你这儿有毛，我没有？"我说："我胳肢窝还有毛呢，你就没有。你长大了就会有了。"

儿子问："为什么你那儿大我这儿小？"我说："整个身体还是我大你小呢！"

儿子问："为什么你那儿黑？"我说："这是色素堆积。"这个知识大家一定要有，男人女人的阴部黑都是因为色素堆积，不是因为用得多。

这样在浴室里进行性教育多自然呀。如果你不是在浴室里共同沐浴，而是要另外给他讲，那就难了。吃完饭，你和孩子说："我们要讲性教育了，现在都脱裤子。"这也太奇怪了吧？

一起沐浴就不会有对身体的羞耻感、污名感，好奇心也解决了。你和孩子一起沐浴，他还会去偷看女厕所吗？还会偷看幼儿园小朋友的身体吗？

那么，共同沐浴到几岁比较合适？一帮人又要给我们支招了：三岁、五岁。还是那句话，人类丰富多彩，一刀切的方式都是坏的，都一定不是科学的。国际性教育的经验告诉我们：洗到有一方不舒服的时候，就可以停止共同沐浴了。

有个小段子，在这里分享给家长。妈妈带着儿子去女澡堂洗澡，他不太愿意去，问门口的工作人员："我什么时候可以不来女澡堂洗澡？"工作人员说："当你想来的时候，你就来不了了。"孩子的心地很纯净，他们不会把身体的差别想得那么复杂，所以家长不用担心那么多。我自己小的时候没有父亲，他很早就去世了，我妈妈常带我去女澡堂洗澡。男生千万不要羡慕我，关于女澡堂的记忆我是一点都没有的，只记得大约五岁那年人家不让我进了。所以我们成人总是想得太多，其实孩子想得很少。

有人可能说："俩人总爱在一块洗，姑娘都十八岁了还要跟他爸洗，儿子二十多岁了还要跟他妈洗，怎么办？"还是那句话，这是他们亲密关系成长过程中的问题，是他们人格的问题，这个问题不是一起洗澡带出来的，不洗澡这个问题该有还是会有的，这是成长割离的失败造成的。所以，不用担心一起洗澡会有什么问题，这是非常好的了解异性身体的一种途径。

我出版过一本书——《裸体主义者》，是研究裸体主义的。在西方裸体主义者的营地里，你会看到有几岁的孩子。在中国台湾的裸体营地，一对夫妻就带着他们六七岁的小女儿全裸着，跟那些成年的男人女人在一起。他们完全不担心，认为身体是自然的，孩子也不会有各种担心，所以是我们想多了。这种在大自然中接触到异性的身体的方式，本身也是对孩子的一种性教育，是从小消除身体和性的羞耻感和神秘感的教育。

我有一个朋友，在他儿子五岁的时候，跟我咨询："我孩子五岁就耍流氓。"我问："怎么回事？"他说："家里一来女客人，他就掀人家裙子。有一次女客人穿的是拉链裙，刚一坐下，儿子就从人家脖子开始把拉链拉下来，等于把人裙子给脱了。全家人都很尴尬这孩子是不是耍流氓呀？"我就问这位朋友："是不是孩子很久没有和妈妈一起洗澡了？"他说："对，一岁开始就不和他妈妈一起洗了。她妈妈洗澡时如果他一进去，妈妈就蹲下说，'快出去，小流氓'。"我说这就一点不奇怪了。因为妈妈特意蹲下来，特意遮挡身体，这增加了他的好奇心呀。他可能在想："我本来就是去撒泡尿，结果你骂我是小流氓，还用手捂着胸，到底是怎么回事啊！"他对女人的身体就好奇了。可能有一次偶然掀别人裙子，大人就吓坏了，围着他又喊又叫，这等于强化了他的行为。于是，掀裙子就成了他吸引别人注意的手段，所以他后来形成了习惯，一来人就掀别人裙子。这是由家长的性教育造成的。所以要警惕的是我们错误的性教育、性教养方式。

有一次，我在一个地方给老师们讲课。讲完之后，一个男老师说："我的女儿 11 岁，最近我上厕所，她都进去，歪着脑袋要看我阴茎、看我小便。以前我确实没有跟孩子一起洗澡过，你这么一说我知道了，是不是女儿好奇呀？我是不是该回去跟孩子一起洗澡？"

当然不应该。因为孩子已经 11 岁了，之前从来没一起洗过，现在她快进入青春期了，她好奇，才进去歪着脑袋看你小便。你如果叫她一起洗澡，这太突兀了。那该怎么做才能解决孩子的好奇心呢？我建议这位父亲回去给孩子画画男人的阴茎、睾丸。这就是第二讲里边讲到的，要善于使用图片对孩子进行性教育。家长以前没有自然给孩子看过裸体，现在孩子年纪大了就不方便了，但是拿图画给她看也是补上了性教育这一课。

撞见父母做爱或更衣

孩子看到父母做爱怎么办？很简单，你就别做了呗！不小心被孩子看到，还接着做就不合适了。幼儿或者少年看到父母做爱后，如果他还不懂是在做什么，会感到很恐慌。他会想，为什么爸爸要欺负妈妈，或者妈妈欺负爸爸，还嗷嗷地叫，那么痛苦。但是如果已经受过好的性教育的孩子，不会有这样的担心和恐慌。对于没有受过性教育的孩子来说，这仍然是一个好的性教育的机会。你可以告诉孩子：这是成年的父母在做爱，做爱是父母表达爱的方式。然后接着讲做爱的责任、年龄、权利、尊严、义务、自愿等。

"孩子看到父母换衣服、裸体怎么办"，这也是家长经常问的。其实，看到就看到了，你接着换就是了，不用担心。我曾经听一位学者讲过一个故事：一位妈妈换衣服的时候，五岁的儿子看到了母亲的乳房，两眼发直，神色恍惚。这位学者评论说："这个妈妈换衣服不回避孩子，就是对孩子的性骚扰。"我想说：你想多了，这是你的想法，不要总用成人的想法去假设孩子的想法。这个孩子可能很久没有看到妈妈的身体了，对妈妈的身体、女人的乳房可能都不了解，所以看到妈妈的乳房很有可能是吓了一跳。"天哪，怎么我妈妈长了俩肉瘤呀！这会不会死啊？哎呀，我妈妈生病了。"可能孩子想的就这么简单，成人想得太复杂了，给想歪了。对于父母在孩子面前暴露身体，这本身没有什么，只要不是刻意为之就可以了。

亲热镜头

有一个小段子：爸爸和儿子一起看电视，电视里有人接吻了，爸爸很尴尬，便对儿子说："给我倒杯水去。"儿子就给爸爸倒了一杯水。过了一会儿，电视里又接吻了，爸爸又说："给我倒杯水去。"儿子又去给爸爸倒了一杯水。没过一会儿，电视里又接吻了，爸爸说："再给我倒杯水去。"儿子说："爸爸，是不是一看到别人接吻你就口渴呀？"这个小段子告诉我们：你看到的孩子早看到了，你自己想多了，心里不正才一直让孩子倒水去，孩子其实没想那么多。

你想想，你看到的孩子也看到了，你故意支开或者调台，等于在强化刚才的画面，这种强化等于说：以后这样的情景，你要仔细看哦！要是放的是录像，我一会走了，你要退回去看哦！你等于增加了这些情节的神秘感，还强化了孩子的好奇心。最简单的好办法就是自然而然地看，当然，如果有机会、有能力的话家长需要评点一下。我在前面讲儿子买回来《让子弹飞》的例子就是如此，我当时就评点一下，说"这是土匪的行为"。我不仅没有调台，也没尴尬，还进行性教育了。我把很多家长可能会感到尴尬的情景转化成性教育的机会了。所以自然而然地看最好，越紧张越麻烦。

电视里很多亲密的镜头看多了，比如接吻，孩子们就会模仿，然后就会尝试。他可能会过来亲吻父母，许多家长都遇到过这类事。举例来说，我儿子小时候看完电视就过来抱住我的脑袋，要亲我的嘴，我立即跟他说："不要接吻，不要亲嘴，亲嘴是成年的恋人之间的事情。父母跟孩子表达亲密的感情是通过亲脸和亲额头。"我这么一说他就知道了，再次把很多人担心的、尴尬的电视剧的亲密镜头带给孩子的影响变成了一次性教育的好机会。

我关于表达亲密关系的方式的观点，也有人提出过质疑。我一直讲嘴对嘴的接吻是情侣之间的，父母和孩子之间应该吻脸、吻额头。一次培训性教育的老师时，一位老师提出疑问了，她说："我觉得你说得不对，为什么嘴对嘴就一定是情侣之间的吻，我觉得父母和孩子也可以嘴对嘴吻，我就和我的儿子嘴对嘴吻，我不觉得有什么问题。"她这么一说，我立即醒悟了。以往我说父母和孩子要吻哪儿，情侣要吻哪儿那一套，也是看别人的书学来的，自己也没思考。你看多可怕，不思考，学别人的就难免会发生这样的事。那位妈妈告诉我："我和我的儿子就是嘴对嘴吻，怎么啦？只不过我们没有那种舌头进去、撩拨情欲的法国72式深吻，不撩拨情欲、嘴唇对嘴唇的吻怎么不可以呢？谁有权利决定我们怎么表达亲密关系呢？"这位妈妈说得非常好！这件事没有让我的思考仅停留在吻的层次上，而是让我反思、质疑、挑战长期以来性教育当中的刻板印象。从那之后我就认为，我们要尊重每个人、每个家庭表达亲密关系的方式。所以这对母子嘴对嘴的表达亲密关系的方式挺好的，我们应该接受。亲密关系不应该被强行规范为一种模式，人和人之间是不一样的，不应该被画成一条线。

当然，你不喜欢和孩子嘴对嘴的吻，也不必强求自己，仍然可以对孩子说：嘴对嘴的吻是情侣之间的……

每个人有自己表达亲密关系的方式，不需要对性这么敏感、这么多疑。说白了，告诉我们该如何表达亲密关系的那些人，他们对性才太关注呢！我们都没想那么多，孩子更没有想那么多，是他们想多了。

这里再顺便说一句，父母在孩子面前要不要表达你们的亲密感情？我觉得是要的，但也不要吻起来没完。父母轻吻一下或者拥抱等，会让孩子感觉父母在相爱，从而感到安全、幸福。所以，不要害怕在孩子面前表达你们的亲密。

答 问

问：我同事问，九岁女儿看到爸爸妈妈的性生活，事后妈妈应该怎么和女儿讲？

回复：就像我们前面说的，告诉她：你是不是感到害怕了？放心，那不是爸爸欺负妈妈，也不是妈妈欺负爸爸，那是我们在做爱，做爱是因为我们相爱，是成年、相恋的人之间的事情。小孩子可不可以呢？不可以，因为可能会受到伤害，具体有哪些伤害，直接告诉孩子就好。

问：希望方老师能讲讲孩子小时候看到父母性爱或者是父母身体之后产生了乱伦的想法，我们该怎么办？

回复：其实小时候孩子看到父母的性，和有乱伦的想法风马牛不相及。关于乱伦禁忌的产生，人类学家有过一个经典的解释：我们一起长大，彼此太熟悉了，所以我们之间没有性欲。从这个角度来看，家长不用太担心乱伦的问题。

问：孩子跟父母一起睡的时候，为什么父母不能做爱？

回复：很简单，人家睡觉你把人家吵醒了多不好，影响人家睡眠质量。不是说不让你做爱，你在旁边谈天说地也不行，主要目的就是别影响人家睡觉。

问：婴儿对母亲的吮吸，给母亲的身体带来愉悦的感觉，是否就是性愉悦的感觉？

回复：这个我没有体验过，但是我觉得，这个感觉是很接近的。婴儿亲吻乳头，和老公亲吻乳头应该是一样的，都会有性愉悦的感觉。但是你要知道，人的情感是有本能和欲望的，本能是与生俱来的，只要你一吻她一定会有感觉。但欲望是由文化建构的，你对这个感觉并没有往性的方面想，这个过程到这儿就终止了。我讲伴侣性爱提升课的时候，分享过：首先对性刺激要有感知，不仅要感知到还要积极评价，否则这个性刺激就不存在。对于这件事，第一，这本身不是以性刺激为目的的刺激；第二，确实能达到和性刺激相似的效果；第三，我相信绝大部分母亲不会从性刺激的角度去感知它，更不会对它有性刺激角度的正面认可和接受，也就不会有性的唤起。这个过程，生理上的感受可能和性刺激的前期感受一致，但后期就不一样了。

问：父亲洗澡，女儿开门要看，父亲转身不让看。母亲说：看什么，和我们长得一样。这样做对吗？

回复：这样讲不对。明明不一样，为什么骗孩子？为什么不让孩子看？如果实在不想让孩子看，就画个图给她讲解吧。总之，要把身体差异和性的知识告诉孩子。她好奇，你不告诉，是最不负责任的。

问：我女儿七岁，平时洗澡跟我一起洗。她对女性身体、月经等都了解，唯独对异性身体好奇。她爸爸长期在外地工作，即使在家也比较保守，不会和她一起洗澡。于是她就在爷爷上厕所的时候开门去看，我该怎么办？

回复：孩子小的时候，通过和父母洗澡的方式，自然地接触、了解同性与异性的身体，进行关于身体与性的教育，是非常好的方式。父亲"保守"，拒绝与女儿同浴，激发了女儿对异性身体的好奇，才会有在爷爷洗澡的时候去"骚扰"的情况，不足为奇。

建议：一是通过使用图片、画画等方式，向孩子讲解男性的身体结构，满足孩子的求知欲；二是告诉孩子，上厕所是私密行为，别人不同意的话是不能看的，特别是异性，更不可以。自己不看别人，也不能让别人看自己。

问：方老师，我一直是您的忠实读者，我和老婆用您的方法对五岁的女儿进行性教育，现在遇到了困惑。在和女儿一起洗澡的时候她总是喜欢玩我的"鸡鸡"，于是有一次我就忍不住勃起了。而且每一次洗澡，我女儿都要玩，有时候我女儿还拿着我的手去触摸她的小阴道。我真不知道这样下去会不会使女儿性早熟，有点担心。还有就是我老婆喜欢在一家人洗完澡后亲女儿的小阴道。因为女儿年龄小，给她讲的一些性知识好像她都听不进去似的。我女儿现在最大的兴趣就是和我一起洗澡，因为这样她就可以玩我的阴茎，我现在都有点不敢给她玩了，所以后来我就不和女儿一起洗澡了。还有就是，父亲和女儿一起洗澡到多大就不可以了？

回复：父母和孩子一起洗澡，不等于要有这么密切的性器官接触。女儿第一次摸的时候，就应该告诉她，这是私人部位、隐秘部位，不能摸。不能摸别人的，也不能让别人摸自己的，所以不能拉着爸爸的手去摸。如果再这样，以后就不能一起洗澡了。这些教育是必需的。感谢您和您太太喜欢读我的书，但是，我的书里会讲到这些，而不是简单地说父母和孩子一起洗澡而已。

我们认为，到父母和孩子无论哪一方感觉不舒服了，就不应该一起洗澡了。您已经感觉不舒服了，于是就不一起洗了，这样做很对。但也要和孩子讲清楚，为什么不一起洗，不然这么小的孩子可能以为爸爸不爱她了，会伤害孩子。您可以说：因为我们是异性，你大了，要尊重彼此的隐私。

至于您妻子喜欢在沐浴后亲女儿的阴道（应该是阴部吧？），如果她也亲其他身体部位，只是自然地不回避亲阴部，我觉得无所谓。如果其他地方都不亲，专亲阴部，就不太适宜。我们的原则是：不把与性有关的身体部位特殊化，既不特意地"忽视"，也不刻意地强化。

问：我女儿五岁了，弟弟一岁半。这几天发生了一件让我头疼的事。女儿换衣服的时候，老是让弟弟在旁边看着，故意让弟弟看到自己的乳头。弟弟就会指着啊啊叫。然后姐姐就跑，弟弟就追。我问姐姐，为什么要这样。她说她就是喜欢让弟弟追着跑。我该怎么办呢？怎样给他们说呢？是不是需要姐弟俩分开来说呢？还是不管他们，这事就会自然过去？

回复：姐弟俩一起洗过澡吗？爸爸妈妈跟孩子一起洗过澡吗？对于我们的身体，家长是怎么跟孩子说的？

我怀疑这位妈妈对这些是回避的，或者说过姐姐的哪些部位弟弟不能看。过早地给孩子灌输了这些观念，所以姐姐才会逗弟弟，弟弟才会追姐姐。这只是他们之间的一个游戏，跟性没有一丁点关系。家长想多了。

解决的办法就是让姐弟俩一起洗澡，孩子会发现俩人身体的不同，孩子问什么问题都是天经地义的，家长直截了当地告诉孩子就行，身体没什么秘密。

但是，比较麻烦的是家长对身体的观念、态度和思想，保持在现在这个状态，是不适合跟孩子讲什么的。所以，家长先要提高自己。

问：整个社会都有关于裸体禁忌的观念，去掉社会行为规范的制约，自然的裸体呈现是否是正常的？

回复：一定是正常的。不可能整个社会都有这样的规范，比如说英国有一个小岛，岛上的人全是裸体的；法国有一个小镇、德国有一个海滩，也都是裸体的。他们全都是裸体的，连超市工作人员也都是裸体的。对他们来讲，那个小社会里达成了一致的观念，他们就自然裸体呈现，大多数的社会达不到这样的观念，我们就没有自然的裸体呈现。我相信在人类未来长时期内多数人不会这样，达不到这个观念，所以不会自然裸体呈现。但这不影响我们和孩子共浴。

问：北方由于有澡堂，大家一起洗澡，从来没觉得什么；可是南方就不一样了，南方人完全不能理解认识的、不认识的人在一起洗澡这件事，这是一个文化的问题。所以分床是不是也是这样？

回复：是的，这就是文化。不是说日本有的地方还男女共浴吗？这就是文化现象，没有什么，现在重庆也有男女共浴的。文化不一定都是好的、进步的。文化如果是当地人接受的，就是好的。不要用西方的文明或者欧洲的文明来强迫所有人，说要分床睡觉，这就是所谓的欧洲文明。我们的文化就是一张床上睡，不能用文化霸权主义来打压我们，我觉得我们的文化更好。

问：请问，孩子对父母做爱抚动作，父母该如何应对？

回复：就看父母的感觉了，如果父母觉得不开心、不喜欢、害羞、不好意思，对孩子这样做有各种担心，就直接告诉孩子。可以说："爸妈不喜欢你这样，爸妈认为这是成人情侣之间做的事情，你和爸妈这样做爸妈不开心，爸妈希望你怎么跟爸妈相处、怎么表达爱。我们知道这可能是你在表达爱，你可能是从电视里学来的爱的表达方式，但是这样的表达方式我们不喜欢。"还可以讲你们喜欢什么，为什么不喜欢这个。

当你掌握了尊重、真实的原则之后，就会发现，无论出现什么情况性教育都能变得非常简单了。

问：女儿从小就喜欢和父亲一起睡，现在已经12岁了，还要和父亲一起睡。我觉得这样有些不对，感觉不舒服了。您曾说，父母可以和孩子睡觉、洗澡，直到有一方觉得不舒服。但现在是，他俩人看起来都很舒服，我这个第三方不舒服。是否应该停止一起睡了？我该怎么和他们说？

回复：您这种担心，可以从很多方面来理解。也许您的潜意识里有对父女乱伦的担心，毕竟女儿大了，身体在发育。或者，女儿和父亲过于亲密，和您就相对疏离了，潜意识里有一种争宠的心态。或者，将女儿看作潜在的敌人。也可能都不是，仅仅是因为在一个家庭中夫妻关系是核心，这个核心维持着家庭的稳定，当孩子同父母其中某一个人关系紧密，而父母的另一方不受关注的时候，家庭中这个核心关系就会出现问题。

无论怎样，我觉得您都不必太焦虑。12岁的孩子仍然是渴望和父母亲密相处的，可能是从小习惯和父亲睡了，所以现在还是这样。我建议您和丈夫多做沟通，听听他的意见。也许他同意您的担心，那你们就应该一起面对。如果他觉得现在这样睡没什么不合适的，您也不妨听听他怎么说，这有助于化解您的担心，有助于您对这件事有更准确的理解。

问：有个高中男生，逢大休回家，便会将其父赶到另一张床上，跟母亲同睡一床，摸母亲乳房同睡，其父母未反感。此事您怎样看待？

回复：这个和我们社会中通常的父母和孩子的相处方式相违背。但是，这对父母接受这样的行为，就一定有他们的理由。我觉得首先要听听他们怎么解释，是如何看待这件事的。外人，不适合轻易插嘴，更不适宜轻易贴一个"乱伦嫌疑"的标签。

问：离婚后的丈夫每次来看女儿，或者女儿去看他，都陪女儿睡在一张床上，说是为了弥补对女儿的爱，说是女儿这样要求他的。请问，这样对女儿的成长是不是有坏处？

回复：这里有两个问题。首先，如果是母亲陪女儿，或父亲陪儿子在同一张床上睡，我们是不是会担心对孩子的成长有害处？如果有，说明我们是担心父母与孩子的亲昵和亲密会对孩子有害。我个人认为这种担心是多余的。如果没有，则说明问这个问题真正的原因是担心异性父母和孩子同睡，特别是父亲与女儿。

将所有男性都想象成性侵犯者，特别是将所有父亲想象成性侵犯女儿的人，是不对的。除了极少数的父亲之外，男人对自己的孩子都是一种亲子之情。孩子（即使已经是12岁的孩子了）渴望和父母同床共枕，特别是和很久见不到的父母同床共枕，也是常见的、正常的要求，是渴望和父母亲密的心理使然，正常的亲密接触不会影响孩子的健康成长。

但这位母亲的担心，也是可以理解的。我建议从教育女儿入手。让女儿懂得什么样的亲密接触适合于父母和孩子，什么是不适合的；告诉女儿身体的界限在哪里，什么是性骚扰……让女儿学会处理自己的身体事宜，是最重要也是最有效的保护孩子成长的方式。这种教育不应该是直接针对父女同床问题的，以免引起孩子和前夫的抵触。

问：儿子已经读高中了，不愿意和家长睡一张床，但是家里来客人了，需要委屈一下都不愿意，怎么办？

回复：青春期的孩子对于和家长睡同一张床的抗拒，是可以理解的。尽量不要和孩子对抗。建议有一人睡沙发，或者家里常备一张折叠床，或者干脆去宾馆住一夜。家长和青春期的孩子交往时，要尽可能回避对抗，尊重他们的意愿，这是原则。

问：您说过父母可以和孩子同床共枕，不必规定几岁分开，可以直到有一方感觉不舒服时再分开。那么，如果是母亲先觉得不舒服呢？这时强行分开，是否会伤害孩子？可否等到孩子觉得不舒服时再分开比较好呢？

回复：父母和孩子具有一样的权利，如果父母中一人觉得和孩子同床共枕不舒服，那就应该分开。因为父母的感觉一定是有理由的，父母违背自己的内心感受，也不好。但是，我们主张父母先问问自己，是否受了传统心理学关于父母要早早和孩子分床睡的影响，才会有这样的感觉。

另外，父母决定和孩子分床睡的时候，也应该采取说服、劝导的方式，让孩子心悦诚服地接受，不能让他感到受伤害，感到被剥夺。其实做到这一点并不难，比如给孩子讲一些成长了要自己照顾自己的道理，给孩子换全新的卡通床单、枕巾来"诱惑"他，等等。

问：儿子已经14岁了，半夜醒了有时还会跑到我们房间，钻到我们被窝里一起睡。应该怎么办？

回复：小孩子都是喜欢和父母一起睡的，那是获得亲密感、安全感的一种渠道。孩子夜里醒了，跑过来睡，可能是因为他害怕了。找个机会问问他，夜里醒来的时候是不是感到害怕？害怕什么？害怕的时候脑子里闪过的是什么念头？然后耐心地帮助他打消那个令他害怕的念头，这才是问题的关键。

问：您主张不分床睡，但是我认为这会对孩子造成过度保护，孩子心理上会过分依赖母亲，而母亲在心理上会用孩子替代父亲。

回复：为什么只讲母亲，没讲父亲？如果不分床睡会过度保护，别的方面就不过度保护了吗？就不会依赖了吗？只有睡觉才依赖？为什么总把分床和乱伦混在一起？这说明了什么？

问：姑姑（或者奶奶）丧偶，帮助看侄子（或孙子）时总愿意晚上搂着孩子睡，而且不希望孩子回到妈妈那里，她们是什么样的心理？对孩子有没有什么影响？会不会造成孩子（儿子）以后喜欢比自己年龄大的女人？怎样预防孩子被熟悉的人性骚扰？

回复：不要过于敏感，她们可能只是爱孩子、喜欢孩子，并不一定是有什么"特别的心理"，或者有性骚扰。不要对亲密关系的表达过于紧张和警惕。当然，这不妨碍告诉孩子性骚扰是什么，应该如何预防。

年长的女性喜欢孩子，抱着他睡觉，并不一定会对孩子的未来有什么负面影响，不必过虑。这种担忧与社会文化长期对与性有关的亲密的负面建构直接相关。

问：我的儿子十岁了，现在多了一个毛病，总爱躺在他爸的肚皮上，还要把他爸的衣服掀起来，脑袋直接挨着肚皮躺那里。请问，这是不是有问题呀？

回复：我认为这是孩子和父亲亲昵的一种方式、一种游戏，在寻找亲情、建立安全感，不必大惊小怪。相反，我们成年人总把身体接触看成可能是"有问题"的，这才是"问题"。

问：我儿子12岁了，还是喜欢抱着我睡，有意或无意地触碰我的乳房和阴部，怎么办？

回复：触碰乳房和阴部，是有意还是无意？我觉得应该是无意吧。不管是有意还是无意，都应该跟孩子这样说："这是私密部位，你大了，不能碰了。不能碰别人的，你的也不能让别人碰。"如果你不喜欢他搂着你睡了，那就该分开睡了。

问：两岁半的男宝宝总摸妈妈的乳房。

回复：摸就摸，为什么搞得那么紧张呢？如果你觉得摸乳房实在让你难受，你就跟他说："妈妈不喜欢被你摸，妈妈觉得这是隐私。"但是我觉得对两岁半的孩子说这些太早了。

问：实行"二胎政策"后，很多家庭都有两个孩子了。但是，家里房间有限。如果是两个异性的孩子，什么时候分床、分房好呢？

回复：这个问题的背后，可能是担心异性的孩子之间有性游戏。首先不要对性游戏如临大敌，它是很多孩子幼年的一种认识身体的探索方式。重要的是，这与分床或分房与否没有必然的关系，家长要关心的是从小对孩子进行性教育，去掉身体特别是异性身体的神秘感，同时进行身体权的教育。这才是问题的关键。

问：女儿高一，15岁，从小和爸爸妈妈都很亲密，关系融洽。现在她长大了，爸爸有时睡前会在房间里穿着内裤走来走去，需要注意吗？还是这样顺其自然？

回复：如果包括爸爸和女儿在内的所有家庭成员都不介意此事，都没觉得有任何不舒服或带来任何不便之处，可以顺其自然。特别是这个爸爸仅仅是"有时睡前会"这样。

但如果有任何一位家庭成员对此感觉不舒服或不方便，就应该提出来。比如是妈妈觉得不舒服，那么可以和爸爸做好沟通，说出你担心的事情和原因，同时也听听爸爸的意见，这有助于化解担心、消除误解。结果可能是爸爸改变，也可能是妈妈改变，没有唯一正确的标准。

当然，这里说的爸爸穿的内裤应该是普通内裤，而不是过于暴露或突出性器官的那种"情趣内裤"的款式。

问：爸爸有时候喜欢裸睡怎么办？

回复：裸睡就裸睡，我们还鼓励一起洗澡呢，这有助于了解异性的身体。

问：我女儿总嚷着要看她爸爸的"小鸡鸡"，爸爸洗澡时她就要进去看，被我们拦住了。这时我们应该怎么办？女儿九岁了。

回复：我估计是她以前没有和父亲一起共浴的经验，至少她的记忆中没有，而且你们一定刻意回避她自然地看到父亲的裸体，这种刻意回避反而会唤起她更强烈地想看一下的愿望。所以我一直主张，孩子成长过程中应该有和父母一起洗澡的经验。现在孩子已经九岁了，当然不再适宜共浴了，因为这不是在"成长过程中自然地看到"了，而变成刻意地给孩子看了。我的建议是，买一本有男女正面裸体的性教育画册，或者干脆自己画一幅男人的正面裸体像，给女儿看，讲给她听。同时告诉她关于身体的隐私部位，以及自我保护的知识。这既满足了她的好奇心，也借机进行了防性骚扰的性教育。

问：儿子四岁了，我在儿子面前换衣服，老公觉得孩子会性提前，是这样的吗？

回复：不会的，你们现在应该要一起洗澡而不是换衣服，洗澡的时候能看得更清楚明白。了解自己和异性身体的差别，这对孩子是很重要的。

问：孩子从后面抱家长然后用舌头舔家长的脖子，这个正常吗？我害怕孩子性早熟，这个动作好像是跟爸爸学的。

回复：我觉得没有什么呀，这是他给你表示亲密的方式，有什么不好的呢？我不觉得有什么问题，不用舌头舔，难道用牙咬吗？我觉得这是孩子喜欢你、跟你表达爱的一种方式，父母不要这么敏感。

这跟性早熟没有什么关系，他只是觉得这是爸爸对妈妈友好的方式，他也用这个方式对妈妈表示友好。如果你觉得不舒服你就可以说"我不舒服了"，以后也别让爸爸这样了。你让爸爸这样吻但不让他吻，那不是伤害孩子吗？

问：有一天女儿模仿他爸爸的一个动作，还问妈妈疼不疼？

回复：我不知道模仿的是什么动作，如果我们在这里都不好意思说是模仿什么动作，那我们怎么能够跟孩子谈性呢？是模仿爸爸性交了吗？如果是类似动作，你就可以告诉她说："妈妈不疼。这是两个相爱的大人在一起做的事情，所以你不能和妈妈一样这样做，将来你长大遇到你喜欢的男人了你再这样做。"

问：有时候妈妈单独带男孩外出，妈妈会带孩子上女厕所。孩子有时候说："妈妈，我应该去男厕所。"

回复：这个意思就说明你的儿子已经不喜欢你带他去女厕所了，虽然你没有说他几岁，但你的儿子不开心了。这时候就不应该带他去女厕所了。你可以找一个看起来不像坏人的男人，跟他说"麻烦您带我的儿子去厕所"，然后你在厕所门口等着就可以了。

问：以前我女儿总爱掀我衣服，在外面我总是拒绝，越拒绝她越掀，老是发脾气。

回复：对，你越拒绝她越掀，你的女儿多大了？你可以让她在家里随便掀个够，并解释说："到外面涉及隐私、身体权，所以不希望在外面掀，但是在家里面可以掀。你为什么好奇？你想看到什么？你觉得为什么好玩？"一次满足她。如果她是想看到身体，你让她随便掀。之所以在外面有时候要掀，很可能是因为她某一次在外面掀，被你呵斥，受到挫折她就一定要反反复复这样做。所以你要让她在家里掀个够，跟她讲清身体权的关系。比如说："这是隐私，妈妈不好意思。"要直截了当地跟她讲清楚，为什么你不愿意让她掀。"妈妈感到很尴尬、难过、伤心，宝贝爱妈妈就不会让妈妈伤心、难过，对不对？"就这样分享就好。

问：一次，我和妻子晚上性生活时，五岁的孩子没睡着觉，跑到了我们的卧室，正好看到。我们不知怎么和孩子解释，当时虽然说些别的话应付过去了，可聪明的孩子一定会留下很深的印象，请问是不是会有一个"正确答案"，好让我能合理、科学地和五岁的孩子来解释清楚这件事？如果直言相告，我怕会引起他的模仿，更怕引起他的好奇心。

回复：没有标准答案，因为这要与你们平时对他的性教育联系在一起综合考虑。对孩子的性教育，应该强调当事人，即孩子本人的主体地位，即他要求知道什么，便告诉他什么，而不是我们习惯的"成人主体"。所以，重要的是看你们那样"回答"之后，他是否满意。如果他不再问这事了，当然就过去了。如果他还不满意，那就要告诉他：这是成年的、彼此相爱的人表达爱情的一种方式，小孩子不可以模仿，成人之后你也会遇到相爱的人，她同意的时候，你们也可能做这件事。这样解释的时候没有必要描述他并没有看清楚的细节。关键的一点是：相信性是一件美好的事情，相信对性知识的了解不会使孩子学坏，相信及时和明确的告诫可以使他们对自己更负责，不会过早发生性行为，这就足够了。

问：儿子七岁时，妈妈换衣服时便开始回避儿子了。一天，儿子偶然间碰见妈妈换衣服，夸张地大笑说"内裤"什么的，这是好奇吗？家长该做点什么？

回复：如果换衣服时不小心被您的孩子碰见了，不要躲躲闪闪，最自然的表现就是最好的。可以该干什么继续干什么。像这个孩子夸张地大笑着说"内裤"，家长就可以问一下他：为什么觉得好笑呢？为什么会这样大笑着说呢？

孩子之所以这么兴奋，可能恰是因为妈妈曾很刻意地不让他看到，让他觉得这是禁忌的，是触破了禁忌让他感到兴奋，并且大笑。

可以借此机会对儿子进行性教育，大大方方地跟你儿子说：看到家人换衣服不是什么值得大惊小怪的事，身体、内裤只关涉身体自主权，并不是神秘的。

问：初二的男生洗完澡经常在母亲面前光着身体，这会不会是一个问题？母亲应该给予孩子怎样的反应？

回复：这不一定是一个问题，要看孩子是什么态度。孩子可能只是很随意地裸体，很自然的，并非刻意。而我们成年人太敏感了，想得太多了，这才成为问题。但如果孩子是明显地、刻意地向母亲"展示"或"炫耀"某个器官，那则是另一回事。

但我想，无论是哪种情况，母亲最好的处理方法都是视而不见，不当回事，也同样自然、坦然地面对。否则，如果母亲反应特别，那都有可能成为一种"坏的性教育"。

问：一个12岁的男孩子，每天必须搂着妈妈的秋衣睡觉。这正常吗？如何处理？

回复：如果一个女孩子，即使是成年的女孩子，每天抱着一个布娃娃睡，我们是否会觉得她不正常？可能还会觉得她"单纯可爱"吧？

我认为对这事不必大惊小怪，大惊小怪反而会吓到孩子。这可能仅仅是和父母分床之后的孤独感，需要抱着妈妈的衣服寻找一种温暖、安全和亲情，也可能仅仅是因为那件秋衣是他小时候妈妈抱他睡觉时穿的，还可能仅仅是那秋衣的质地柔软、抱着温馨……总之，要给孩子一个"断乳"的时间和空间，要允许孩子有一定"寄托"，不要害怕这会使他们"性心理异常"。我倒认为，那些大惊小怪的人才是"性心理异常"呢。

第 6 讲

孩子自慰怎么办？

当发现孩子有自慰行为时，你会怎么办？是假装没看到，每天在心里暗暗担心，还是请孩子坐下来进行一次面对面的交流？自慰是一种自然、正常，也非常常见的现象，家长首先应该去掉对自慰的污名，更正对自慰的错误认识，才能在自慰的问题上给孩子正确的引导。

自慰背后的价值观之争

自慰这个词儿过去通常被称为"手淫",但是"手淫"这个词不准确,为什么呢?

首先,自慰不一定要用手,有很多种方式,虽然多数人多数时候是用手的;另外,"淫"的字面意思是放纵、恣肆、过度、无节制,在中国文化中就是一个贬义词,如人们常说的"淫乱""奸淫""淫荡"等,都是污名的贬义词。所以,"手淫"既不准确又有污名化,赋权型性教育不用这个词,而建议用自慰,这样就比较准确了。关于自慰,依然有很多其他的比喻及象征意义的词,比如:手活儿、打飞机、潜水艇,还有一种非常隐晦的说法——"紫薇"。大家都知道《还珠格格》里有一个女主角叫紫薇,后来就有很多女生把自慰称为紫薇,是谐音。

无论使用什么样的词,关于自慰,都有各种各样的涉及价值观的争议。

有一次有人在我的公众号下面留言:"知道你的'自慰无害论'毒害了多少青少年吗?你这个败类!"然后我就回复说:"你知道你的'自慰有害论'毒害了多少青少年吗?你这个大败类!"我们就这样互相"夸奖"了一下。

我的问题是:为什么很多人听到别人说自慰无害就很激动?

有人推荐我去"戒色吧"看看:"你'自慰无害'的观点是不对的,去'戒色吧'看看,有多少人因为'自慰无害论'受到了伤害。"我岂止看过呀,我还见过常在"戒色吧"泡的真人呢。

我非常清楚,"戒色吧"里充斥着自慰有害、自慰可怕、"自慰伤害了我"的论述。一个人意志薄弱些,如果连着去"戒色吧"看一个礼拜,估计坦然自慰的人都被吓出毛病来了。

我相信"戒色吧"里那些说自慰如何伤害了自己的男人描述的那些"后果"都是真实存在的,比如阳痿、早泄、注意力不集中、精神涣散、无法开展亲密关系、自卑、失眠、焦虑、抑郁等。但我要告诉你的是:这不是自慰带来的后果,这是"自慰有害论"带来的后果。因为他接触了很多"自慰有害"的言论,包括看了"戒色吧"里边那些人的故事,被吓"病"了。

"戒色吧"里的故事,一直在建构着新的自慰有害者。

自慰最大的害处是你对自慰有害的担心

自慰有害论本身建构的有害,才是自慰对你最大的伤害。也就是说,自慰最大的害处,是你对自慰有害的担心。因为你担心自慰有害,所以这些害处就来了。我们假设一个男青年自慰,本来没想什么,后来别人告诉他不能自慰,会过度、会有害,他会怎么样?

我看过的一本大学生心理健康教材里面写道:"自慰过度有害。"那么几次算过度呢?"一周超过一次,就算过度。"想象一下一个小伙子看了这本书,他原本一周两次三次,甚至于一天三次自慰都未曾感受到有任何问题,但看了这样的"知识",就吓坏了,整天想:我要失眠了、我要焦虑了、我要注意力不集中了……总之各种担心出来了,结果这些问题就真的来了。而这些问题,其实就是被自慰有害论给吓出来的,不是自慰本身带来的。

十年前,我就在一次讲座中讲自慰无害,结果下面有一位大学心理学的老师，他出过一本《性心理学》的教材，反驳我说："自慰是有害的，我的心理门诊就有很多自慰之后受伤害的男生来，我目睹了他们受的伤害。"我告诉他说："这就是被你那些书、那些'自慰有害'的观点吓出来的。"

世上本无事，庸人自扰之。他担心有害，就被吓出这些"害"来了。要理解这一点，我们不妨把历史往前推几百年。中世纪欧洲医学院的教科书，有大量关于自慰有害的论述。有什么害处呢？书上说自慰会引发二十多种疾病，包括哮喘、佝偻、癫痫、黄热病、黑死病……那个时候没有艾滋病，如果有艾滋病，它也一定会告诉你，自慰也能得艾滋病。

请注意，我说的是医学院的教科书，不是坊间一个叫方刚的人写的小册子。今天我们以现代人的视角看，不难理解它在说什么。但是，这些在中世纪医学院教科书当中的"科学"，是当时"专业的知识""专业的科学"。为什么会有这样的"科学"呢？是那个时代对于所有不能生育的性的排斥造成的。自慰能生孩子吗？当然不能生，所以也被认为是坏的。我们现代人要按照几千年前的思维、几千年前人写的书生活吗？

我想在此说的是：不要太迷信"科学"，不要太迷信教科书。任何时候我们都不要忘了科学是在发展变化的，教科书也是人写的。写教科书的人，可能他自己满脑子都是错误的知识，所以我们今天也要对所谓的"科学"保持警惕。在性的领域，我们要对今天仍然打着科学旗号欺骗我们的、实际上是来自腐朽价值观的一些东西，保持高度的警惕。

有的人可能说："不对。不是只有中世纪的西方人认为自慰有害，中医也认为自慰有害。中医认为自慰伤肾。"这一下子好像要变成中西医之争了。在西医里面认为：性和肾没有一点关系；自慰能够最大限度地降低男性前列腺癌的发病率。所以，即使每天只自慰一次，男性的前列腺癌患病概率也会大大下降。

中医里边还有一些说法：一滴精，十滴血；延而不射，还精补脑。后者指的是将要射精的时候不射，精液就会还回来补你的大脑。现代医学研究早就证明：精液没什么营养，它的营养价值跟鼻涕的营养价值差不多，你想让你的一股鼻涕回去补你的大脑吗？大脑会补成什么样，可不就成糨糊了吗？所以别信这个，这些都是被否定了的。

自慰次数不会"过度"

在我个人印象里，20世纪70年代的时候，中国社会普遍认为自慰有害。80年代的时候，有极少数的声音出来了，说自慰无害，但是自慰过度有害。然后也有一些人出来说，自慰不会过度，不会有害。我记得80年代我青春期的时候读过马晓年的文章，他就说自慰不会有害、不会过度。他的这种说法极大地有助于我的心理健康，促进了我的身心和谐。

自慰过度有害这种说法现在很流行，所以大家就很纠结。那什么叫度，几次算过度？像我前面说的那本大学生心理健康教材，声称一周一次以上就算"过度"。青春期的男生一天自慰几次很常见，这样的书如果让他们看到了，本来心理健康的，也吓得心理不健康了。所以我称这样的大学生心理健康教材为"大学生心理不健康教材"。

正如我们前面说的，和人有关的事情，规定一个僵死的次数界限的事儿肯定是不对的。规定次数就是值得怀疑的，有的人一天七八次都没事啊，有的人一个星期两次就觉得自己体力不支了。你自己感觉不喜欢了，过度了就别做了呗！不喜欢了，不开心了，累了满足了就别做了。

正常情况下，过度就做不了了，能做就没过度。特别是男生，你都过度了硬不起来了，还怎么做？如果有的人明显硬不起来了，还非弄不行，那就不是自慰了，是强迫症。他明明已经宣泄了欲望，皮都破了，肉都疼了，手都麻了，还是停不下来，那还是我们所说的自慰吗？这是强迫症呀，已经不是为了满足自己性需求的自慰了。

自慰方式可能"过度"

自慰次数不会过度，但方式可能会"过度"。严格地说，自慰可以有各种方式，因人而异。但一些青春期的孩子，不知道保护自己，因为自慰弄伤了自己，就是有害的自慰了，也可以视为自慰方式的过度。

在青春期，很多孩子会用有害的方式自慰，男女生都有，结果把自己弄伤。我以前讲课的时候有一个学员是女医生，她就跟我说："我接诊的患者里面，就有好几个是青春期的女孩子因为自慰受伤来看病的。有的把黄瓜放阴道里头，结果黄瓜刺儿把阴道刮破了；还有一个女生把鸡蛋放进去了，结果取不出来了，越弄越往里跑；还有的把发卡、眉笔、口红放进去出不来了，都到医院来取。"我听了以后很吃惊，阴道又不是化妆包，哪能什么都往里放。

我在做性调查的时候，有一个认识的人跟我分享她自己的真实经历：她是一个80后女孩子，上初三的时候，有一次把发卡放入阴道，结果拿不出来。她没办法，只能跟妈妈说了，妈妈便带她去医院取出来了。那天从医院回来的路上，妈妈跟她说："你该交个男朋友了。"我觉得这跨度就有点儿大了。前边这女孩还不会自慰呢，后边家长就说该交男朋友了。她妈妈的潜台词是"你别自慰啊，找个男朋友性交吧"。自慰竟然把父母逼成这样了，在父母脑子里自慰是多可怕的事呀，宁愿初三的女儿谈恋爱，跟男朋友发生性关系，也别自慰。我觉得这个妈妈的性教育，显然是不对的，但它给我们一个提示：自慰方式不当可能给孩子带来伤害。

男生也一样，有的男生拿火柴棍扎尿道；有的男生拿阴茎往墙上撞。我记得我上学的时候，听说有一个男同学把灯管放肛门里，结果灯管在肛门里碎了，你想想多疼……但现在这种现象应该少了，因为现在大家关于自慰的讨论多了，关于自慰的正面的、正确的认识也多了，不再有那么多禁忌了。所以性知识丰富，是件好事。

说到这里自然就面临一个问题了：什么是无害的自慰方式呢？我自己讲课的时候，会跟孩子讲最安全的自慰方式。男生最简单的就是用手心握住阴茎撸动；女生最简单、最安全的就是用干净的指肚环状揉搓阴蒂，同时夹腿。

在夏令营中，讲自慰之前我都会征求家长的意见。通常家长都会一致支持讲，偶尔会有一个家长有点儿担心，说："原来孩子可能不自慰，讲完开始自慰了怎么办？"这取决于我们怎么讲。如果我绘声绘色地描述一番怎么自慰，那孩子可不就下课去实践了吗？虽然这并不一定就是坏事，但是赋权型性教育讲怎么自慰是有一大堆前因后果的论述的。比如我会跟孩子说：有的人一生都不自慰，我们这里只是跟大家分享科学知识，如果你原来没有自慰也并不一定要去做；如果你原来做过我希望你知道两点：第一点没有害处，不要自责，不要担心；第二点别伤害你自己。这样分享，我觉得效果一直都挺好。家长跟孩子讨论自慰的时候也可以这样分享。

婴幼儿自慰的三个要点

孩子从什么时候开始自慰？其实孩子在娘胎里就开始自慰了。我们都知道：孩子在子宫里时是蜷缩成一团的。有学者用 B 超观察，结果发现孩子会把小舌头伸出来能够舔到自己的阴部，给自己口交。这招我们出生之后基本用不到了。还有一招儿就是夹腿，这个时候测血压、心跳、脉搏，都会有性愉悦、性兴奋时的体征。出生之后，孩子当然会更多地自慰了。一般来讲在几个月的时候，你就能观察到他自慰。只是有的家长不知道那是自慰，比如整天在床上蹭这是干吗呢？使劲夹腿、夹个枕头干吗呢？那都是自慰。只要他发现了可以使自己愉悦，他就一定会去做，偶然发现可以带来快乐，他就会本能地不断做。

我给各位出一道测试题：四个月大的孩子，你想给他换尿布，你翻开尿不湿发现孩子正自慰呢，你该怎么办？方案一：用手拉开拍打一下他，说："不许这样！"教育他一下，以免以后还这样，接着给他换尿布；方案二：直接把手拉开换尿布，就当什么都没有发生，不说也不打；方案三：等人家自慰完了再换尿布；方案四：问他"好玩吗？开心玩啊！"然后给他换尿布。你会选择哪个呢？

如果是我，我选三。

婴幼儿自慰，需要关注这样几点：第一，不要让他们伤害自己；第二，注意私密，毕竟自慰是私密的事。一般幼儿，如果你不去干涉他，他都不回避别人自慰。这个时候你就要跟他说一声："这叫自慰，绝大多数人认为是私事，不应该当着别人的面做。这是隐私，你应该一个人躲起来做。"第三，等孩子再大一些你就要告诉他，自慰没有害处，别人怎么告诉你有害你都别信。

如果我们不进行性教育，有些孩子可能会在公开场合自慰。比如小学一年级的女生，一到下课就用桌角蹭阴部。这是干吗呢？这是自慰。她自慰了，但不知道这是自慰，更不知道自慰应该回避别人。如果有的男生看懂了，就会取笑这个女生，很有可能给这个女生带来不好的心理影响。所以我们要告诉孩子自慰的私密性，这是非常重要的一点。

说到公开场合自慰，我想起一个故事，是一个幼儿园老师给我讲的：一到午睡时间，一个小女生就用小被子把自己头盖上，用手自慰。这个时候被子往上一拽，盖住脑袋，阴部就露出来了，她自己看不到，以为别人都看不到了。老师不知道该怎么处理。我告诉这位老师：就跟孩子讲，这是自慰，自慰是私事。这事儿不难说，是你自己觉得谈性尴尬，才不知道怎么说；是你对性自慰没有一个正确的认识和态度，才不知道怎么说，所以我们说态度非常重要。

所以，上述三点是我认为家长对孩子自慰应该采取的态度。除此以外，就顺其自然吧。自慰会对孩子有好处，应该感到开心才对。孩子看电视开心了你也开心，玩游戏开心了你也开心，吃饭开心了你也开心，唯独人家自慰开心了你生气，这不挺奇怪的吗？自慰是自己的事，只要对孩子没有伤害，你当然应该替他开心了。

女生自慰同样不羞耻

有女生家长对孩子自慰更焦虑。

我讲课的时候，常会问学生们一个问题：大家觉得男女在自慰上存在差别吗？或者说自慰有性别差别吗？很多人可能说："没有，男女都一样。"错了，有差别。无论是美国的调查，还是中国的调查，都有一个很有意思的现象：男人比女人更早开始自慰，自慰的次数和频率更高，自慰人数占总人数的比例更高。

我们有充分的理由相信，在婴幼儿时期，男生和女生基本上都自慰。随着年龄的增长，女孩接受了不同的性道德标准，比如女人不应该关注性、对性好奇，不应该太喜欢性，所以她们被教育得不自慰或者很少自慰了。而男人接受的则是要阳刚、要关注性……于是男人就还在自慰，自慰的频率更高，自慰人数占比也高。女人无法接受自己自慰，觉得自慰不好，这是女性更少自慰的一个原因。

那么女性更少自慰的结果是什么？就是更少达到性高潮。当她同龄的男同学已经自慰达到过性高潮的时候，女生可能没有高潮。结果就是达到过性高潮的人更加热爱性，对性形成更加正面的认识。没有达到过性高潮的人更加不热爱性，对性没有正面认识，甚至形成关于性的负面的认识，然后更不自慰，更没有性高潮，形成更多关于性的负面认识……这是一个负向循环。简单说就是，男性多自慰，对性积极；女性少自慰，对性消极。所以，不自慰可能伤害了女孩子。做家长的，愿意你的孩子更喜欢性而开心，还是不喜欢性，直到结婚之后也不喜欢，没有性的高潮？如果你想她更开心，你就应该支持她自慰。

所以不论是男生的家长，还是女生的家长，都不应该反对孩子自慰。男生女生都一样，不要再给女孩子灌输关于性的错误态度了。比较起来，自慰对女性更有好处。在做性治疗的时候，针对女性的性唤起障碍、性高潮障碍，我都是鼓励她们用自慰来解决的。

答问

问：女生自慰，应该对她说说如何不破坏处女膜的事吧？

回复：第一，按我们建议的自慰方法用手指肚环状地揉搓阴蒂，不会破坏处女膜；第二，她即使用手指头伸进去，也不必然会破坏处女膜。我个人不太主张要告诉她如何不破坏处女膜，因为这等于说你强调了要把处女膜留给男人，让男人相信你是"纯洁的"，你是处女。这不就等于告诉女孩子你是处女这件事情很重要吗？这便是性别不平等的教育，加强她对处女膜的一个错误观念。未来如果不是自慰破的，而是别的方式破的呢？

问：有一个男孩，从幼儿园开始就有上课摸小鸡鸡的现象，现在上四年级了，依然如此。家长因此也打过孩子，虽然次数减少，但没有停止。作为教师应该怎么引导？

回复：自慰是一种很正常的行为，但在课堂等公共场所自慰是不好的。打孩子显然更是不对的，它虽然可能减少孩子的自慰行为，但却会对孩子的心理产生负面影响。

我建议要"动之以情，晓之以理"地帮助孩子，告诉他：自慰没有过错，但我们现在的社会文化认为这是涉及个人隐私的私事，所以不应该在公开场合做，可以私下、一个人的时候做，比如晚间在床上。隐私对每个人都是重要的，是个人尊严的体现。如果在教室自慰，别的同学看到了，可能会不再喜欢你，觉得你是个不懂得保护自己隐私的孩子。

这样的教育，一是安抚了孩子，说这不是坏事；二是清楚地告诉了孩子在什么场合自慰才是被文化接受的；三是进行了隐私观念的教育，这有助于孩子今后懂得尊重自己和他人的隐私。

问：有学生在课上问我：手淫和自慰有什么区别。我该怎么回答？

回复：手淫的"淫"字，在中国语言中具有贬义，所以"手淫"这词是贬义词，说明这是一件不好的事情。手淫常被用来指称自慰，这是不准确的，因为自慰有很多种方式，不一定要用手。而且就算是用手来达到性满足，也并不一定是自己一个人做，也可以是与伴侣一起做。自慰，则是比较准确的词，是中性词，没有歧视。指自己通过某种方式达到性满足。

教师遇到这样的问题时，应该进一步引导，讲"自慰无错无罪无病"的观念，讲自慰的安全，等等。

问：我女儿现在六岁多，她四岁左右时幼儿园老师告诉我，孩子在中午睡觉时喜欢趴着睡，并且喜欢偷偷地在床上摩擦。我很是吃惊！平时我们夫妻生活很注意，她也没有受到这方面的电视影响。我不懂怎样和孩子说这事，只是告诉她不能这样做，然后让老师盯紧一点。现在孩子依然有这个习惯，都是在临入睡时。我非常担忧，每次发现都会狠狠打她的手或吓唬她，但一点都不起作用。请求您的帮助！

回复：孩子那是在自慰。自慰的方式有很多种，女孩子这样摩擦就是一种自慰。这是正常的生理现象，不必惊慌。我认为应该"视而不见"，只要孩子的自慰方式不会使她身体受伤，也没有影响到别人，就不要管她。相反，您现在这样非常强烈地打她、吓唬她，可能会使她对身体、对性产生不愉快，甚至创伤性的记忆，反而可能会影响到她进入青春期，以及成年之后的健康成长。

问：儿子今年 14 岁，我帮他铺床的时候，发现裤子上有精斑，我想他是手淫了。我该怎么办？该和他说什么吗？

回复：基本上可以不说什么。这个年龄的男孩子自慰、想性，是很正常的，通常不需要去管。但要注意观察，如果孩子神情恍惚，可能就说明想得太多了、沉湎了，需要引导了。如果可能，不妨借搓澡等机会，很自然地向孩子传授一些正确的自慰方法，不要让孩子因为自慰而受到伤害。

问：儿子三岁，常跟包括母亲在内的家人有身体亲昵行为，有时还会坐在祖父的脸上"蹭小鸡"。该如何对待？

回复：不要害怕和孩子有身体亲昵，这亲昵对孩子来说可能只意味着亲情，和成人的想法不一样。但也应该回避在祖父脸上"蹭小鸡"这种事，这属于自慰了。这个过程中，要慢慢给孩子建立起这样的身体观：关于身体界限、隐私，以及尊重他人和自我尊重。家长如果没有觉得孩子这样做是对自己不尊重，而且孩子对外人也不会这样做，就不必过分介意这些事。

问：我儿子读小学四年级，总是上课自慰，而且只在数学课上这样。可能是因为老师要求做题时计算时间，而他手慢，太紧张，所以就自慰了。

回复：如果确信是因为老师规定做题时要计时，造成紧张才自慰的，那么解决这个问题就应该从两方面着手：一方面和老师交流，老师有时安慰一句就很管用，比如说句"不要太紧张"之类的。习惯是慢慢培养的，"手慢"也是一种生活习惯，不是靠计时就可以改变的。另一方面家长也可以安慰孩子不要紧张，同时要告诉孩子不应该在公开场合自慰。

问：关于孩子的自慰，我的看法是：七八个月的时候和玩手指没什么区别吧，如果说是自慰，就有贴标签的嫌疑了。到三四岁的时候，家长不鼓励，引导分散注意力，是不是更好一些？对于青春期的孩子做这事，我才可以接受自慰这个词。

回复：自慰和玩手指，还是有差别的。当然，把自慰看作玩手指一样的自然行为，是对的，这也就不存在贴标签的担心了。担心贴标签，是担心标签的污名化对孩子的伤害。而如果不把自慰当坏事，便不必担心这个标签。所以重要的不是称它是什么，而是对它的态度。态度上把它视为和玩手指一样，是正确的态度。

问：女儿三岁喜欢摸自己的"小奶奶"是怎么回事？会影响发育吗？

回复：在性教育过程当中不要使用这种怪词，要直接使用专业的名词，如乳头、阴茎之类的。她摸自己的乳头就是在自慰，接纳她，让她摸，没有问题。

这不会影响发育，反而对她的发育更好。这是她在自慰，她未来成年之后可能会更喜欢性、更热爱性、更享受性带来的好处，所以我们不要那么紧张和害怕。

问：一名初三住宿男生，对着监控镜头抚摸性器官，这是什么原因？应该如何应对？

回复：与性欲求被压抑有关。不妨和他谈谈，告诉他自慰是私事，躲被子里做就好了，对着镜头做是不尊重自己也不尊重他人的。如果发展严重了，将来有可能成为所谓的"暴露癖"了。不妨给他看看监控镜头里自己抚摸性器官时的影像，希望他可以由此知羞。

问：我们学校二年级有一个小男生，天生发育比其他孩子迟缓，身材矮小，所以比较受关注。我曾多次看到这个孩子不自主地用手抚弄自己的生殖器（当然是隔着裤子）。不知道这样的行为需要纠正吗？或者需要怎样引导？

回复：我们在性教育中不使用"生殖器"这个词，而是用"性器官"这个词，或者直呼阴茎。无论是有意识自慰还是无意识自慰，都是自慰。我们要告诉孩子，自慰是私事，不要在公共场合做。如果自慰方式错误，可能给自己带来伤害，我们要告诉孩子正确的自慰方式。

问：中午小饭桌午休时，发现一个一年级的小男生趴在床上，姿势怪异，仔细观察，发现他在挤压摩擦他的下体。此时他的面部表情也挺怪异，喘着粗气，脸色微红。当时，我叫了他一声，他就停止了这种行为。但过了一会儿，当他发现我不再关注他的时候，又继续刚才的动作。请问方博士，这种情况应该怎样引导孩子？是否要告诉他的家长？

回复：观察一下这个孩子的自慰方式是否有误，是否会给自己带来外伤，没有的话可以不必管。有的话，要告诉孩子正确的自慰方式。同时告诉家长，让家长告诉孩子一些自慰的注意事项。但告诉家长时的语气和神态都要自然健康，不要有性的污名化，要把自慰视为一种最自然平常的事情来谈论。

问：六年级男生晚上偷偷自慰，父亲发现后很震惊，就想办法每天让孩子打球，打得筋疲力尽之后，再让孩子上床睡觉。但只要孩子还有一丝精力，就依然如故。家长很是烦恼，问老师怎么办。老师也很震惊，也不知道该怎么处理，不知道这是心理问题还是生理问题，也不清楚对于13岁的孩子来说，经常自慰是否正常。

回复：怎么会用"震惊"这个词？这事不需要"震惊"呀。自慰是自然平常的事。只要孩子的自慰方法不会给自己带来外伤，就不必管他。家长现在这种态度，我担心对孩子的伤害会很大，会传达给他"自慰有害"的错误认识，这种错误认识才是自慰带来的最大伤害。

问：高二男生上课时大动作自慰，旁边的女生一开始好奇，后来反感，报告老师要调座位。老师问为什么，女生不好意思说，脸都红了。老师了解到事情的前因后果后，告诉了校长。校长说要找这个男生谈谈。这事该怎么谈？怎么处理？

回复：校长出面找学生谈话，是否会对学生压力太大？女老师找他谈也不容易谈透。我建议找这个男生比较喜欢的男老师谈。一个前提条件是，即使遇到这样犯了性骚扰之错的学生，也不要把他们一棍子打死，他们可能只是性压抑，而且不知道性骚扰是非常严重的错误，要承担法律后果。所以，谈话要以帮助的态度出发，使他认识到自己这样做会让别人轻视他。

如果一时不管用，建议给他调换座位，周围全是男生，就一定能解决了，因为他就是要自慰给女生看嘛。

问：我孩子五周岁，有一次洗完澡换睡衣时，突然拿出小鸡鸡对我说："妈妈，你看小鸡鸡！"我都蒙了，赶紧跟孩子说，不能玩小鸡鸡，而且不能在公共场合和陌生人面前拿出来。孩子立马说："在爸爸妈妈面前可以。"我说："也不可以。"孩子当时听了，但过后还是偶尔会那样做。是不是我说得不对？我该怎样做呢？

回复：您只是告诉孩子"不可以"，却没有告诉他"为什么不可以"。孩子希望父母关注他，会做一些出格的事，这时候父母如果很紧张，他就会觉得很新鲜、很好玩，就会越禁止越来劲。应该很平静、很清楚地告诉孩子：

"阴茎是你身体的隐私部位，在咱们的文化中，展示给别人看是不雅的，别人会说你不礼貌、没教养等。等你长大些，如果还这样做，别人会认为你侵犯到了他，会惹怒别人，严重了会受到法律惩处，被关起来，不能跟家人见面。不做惹人讨厌的事，是对别人的尊重，也是对自己的尊重。爸爸妈妈和你是最亲的人，但是如果谁的行为让另一个人感到不舒服，甚至被冒犯，那也是不可以的。你现在这样做，就让妈妈觉得不舒服，妈妈希望你尊重我，不要再这样做。妈妈希望你能做一个既尊重自己，又尊重别人的小绅士。"

孩子知道了为什么不能做，当然会往好里表现（除非亲子之间有其他要解决的问题），而且这样教育孩子，孩子遇到有人向他暴露性器官的时候，也能知道别人做了不礼貌的事，可以及时、准确地向家长诉说求助。

问：有个小学二年级的男生，老师找他谈话时，总是非常紧张，用手摸小鸡。怎么办？

回复：很显然，这不只是性的问题，还有个性的问题、心理成长的问题。摸阴茎只是他紧张、焦虑的一个表现。要缓解孩子的紧张心理，是问题的关键。老师也要自省：是否对孩子太严厉了？能否试着温柔一些地跟他沟通呢？

问：我同事家的小男孩（大约十岁），和另一个同事家的小女孩（大约五岁），经常抠肛门，这是自慰吗？

回复：自己抠肛门可能是自慰，这需要先排除疾病等因素。互抠肛门则可能是性爱抚。孩子做这事时不回避大人？这更说明他们其实是不懂"性"的。应该和孩子平心静气地谈：为什么这样做？这样做时的感受是什么？告诉孩子：这在社会中的绝大多数人看来，是不雅的、不好的，甚至是坏的事；也可能会给自己和对方造成伤害；你们小，不懂，成人不会责怪你们，但是，要知道这样做的风险。

这个教育内容的意义在于：告知社会负面评价、告知风险，这就是资讯的提供；不简单地指责他们，命令他们再不许这样做，而是相信他们自己可以做出对自己和他人负责任的选择，这便是赋权。

问：我儿子现在18岁，读的理科，平时学习比较用功。最近他的班主任找我谈话，说孩子最近一个月上课的时候爱打瞌睡，而且容易走神。班主任问孩子怎么了，孩子也不作声，所以找我谈话，看看我们家是不是发生了什么事。我当时也挺吃惊的，因为我们家现在一切都和以前一样，没有什么问题。孩子他爸几年前因工作原因调到外地，几个月才回来一次，家里基本上就我一个人照顾孩子。我们家的条件还可以，我就一直在家给孩子做饭，照顾他读书，没有上班。孩子在家睡觉的房间，只有书籍，电脑我都没有放。几天后，吃晚饭的时候，我特意假装什么都没有发生，问他学习成绩好不、压力大不大、晚上有没有睡好觉。但他只说还好。

我这个做妈妈的当然不放心了，夜里我特意悄悄去他房间看他是否已经入睡。这天夜里也没有什么异常，但第三天，我发现孩子总是起来上厕所，我就偷偷在他房门口看他在做什么。当时孩子房间里的夜光灯还开着，从门缝里我看到他躺在床上，手在下面动来动去。当时我就明白了，为什么孩子精神差。因为孩子自尊心比较强，平时也比较听话，我当天夜里就没有直接进去指责他，但那一整晚我都没有睡好觉。第二天他放学回家，我还是和他聊了这个事，当时儿子的眼泪就出来了，我心里也好难受。跟孩子聊完后，才知道事情没有我想象得那么严重。孩子告诉我，每隔几天，他尿尿的东西不知怎么总会硬硬的，有时候在学校也会这样，尴尬极了。特别是有时晚上睡觉时，感觉有什么东西像要流出来一样，睡觉也睡不好。这时，我才发现其实儿子那天并不是在手淫，只是那个地方难受，用手摸摸罢了。这时，我这个做妈妈的心里既欣慰又着急，欣慰的是孩子没有早恋也没有接触外面不好的东西，着急的是孩子现在这样，我这个做妈妈的也帮不上什么忙。而且高二对孩子来说太关键了。所以特意咨询您，我该怎么做好呢？谢谢！

回复：我很奇怪，高二的男生竟然还不了解这样的生理知识，看来是平时太关注学习，而缺少对自己身体、生命的关注。我们从这个孩子身上已经看到：不了解身体知识、不了解性的知识，会给青少年带来怎样的心理压力。家长和教师总担心他们的学习受影响，这次应该懂得：缺少性教育，一样可能影响到他们的学习。这样的成长，是不完善的。建议借这个机会，补上这一课。

可以清楚地告诉他青春期的知识，比如阴茎勃起是非常正常的，不勃起反而不正常；"要流出来的感觉"，可能是要遗精的感觉；"难受"的时候，可以用自慰来缓解。告诉孩子：无论遗精还是自慰，都是非常正常的生理现象，不需要感到羞怯，更不是疾病。

母亲知道儿子"并不是手淫""没有早恋也没有接触外面不好的东西"，于是感到"欣慰"，这说明母亲的知识与观念也都需要改变。

第 7 讲

疑似同性恋、偷穿异性衣物怎么办？

在各地进行性教育实践时，包括性教育夏令营、老师培训、办家长工作坊，我遇到了这样的情况：有的家长觉得自己孩子是同性恋，有的孩子确实是同性恋，有的男生偷穿妈妈的裙子，还有的孩子想变性，等等。虽然这样的情况不多，但是遇到这种情况的家长非常困扰。

而且，随着时代的发展，互联网越来越发达，我们会更多地听到和见到这样的情况。如果孩子问起，或者孩子遇到有这方面倾向的同学，我们该如何应对？我们该如何看待性少数群体？又该从什么视角分析这样的现象呢？

概念澄清

同性恋是指一个人的情感和性爱的指向是同性。

跨性别主要是我们过去指的"易性癖""异装癖"等，现在不用这些词了，而是叫作跨性别。

我个人早在十多年前，便改称"易性癖""异装癖"为易性欲者和易装欲者，就是想变性的人或者想穿异性服装的人。我们今天将跨性别视为不属于男性或女性的第三种性别。由过去的"易性癖""易装癖""易性症""易装症"，到现在的跨性别，词汇被改变的最重要意义是我们不再把跨性别视为病了，他们不再是需要被治疗和改变的了，他们拥有一种和男人、女人一样平等的性别。

这里需要强调，想变性的人、喜欢穿异性服装的人和喜欢同性的人，是三种不同的人，不要把他们弄混。

不久前，我还听一位所谓的性心理学大师在一次论坛上说变性人都喜欢同性。我当时都惊呆了，变性人和同性恋完全不是一回事呀。还有一些想变性的人，变性之后也喜欢同性，他既是变性欲的，又是同性恋的。这样的人也是有的，但不是所有人都这样。

想穿异性服装的人，他不一定认为自己就是另一种性别，也不一定喜欢同性。

我们把这三个概念区分清楚，后面的讨论就会容易一些。

小心"恐同症"

几年前我在一个地方讲性教育的时候，有一位妈妈很认真地听了三天。她之所以认真地听是因为担心自己的儿子是同性恋。后来我在另一个地方做性教育夏令营的时候，她又带着孩子来参加，希望我能够处理她儿子的同性恋问题。我就在一个晚上单独约她儿子聊天，结果发现她的孩子根本不是同性恋。为什么他妈妈觉得孩子会是同性恋，这么焦虑、紧张呢？

这个孩子正在上初一，事情的起因是一天他的老师打电话给他妈妈说："我上厕所的时候，你的儿子歪过脑袋看我的阴茎。这样的情况有好几次，所以你要关注一下他的性倾向。"这位妈妈就开始焦虑了，问她的孩子，孩子说："我不是同性恋。"她还是不放心，陷入深度的焦虑和恐慌当中，便带孩子来了性教育夏令营。当然了，来夏令营是好的，能够促进人格的全面成长，未来可以很好地处理很多问题，不仅是同性恋问题。

我跟这个孩子聊完之后，就知道他完全不是同性恋。在青春期的时候，对身体关注、对性器官关注都是很正常的。这个孩子在上厕所的时候歪头看老师的阴茎，是对成年人阴茎的好奇，也很正常，完全不能说他是同性恋。如果法律允许，他可能还会歪头看女生的阴道呢，那你又该说他是异性恋了，对不对？他对女人的身体也会好奇，也想歪头看，只是不敢看、没机会看而已。所以家长要明白这一点，很多时候是我们过于焦虑了。

像这个男生母亲一样焦虑的例子非常多。比如看到自己的儿子跟别的男同学走得近一点，同性孩子成天在一起玩，就担心孩子是同性恋了；看到自己的女儿不喜欢男生，好像总喜欢跟女生玩儿，也担心：进入青春期了，别人可能都关注异性了、喜欢异性了，你怎么总跟女生玩呀？所以家长也挺辛苦，人家如果真去跟异性交往了，你又怕人家谈恋爱；人家不跟异性交往，又担心人家同性恋，所以家长怎么着都是焦虑。其实，这是恐同症。

随着我们的文化对于同性恋的接纳程度越来越高，社会上有越来越多的关于同性恋的正面信息。但很多人也因此形成了一种错误的概念，觉得同性恋是"传染"的，开始担心自己的孩子会成为同性恋。这种情况我们称为恐同症，就是对同性恋恐惧。

有的家长跟我说："现在外边这么多人同性恋，万一他学了同性恋呢？上网看了同性恋信息，变成同性恋呢？"我跟他说："这么多信息下你学同性恋了吗？你变成同性恋了吗？你没学，你没变，为什么要假设你的孩子会学习、会改变？"

还有的人传："同性恋时髦了！"成为同性恋方便找工作吗？还是高考能加分？怎么就时髦了呢？

这都是一些错误的认知。

有的人会说："明明同性恋多了。"其实不是同性恋多了，而是因为社会对同性恋接纳之后，同性恋的可见度提高了，你能看到他们了，他们也敢于对公众现身了。还有些人是因为接触同性恋文化，认识到自己是同性恋，觉悟到自己是同性恋了，也有勇气讲出来了，就是专业术语所说的"出柜"了，并不是他们真的变多了。全世界的研究都显示：无论一个社会对同性恋采取什么态度，同性恋者都是少数人。

也有一些青春期的孩子搞不清楚：我是不是同性恋啊？我喜欢同性啊，甚至有的男生之间玩过性游戏啊，是不是同性恋呢？

即使青春期的男孩子有过同性的性接触和性行为，仍然不等于他们是同性恋。因为青春期是一个探索期。同性间的性游戏就是一种游戏，不要贴上标签。不仅家长不要给孩子贴上同性恋的标签，孩子自己也不要轻易地给自己贴上同性恋的标签。

我自己在接受咨询的时候一般会这么讲："不用着急确定你是谁，你就是你自己。干嘛非要急于给自己贴个标签呢？探索生命的多种可能不好吗？在你的青春期，在你人生刚刚开始的时期，要探索生命的多种可能，听从自己内心的声音往前走，不急于给自己贴上标签，这是非常重要的。"

20 世纪 90 年代之后，最流行的性学现代理论是"酷儿理论"：它认为不存在绝对的同性恋和绝对的异性恋，人的性取向是在情景当中变化的一个过程，所以我们是反对贴标签的。

孩子是同性恋怎么办

很多家长，在确定自己的孩子是同性恋或者孩子跟他说自己是同性恋之后，都会焦虑、痛苦、压抑、紧张。

我指导学生做过一个研究，家长知道自己孩子是同性恋之后都会经历这样几个阶段：

第一阶段：太可怕了，怎么这样的事发生在我家里了？

第二阶段：是不是我当年哪做错了，把他变成同性恋了？

第三阶段：不相信是真的，带孩子到处看"病"，要帮孩子改变。

当然到第三个阶段，我就接触到很多了，因为他们来找我做咨询了。而我的咨询目标就是帮助家长进入到第四个阶段：接纳你孩子的性倾向。我写过一本书叫《肯定性咨询法》，就是讨论如何正面支持同性恋者和他的家人的。

我会清楚地告诉家长：完全不需要自责，与当初的教养方式没有任何关系。比如你把他当异性养啊，什么给他扎小辫啦、夸他漂亮啊，跟这些都没关系。和妈妈强势、父母离婚这些事也完全没有关系，这些都是过去一些所谓性心理的教科书骗我们的，这些东西早已经被证实是错误的了，都是已经被淘汰了的观点。

那么我们应该怎么办？我会问家长："你的孩子是同性恋，你担心些什么？"

"担心他的社会压力啊，痛苦呀！"你担心社会压力给他带来痛苦，就不能再给他压力了，要支持他。如果说你的孩子作为一个性少数在社会上生活已经比较难了，那么你要做的就是支持他，站在他身后，而不是给他压力。

有的家长又说了："我希望他改变，我希望他变成异性恋！"我要告诉那些家长：全世界没有一个进行性倾向扭转治疗成功的案例。美国最大的一个同性恋治疗机构 Exodus International 的主席叫钱伯斯。他在 2013 年宣布："针对同性恋治疗进行了 37 年，其实我们从来没有成功过，我从来没有看过同性恋扭转成功的，那些都是骗人的。"同时他宣布 Exodus International 解散。

家长可能会听到一些心理专家、性学专家说："我能治，我能帮你的孩子改变。"其实，那都是他们骗你呢，这是不能改变的。他以为自己能治，其实是自己无知。

家长应该做的是，当所有人都给你的孩子压力的时候，你应站在孩子身后，成为支持他的力量。你爱的是你的孩子，还是你的异性恋孩子？当然爱的是你的孩子了，对不对？！无论你的孩子是同性恋还是异性恋，是贫穷还是富贵，好看还是不好看，出名还是不出名，你不都是爱他的吗？

有的家长说："我担心我的孩子不幸福啊，遭遇人生挫折啊！"他怎么会不幸福呢？你给他力量，让他自信、快乐，让他有勇气接纳自己、面对自己、寻找自己人生的幸福，他就会幸福。记住：你是他获得幸福的重要力量。

有的家长又说了："不结婚，将来老了怎么办啊？"你老了怎么办还不知道呢，先别操心别人老了怎么办。人家那时可能就有同性恋养老院了。

还有的家长说："我还想抱孙子呢！"或者"我还想抱外孙呢！"随着现代科技的发展，这些都不是事儿，未来都能够解决。何况，异性恋孩子也未必都让父母抱孙子。

我建议这些家长朋友去看一部电影——《天佑鲍比》，这是根据一个美国的真实事件改编的电影。鲍比是一个青春期的男孩子，他发现自己是同性恋，而他家里的人都是反同性恋的，甚至是歧视同性恋的。他的妈妈知道他是同性恋之后带他到处去看病，到处去做所谓的扭转治疗。当然，这些治疗都没有成功。这位妈妈给了儿子很大的压力。最后，儿子站在过街天桥上，跳入滚滚车流之中，自杀了。

儿子自杀之后，这位妈妈才幡然悔悟：我怎么把儿子逼自杀了？然后她才去学习，原来同性恋不可以被改变，原来同性恋也可以很幸福。她才认识到：支持我的孩子才是对的，是我把自己的孩子送上了死亡之路。

这位妈妈后来投身于美国的同性恋解放运动了，她参加了美国的同性恋亲友会，还曾担任美国同性恋亲友会的主席。几年前她刚刚去世，美国同性恋界肯定了她为美国同性恋平权运动所做出的贡献。

这位妈妈帮助了很多同性恋的家庭，让他们的父母接受了孩子，但是这些都无法挽回她的亲生儿子鲍比的生命了。

我们的家长不妨想一想，你爱你的孩子是希望他成长、开心、快乐、幸福，还是希望他生活在痛苦当中？如果你希望他开心、快乐、幸福，就要无条件地接纳他的性取向。他是同性恋，也要无条件地接纳他。如果你就想要把他逼死，那我就没什么可说的了。

我觉得家长都是爱孩子的，爱孩子就要支持他选择他认为快乐幸福的生活。这才是我们需要做的。

变装与变性

讨论完同性恋之后，我们再来讨论一下变装和变性。

有一位妈妈跟我咨询："我发现儿子偷我的内裤穿，还拿我的丝袜穿。有时候他还会把我的裙子藏起来，穿我的裙子照镜子，都让我撞见了。我的儿子是不是要变成女的呀？"

首先我们要说，想穿异性服装不等于想要变性，他可能只是喜欢穿异性服装。其次，这个孩子可能连异装欲者，也就是我们说的跨性别者都不是。

青春期的他可能只是对于异性、异性的服装好奇，他可能只是穿上异性的内裤，想象一下女人是什么样子；穿上女人的裙子，想象一下做女孩好不好看。所以，他可能仅仅是对性和异性好奇，这并不少见。我认为这也是性游戏的一种，不一定是异装欲或者易性欲，家长完全不必过于焦虑。

这种情况下家长应该怎么办呢？孩子想穿就穿呗，你最多跟他说一声：如果想穿就来妈妈这里拿或者去网上买，千万不要去拿别人的。如果他是一个接纳自己性别的人，探索到一定时候就会自然而然地成为他自己。

很多时候，恰恰是家长的反对和压力带来更多问题，比如给孩子带来真正的压力，造成他的痛苦，甚至使他固执于某种行为。

我有两个很熟悉的朋友，他们是真正的异装者。有一位曾经是一家大速递公司的老板，现在去做别的了。他结婚了，有两个孩子，但他就是恋皮裙。他曾经跟我讲，柜子里有几十条皮裙，有时候他老婆出门都找他借裙子穿。但人家心理、智商、情商都没问题。

我们再看易性欲者，即想变性的人。

有的孩子认识到自己应该是另一个性别的时间很早，有的孩子五六岁就能认识到：虽然我生理上是男人，但我心理上是女人，或者虽然我生理上是女人，但我心理上是男人。他也会有一些表现，比如生理上是女生但拒绝裙装，在心理上更接受自己是男性，按男性的谈吐和方式来生活，等等。

过去的心理学教材告诉我们，这是教养失败、"性别认同障碍"，其实这些都错了。我早年曾经也写过《中国变性人现象》一书，访问过很多人，变性的欲望和早年的教养没有必然的关系。

易性欲者更不可能改变自己的愿望，所以这些孩子的家长就更不用到处拉他们去看病了。别人说他能改变也是骗你的，你要做的就是接纳孩子。①

我接触过这样一个案例：一位妈妈带自己的儿子来了，说他要变性成女的，怎么办？这位妈妈痛苦得不行。这个时候我会给家长这样的建议：首先，孩子做女人的意愿不可改变，强拉着孩子去改变，真的会害了他。我知道有变性欲的男孩子，因为家长拒绝让他做手术，就自己用刀把阴茎切了。这是常见的事情，根本不奇怪，自杀也很常见。

你真的要把自己的孩子逼成这样吗？自己切了那是很危险的，而且以后想变性就更困难了。

我们要和父母说的是：如果你的孩子是易性欲者，你一定要接纳他。你要带孩子去做咨询，但千万不要找那些声称能改变他的人，你要找懂得肯定性咨询法的咨询师。

不久之前我遇到这样一个孩子，我跟他聊了十分钟就告诉他："你不是变性欲者。"他本来是同性恋，但是因为接受了关于同性恋的负面的、污名的教育，无法接纳同性恋，觉得同性恋太恶心，所以他想当然地认为自己是易性者，想着"我变性了，我是由男的变成女的再去爱男人，这样就不恶心了。"

---

① 关于同性恋与跨性别的咨询，参考方刚《肯定性咨询法》，中国社会科学出版社2015年版。

其实这种想法非常幼稚。

所以我觉得家长还是应该带孩子做咨询，不要事先就假定要改变他。能不能改变，要听当代的最前沿的意见。你不能抱着几十年前、几百年前那种所谓的专业人士的书看，这太害人了。害到哪种地步呢？有的家长甚至把自己的孩子送去精神病院，结果在精神病院里又吃药、又打针、又电击，能好得了吗？没有精神病都被弄出精神病来了，非常可怕。

家长应该怎么办？必须接纳你的孩子。当然说起来容易，做起来难。明明是个女儿，变成儿子了；明明是个儿子变成女儿了，这对一般父母来讲都很难接受。但是我要问你："你是爱你的孩子？还是爱你的所谓的儿子或者女儿？即使变性了不仍然是你的孩子吗？"你支持他、接纳他，他才可能快乐幸福啊！如果你总是压着他、想改变他，那么他受到的心理压力和创伤，会让他生不如死。想要变性的人变不了性，真的是非常痛苦，他宁可死也要变性的。家长要认真理解孩子的这个心理。

所以我说，第一步，你要接纳他；第二步，你要了解变性欲者不能改变。然后再来处理家长的其他一些担心。

有的家长说变性太危险。其实，现在变性的手术已经不太危险了，而且已经非常高科技了。变性手术做得好的是泰国，比如说把阴茎皮直接翻进去变成阴道，或者直接把阴蒂变成阴茎头，而且还要接神经，做完手术之后这个人是可以达到性高潮的。

有的家长会说："变完性之后寿命会变短。"这也是一个误区，变性之后寿命缩短并不是必然的。变性之后，对寿命和健康可能会有影响，但是没有想象的那么大。

这个时候家长可以算一算，假设变性之后能活到五十岁（当然这不是真的，我认识的一个人八十岁还活着呢），但你现在不让他变性，他到三十岁就活不下去了，想要自杀。那你说是让他三十岁死，还是变性后活到五十岁？这是很简单的一道算术题。有多少人还活不到五十岁呢。

孩子五十岁的时候，不少的父母都已经不在了，就不要再操心孩子了。重要的是每个人都渴望过自己想要的生活，你应该支持他、尊重他、接纳他。还是那句话：父母和家人的支持是给孩子最强大的力量。

如果你的孩子真的是变性欲者，我推荐一部电影——《假小子》。这是一部法国电影，讲的是一个即将要上小学一年级的孩子的故事，生理上是女生，但认定自己是男生，然后她就把自己装扮成男生跟别人交往。影片中发生了很多故事，最后她的家人、同学都接纳了她对自己的性别认同。我觉得这是一部很感人的影片。[1]

如何更好地爱孩子

几年前，在新浪微博上发生了一个非常感人的故事。故事当中的中学生，是一名同性恋男生，他的妈妈知道并接纳他是同性恋，但是同学中有人因为知道他是同性恋便欺负他。

妈妈跟他商议："要不咱们就转学吧？"然后在新浪微博上说了这件事情，也说了自己孩子的学校。

这条微博传播得很快，很多人转发。结果第二天课间休息的时候，很多不同班级的同学都到她儿子教室的门口，干什么来了？不是打他，是来陪伴他的！那些同学说："不是有人欺负你吗？我们都来陪伴你，不让别人欺负你！"

---

[1] 对本章推荐的电影《天佑鲍比》《假小子》的详细导读，参阅方刚《电影性教育读本》，中国人民大学出版社 2014 年版。这本书中对 80 部主流电影从性教育的角度进行了解读，非常适合家庭和学校性教育使用。

然后这个儿子回家跟妈妈说:"妈妈,我太感动了!同学们都对我这么好,我不转学了,我有勇气去做我自己,我不再怕别人欺负我了。"

这是很棒的一个故事!

我也给一位高中同性恋男生家长做过咨询。这对父母后来就接纳了自己的儿子,不仅接纳了他的性取向,还接纳了儿子带他的男朋友回家帮助他补习功课,那是一个大学男生。儿子的男友来时,父母特意散步躲出去。父母觉得孩子也有性的需求,给他留出一点时间和空间,总比他们到外边找地方去做这件事情好。

我觉得这对父母是非常智慧的。他们走到这一步很不容易,用了很长时间,也有很多痛苦的经历。但是他们最终做出了真正爱孩子的选择。

什么是爱孩子?爱孩子就是支持你的孩子,为你的孩子好。父母做到这一步,他的孩子能不努力学习吗?能没有孝心吗?能不积极进取吗?

所以我经常说:爱,还一定要会爱。

我们后边有一讲专门来讨论中学生恋爱的问题。和传统的观念不一样,我们讨论怎么做才能让中学生更好地处理恋爱的问题,包括同性之爱。

再来讨论一个让我们更有压力的问题,这就是艾滋病。

现在高校当中,艾滋病已经很常见了,几乎所有的高校都有艾滋病病毒感染者。而且一些中学生,也感染了艾滋病病毒,包括一些同性恋的中学生。

如果你的孩子感染了艾滋病,你怎么办?还是那句话:爱孩子就要永远地支持他。

我知道一个孩子的家长,就是没有处理好,骂孩子,结果孩子自杀了。这个孩子本来是可以活下去的,比家长活得还长。大家不要以为得了艾滋病就快死了,现在人类的医学已经可以让艾滋病毒的潜伏期一直延长。而且过几年艾滋病的疫苗、治愈艾滋病的药物可能就会出来。所以,艾滋病已经是和高血压、糖尿病一样的慢性病了，没有什么可怕的。国家也有法律保障艾滋病病毒感染者的权利，比如就学权、工作权、隐私权、就医权等。

孩子感染艾滋病了，谁最痛苦？他自己最痛苦，不是家长。家长要给他力量，支持他。

你的孩子是同性恋，受到很多压力，谁最痛苦？他自己最痛苦。

你的孩子想变性，谁最痛苦？他最痛苦！不是你。

不要把你想象出来的痛苦压在更痛苦的人身上。最好的办法就是爱孩子，支持他！别无他选。

同时要相信，我们的社会对性与性别多元的接纳度也越来越大。

从第一讲到现在，有的家长可能已经发现了，我们其实一直讲的都是怎么爱孩子。我们是从性教育的角度来谈爱孩子。

最重要的是：我们要知道尊重孩子，不把他当作家长自己的私有财产，不把他当作"我们的"孩子。他是他自己，是一个独立的人，一个需要被尊重，包括被父母尊重的人！

这是我们应该有的态度。

答　问

问：我有些糊涂：所有同性恋都是先天的吗？能说说同性恋的成因吗？变性者的诊断标准是什么？

回复：关于同性恋的成因有各种各样的争论，非常之多。有的人认为是先天的，有的人认为是后天的。现在有一个玩笑的说法：同性恋的成因是斯芬克斯之谜，意思是说这是无法解答的。多数人认为是先天的，但也有的人认为这是不需要讨论的，讨论同性恋成因本身就是对同性恋的一种歧视。如果你认为同性恋和异性恋是一样的，你为什么不讨论异性恋的成因呢？只有我们认为是病才会讨论它的成因。

也有一些同性恋者，他们认为自己是后天的，但即使是后天的，也是自然而然的一个成长过程。想通过心理治疗来扭转它，已经被全世界证实是不可能的，而且是侵犯人权的。

那些声称能够扭转性倾向的研究都有几个致命的弱点：

（1）它都来自于当事人的主观报告，没有客观测量依据；

（2）它都来自于外显的行为；

（3）都没有长时期的后续观察。[1]

所以，一句话：都不靠谱儿。

关于变性欲者的成因，大多数人还是认为是先天的。我们认为变性欲者

---

[1]　方刚：《肯定性咨询法》，中国社会科学出版社2015年版，第24页。

本身就是一种性别。人类把自己分成男人和女人，这本身是很变态的。我们的性别很多样，不只是男人和女人。①

问：孩子问"同性恋是怎么回事"，我怎么解释？

回复：异性恋是男人和女人之间的爱情，同性恋就是男人与男人，或女人与女人之间的爱情。这种同性恋曾经被认为是病，甚至是罪。但是，现在人们普遍不再这样看了，医学界也已将同性恋从精神疾病的范畴中排除了。

我们社会中异性恋者占多数，所以占少数的同性恋者便会受到歧视，这种多数人对少数人的歧视是不对的。

问：方老师，孩子现在和一位大学同学关系非常密切，另一方家长觉得孩子的性倾向不对，发现了她们的亲密关系胁迫她们分手。孩子情绪上有变化，我该怎么办？怎样确定自己的孩子到底是不是同性恋？

回复：是不是同性恋只有孩子自己能确定，别人确定不了。就算两个女生有性关系了，也不能确定她是同性恋。性倾向要自我判定，她们是大学生了，关于同性恋、性倾向的知识通常比他们的家长知道的要多得多。

对方家长胁迫孩子分手，那你就要给自己的孩子支持、安慰，鼓励那个女孩给她的父母做性教育，让她的父母学习同性恋的相关知识，包括做肯定性咨询。②

---

① 对跨性别的深入了解，参见方刚《肯定性咨询法》，中国社会科学出版社2005年版，第12—18页。
② 推荐笔者录的一个详细介绍同性恋知识的视频，它曾被一些同性恋者称为"史上最好的向异性恋普及同性恋知识的视频"，很多同性恋者都把这个视频给他们的父母看，作为帮助父母了解同性恋的一个工具。视频题目是《关于同性恋的谎言与真相》，在网上可以搜到。

问：五岁女孩不喜欢异性老师，该如何引导？

回复：如果是不喜欢异性老师，就是这个老师不让她喜欢，哪里做得不够好，所以才不喜欢。不喜欢就不喜欢，您是担心她同性恋吗？您担心得太早了，想得太多了。

问：我朋友的儿子读初二。据说，他既亲吻某一男孩，又和另一个女孩谈恋爱。这让人很迷惑。

回复：他自己很开心就可以，我们的迷惑许多时候是因为我们无知。他可能是双性恋，也可能是跨性别，也可能仅仅是在表达不同的亲密情感。只要对方没有反感，别人就不应该干涉。

问：儿子12岁时，我偶然发现我的黑丝袜在他的床垫下，当时不知道该怎么和他交流，于是买了一本青春期的书放家里，希望他能看看，好像他也没看。

后来每隔两三个月，我们就会发现一次类似的情况，有一次他穿着黑丝袜睡着了。

13岁时，他把自己的牛仔长裤剪成了短裤，我们发现一次就没收一次，但从来没有正面交流过。我当时想，他这些行为会随着年龄的增长慢慢消失。

可是上高中之后，剪长裤为短裤（都是牛仔裤）还是时常会发生，我们大多数情况下还是没收，还是没有正面交流，大家都装作什么都没有发生。

在高考前两个月，我们发现了一条陌生的女性牛仔短裤。我们非常焦虑，于是我们自己去省立医院看了心理医生。心理医生建议我们以包容的心理接纳他的行为，于是我们便把这件事彻底地放下了。

可是今年寒假（他已18岁半），已经大一的他回家时，我却从他的书包里发现了一条女性蕾丝裙、一条蕾丝边的牛仔短裤和三条不同颜色的长筒袜。我们再也放不下了，跟他摊牌了。他大发脾气，说我们搜查他，但之后也说自己会改。我们在他心情好时跟他说一些关于社会的价值观、道德观的话题，他也不吭声地听。

后来，我们两口子又去看了心理医生，主要想咨询对他这种行为的处理方法。但是这个心理医生认为我们的孩子一定是出了心理问题。我和医生说：我想带他去看心理医生，又担心他自己会认为自己是个问题学生，我希望他没有这种想法，希望他觉得自己一切正常，所以一直也没带他去看心理门诊。但那个医生反问我：你们还觉得你们的孩子没有问题吗？他这句话时时在我耳边萦绕！让我心烦意乱。

而且我一直有这样的困惑：上大学装回来的裙子和丝袜从哪里来的？我问他，他说是捡的，我肯定他这是在撒谎。我查阅了许多资料，说这种情况最主要的途径是偷的。如果是偷的，那么高三时那条牛仔短裤也是偷的？我们非常非常害怕，我给他讲了媒体报道的例子，类似"偷窃乳罩被发现后毁掉前程"，也不知道他听完后心里是如何想的。

现在他在外地上大学，常有不去上课或不上自习的现象，我们无法知道他在寝室里做些什么。我们真的非常担心，担心他偷窃女生的那些东西。我们整天处于恐慌之中，现在该怎么办？

回复：首先，喜欢异性丝袜、裙子等，可能是恋物行为，虽然这在主流的价值观中是不好的，但如果没有伤害到别人的利益（比如偷窃），我只视之为一种性愉悦方式的选择，不是心理问题，也不是道德问题，更不是法律和伦理问题，即有错。

孩子小的时候，发现孩子的这种行为，家长选择避而不谈是可以理解的，但不是最理想的。可能家长对于"性"话题的敏感阻碍了交流，对于这个问题没能拿出来大方地谈。但是，谈的时候也要注意，不要建构起对孩子行为的污名，那样会对他造成心理阴影和压力，比如讲社会的主流"价值观、道德观"，讲其他人因为偷异性内衣的后果等，态度应该是提供信息，而不是恐吓。提供信息之后，相信孩子会注意安全，回避风险，做出对自己有利的选择。

我觉得，可以恰当暗示或"鼓励"孩子这样做——如果喜欢这些物品，可以自己买。总之，不要偷窃，以免触犯法律。也就是说，针对恋物的问题与孩子交流，目的在于提示他不要通过犯法的方式获得，而不是反对他的恋物行为本身。

恋物，也未必影响日后的恋爱与婚姻。二者不能绑在一起。

作为家长，也不必把不上自习之类的事和这个性喜好绑在一起。即使有关，也是对这个性喜好的污名压力影响了孩子的心理和学习状态，而不是性喜好本身有问题。所以，任何时候不要谴责孩子，而可以默默地给他力量。

不要理那个认为孩子"有问题"的心理医生，性多元者的"心理问题"就是他这类人造出来的。因为听了他们的话，担心自己不"正常"，才损害了心理健康。

问：12岁的男生，假期帮邻居看衣服摊，偷拿了一个女孩子的裤头回家，放在自己的枕头底下。这正常吗？需要怎么处理？

回复：进入青春期后，对异性感兴趣、对异性的内衣感兴趣，都非常正常。男孩子将女孩子内裤带到床上，成为自己性幻想和自慰时的辅助用品，在一定程度上满足、缓解自己的性渴望，是正常的表现，不必大惊小怪。有些人可能会惊呼：如果不管，就会发展成为"恋物癖"。这实在是过虑了。随着年龄增长，有了恋人，就会很自然地有全面的性接触。即使成人后仍然对异性内衣很痴迷，甚至"恋物"，也没有什么，只要他自己高兴、性满足，就可以了。一些婚姻与性的指导师不是一直建议婚姻已久的妻子穿性感内衣增加夫妻间的性娱乐吗？

所以，对于这个孩子，我建议完全不必管他，尊重他自己小小的隐私吧。如果我们强力干涉，甚至当作"恋物癖"来"治疗"，那这个孩子可能就真的被折腾出心理问题了。

问：我哥哥的女儿今年五岁了，一直声称自己是男孩子。不穿女孩子的衣服，不穿裙子，去理发的时候要求理男孩子的头。家人说：你是女孩子。她说："你们忘了吗？我是男孩子呀！"而父母从来没有把她当男孩子养。她现在坚持穿衣等都要像男孩子那样，也只和男孩子玩。我们应该如何正确引导？

回复：从您的讲述来看，这个女孩子属于跨性别人群。以前的变态心理学称他们为"易性癖"，即想变性的人。这种人认为他们是自己生理性别之外的另一个性别。在以往的很长一段时间里，心理学家想通过治疗来改变他们，但是，一直被证明是无效的。近二十几年来，主要的处理方式是允许他们做变性手术了。学术界也有了一个新词：跨性别，即男女之外的另一种性别。我个人的看法是，没有什么办法可以"正确引导"。当这个小孩子长大之后，她也会要求做变性手术的。

当然，对于一般的父母来说，这一点可能很难接受。所以我的建议有两个：一是可以"正确引导"，无论是否有效，这主要是告慰父母的心。二是父母也慢慢做好心理准备，特别是在"正确引导"失败的情况下，慢慢认识到女儿的特殊之处，为她将来的变性手术提供方便。现在变性手术已经很完善了，但我国有许多做变性手术的规定，其中就包括父母同意。我认识的变性人，很多因为父母同意、支持，变性过程很顺利，现在过着幸福的生活。所以，家人的支持对于他们心理的健康非常重要。

问：您讲性别多元化教育，将来会不会性别都倒过来呢？或者就没有性别之分了？那这个世界会不会混乱了？

回复：永远不必有这样的担心。性别多元，是给人家更多的选择，尊重更多的实践，而不是要用一种模式代替另一种模式。也永远不要担心人类社会会不存在性别差异。差异总会存在的，而且注定会更加多元，我们只是反对以生理性别为基础的简单的二元划分罢了。更不用担心这个世界会混乱，每个人都可以做他自己，同时又尊重别人做自己的权利的社会，一定是最和谐的社会。我记得20世纪90年代中期，我进行同性恋研究与写作的时候，也有人说："你们说同性恋应该被宽容，将来人们都变成同性恋怎么办？"无数研究证明，无论一个社会对同性恋者采取什么样的态度，他们都只是人群中的极少数。

我们的种种担心与恐慌，背后仍然是来自主流的、占支配地位的阶级的优越感，以及对少数人的敌视。

第8讲

孩子被性骚扰或者骚扰别人怎么办？

近年来，社会上对性骚扰的议题越来越重视了。什么是性骚扰？孩子被别人性骚扰了，或者主动去性骚扰别人的时候，家长应该怎么处理呢？

赋权型性教育主张，上几节对性骚扰和性侵犯"说不"的课，并不能达到真正有效应对性骚扰的目标，需要增能赋权才可以。性骚扰本质上是对身体权的侵犯。家长不仅应该让孩子学会如何应对性骚扰，还要告诉孩子不要去性骚扰别人。

有些防性骚扰的教育是片面的

近些年在媒体上能看到很多防性骚扰的教育，这个话题变得非常火爆。一些机构申请项目，都非常容易得到；政府也拿出很多钱来推动这些反性骚扰的教育。

这些事本身都是好的，但是我个人觉得当前反性骚扰教育当中灌输的一些思维，是存在很大问题的。这些问题使我们希望达到的反性骚扰目的不仅没有达到的可能，还会适得其反，给受教育者带来一些伤害。

我们来看一看这些常见的反性骚扰教育是怎么做的。

最重要的一点是：这些教育只给孩子讲如何预防性骚扰，而不讲别的关于性的全面知识、价值观等。单纯地只进行反性侵的教育，只说性的坏处，不说性的好处，只传达性的负面的价值观，不传达性的正面的价值观，这些进一步加强了我前面说的负面影响。如果一个孩子得到的关于性的信息都是反性骚扰的，那么你想一下，这个孩子会对性留下什么印象？

有学者曾经到一所初中去，这所学校一个月前刚刚有人给学生上了两节预防性骚扰的课。学者让学生在纸上写下："提到性，你首先想到的是什么？"结果他们写下来的都是一些负面的词汇：骚扰、恐惧、强暴、恶心、罪恶等。

如果孩子接触到的关于性的信息都是负面的，在孩子的心中就会出现对于性的羞耻感和罪恶感。假设这些孩子不接触到别的信息（当然有很多渠道可以接触到），他们就会带着性的羞耻感、污名感长大，他们未来在亲密关系当中就会出现很多问题。现在我们在大学里仍然可以看到这样一些学生，特别是女生，就出现了这样的问题。

我认识的一个女生，她跟男朋友第一次接吻之后就真的呕吐了好几天。还有的学生即使恋爱关系很深了也拒绝发生性关系，有处女情结。当然有处女情结也不是不可以的事情，但我们要看到这背后是贞操观对女性的压迫。而这种贞操观对女性的压迫来自哪里？来自早期的性教育。

我在做性咨询的过程中遇到过很多这样的案例：恋爱时没有过任何亲密行为，即便结婚了也拒绝性关系，有的甚至几年都拒绝和丈夫发生性关系。为什么？因为她内心有深深的对性的羞耻感、罪恶感。这些所谓的女性的性障碍、性唤起障碍等的背后，都能看到她早年接受的性教育的影响。

家长肯定不愿意将自己的女儿培养成一个未来性冷淡、拒绝性关系，需要找医生治疗性障碍的人吧？单纯的反性侵教育，单纯的性的羞耻感、污名感的教育，就可能有这样结果，这是我们需要警惕的。

家长需要警惕的第二点是：这种单纯反性侵的教育还告诉学生，受性侵犯时你要做到：眼快、嘴快、腿快、大声喊叫、快速逃跑等。我经常看到反性侵的教育都在讲这些，这些当然没有错，但是知道这些还远远不够。上几节反性侵的课，了解到要对性骚扰说"不"，但不一定有说"不"的能力。生活中我们都知道遇到别人侵犯要说"不"，但是为什么现实生活中很多人没有说"不"呢？因为很多女性面对性侵犯时直接被吓瘫了。我们长期的针对女性的教育是：男人很可怕，男人要强暴你，男人强女人弱，等等。这在女性心中建构起了对男人、对性非常强烈的恐慌，所以她被吓坏了。这样的教育让孩子既没有能力真的说"不"，又要"一定要说'不'"。结果会怎样？我们看到很多受性侵犯者是以死抗争的。在我看来这些单纯说"不"的教育就是鼓励我们的受教育者面对性骚扰、性侵犯要以死相争。这对吗？当然不对！

我主张一定要告诉受教育者：即使面对性骚扰，生命依然最重要。周围都没有人你就别喊了，喊也听不到，对不对？如果你跑不动，又打不过他，你怎么办？与其以死相搏换来对方把你杀掉，不如当时就服从了他、听从了他，你还有命在，生命最重要！

为什么那些防性骚扰教育的人不讲这一点？因为这与他们前边强调的关于性的过于负面的、污名的价值观相冲突了。如果你服从了，那和他之前说的那些东西怎么结合在一起？所以他们的教育注定有这样的缺陷。

这些防性骚扰的教育多数强调或者暗示了受性侵的对象是女性，其实，男性受到性侵犯的比例也是很高的。赋权型性教育主张，应该清楚地告诉孩子：男性也可能受性侵，男性、女性都可能性侵男性。男性受到性侵所受的伤害也很重，很多男性被性侵之后，一生也无法走出阴影，同样非常痛苦。此外，还有女性性侵女性的。家长还要跟孩子讲：性侵犯你的可能是你的熟人，也可能是陌生人，可能是老师，甚至可能是你的家人。

一个非常流行的反性侵教育版本是告诉孩子："泳衣遮起来的地方不能摸。"这也是错的，错在哪里？性侵犯不只是摸你泳衣遮起来的部分。我记得前几年有一个案子：在深圳的一家餐厅里，一个官员喝醉了酒，上卫生间出来之后，看见一个十四五岁的女孩子，就摸人家的脖颈。女孩子回去之后跟家人说要立即报警，女孩子和家长都知道这是性骚扰。

你摸我的脖颈是性骚扰，你摸我的手是不是性骚扰？摸我的脸是不是性骚扰？摸我的头发是不是性骚扰？摸我的后背是不是性骚扰？都有可能是！所谓性骚扰是让你感觉不舒服的触摸。所以我们说不是泳衣遮起来的部位不能摸这么简单。这是以往反性侵教育一个大的缺失。

那么，好的性教育应该怎么讲预防性骚扰和性侵犯？

首先，赋权型性教育主张，不能别人碰你一下，你感觉不舒服了，就判定他是性骚扰。你要给自己一个判断的机会，给别人一个澄清的机会，别人可能是偶然、意外碰到你的，或者是彼此的理解不一致造成的。但是以往反性侵的教育不会告诉受教育者这些。

家长应该教孩子学会判断一个行为是不是性骚扰。有的时候可能对方并不知道他的行为让你感到不舒服，这时如果你没有觉得不舒服就不算性骚扰；如果你觉得不舒服，要告诉对方："你发的色情图片让我觉得恶心，对我不尊重，性骚扰我了，请你以后不要这样。"要给对方一个机会，对方不发了也就算了，如果坚持再发，性骚扰的性质就断定了，你该报警就报警。同样道理，讲黄色笑话之类的情况，你也应该明确地表达你的态度。有的人态度不明确，比如笑着或脸红着说："讨厌，净讲这些。"人家可能还误以为你在调情呢，所以明确地表达态度很重要。

我讲性教育的时候，会清楚地告诉孩子：你至少验证一下。比如在公共汽车上觉得有人碰你了，你就看他一眼，躲远远的。如果他又跟过来碰你，那就是性骚扰；如果他不过来就算了。同样，熟人摸了你后背，你觉得不舒服，也可以躲开，也可以看他一眼说："别这么碰我，我不舒服。"如果他还来摸，那你就知道这是性骚扰了。我们要给别人一次机会，这样才不会形成人际间的恐慌。反性骚扰的教育如果导致人际关系的恐慌，使人与人之间好感的表达、亲密关系的表达受阻，那显然不是我们希望的。

说到这里，我想到了几部电影。一部叫《狩猎》，主人公是一个幼儿园的小女孩儿，很喜欢幼儿园的男老师，她总让老师抱、老师哄，要亲男老师。老师觉得不合适，回避她，小女孩就觉得受伤害了。虽然只是幼儿园的小女生，但她懂得不少，她对别人说："他摸我屁股，摸我这儿，摸我那儿……"幼儿园便报警了。这个小女孩描述了一个貌似生动的被性侵的情景，其实是来自于他哥哥拉着她一起看的一部色情片。这个男老师便被抓起来了。警察进行调查时，幼儿园的小女生们当玩儿似的，描述的各种受性侵版本都出来了，包括在老师家地下室、在灰色的沙发上等。这位男老师说我们家没有地下室，也没有灰色的沙发，调查也陆续证实了这些指控都没有证据，他就被无罪释放了。但是最终还是被人开暗枪杀害了，人们还是不相信他，认为他真的性侵了那些女孩子。这个电影让我们警惕什么，大家可以想想。

另外，如果反性侵教育，只讲反性侵，不讲不要侵犯别人，就很奇怪。性侵别人的人哪里来的？也都是在我们的孩子中产生的呀！你希望你的孩子成为将来性侵别人的那个人吗？所以只讲反性侵，不讲不要侵犯别人是不对的。家长要告诉孩子："你不能性侵别人哟！你不能未经同意触碰别人的身体。"要从小培养这种意识。所以防性侵教育应该是双向的，这是很重要的一点。也不要因为你的孩子是男孩，就可以大松一口气说："我的孩子不会被性侵犯。"错了。他既可能被性侵犯，也可能做性侵犯的实施者。因此，家庭性教育要全面。

孩子受性侵后怎么办

韩国电影《妈妈别哭》帮助我们思考的是：你的孩子被性骚扰、性侵犯之后，你该怎么做。电影讲述了一个被人强奸了的中学女生的故事，妈妈虽然陪伴她，但是做得并不好，妈妈一直觉得这是一件不得了的事情，她特别痛苦，并把这种沮丧痛苦的情绪传给女儿，所以女儿也特别痛苦。后来一系列的事情发生了，女儿自杀了，妈妈开始以暴易暴。

另一部韩国电影《素媛》，讲述一个小学生被强奸，而且给身体带来了极大的伤害的故事。即使这样，她父母一直都给她力量，所有的老师、同学及周围的人都给她力量。影片的结尾，女孩子的脸上荡漾着幸福的微笑，我们看到她内心的创伤已经在爱的滋养下消散。①

这两部韩国电影告诉我们：同样是女儿被性侵犯，父母怎么做对孩子的影响非常不一样，很多父母其实在二次伤害着他们的孩子。

孩子被性侵犯之后，家长应该做到哪几点？第一，无论是受性骚扰还是被强奸，孩子跟你说了，你就要相信孩子。有的家长不相信孩子，比如说熟人强奸。不相信的另一层意思是家长觉得尴尬，不知道该怎么处理。这个时候家长的不相信态度，甚至对孩子的责怪，如训斥说"别乱说，你理解错了"之类的话都会伤害孩子。如果一个被性侵了的孩子对你说出来，其实是鼓足了非常大的勇气的，你的不信任是对她的二次伤害。

有的人会说，我的朋友、熟人或者上司性侵了我的孩子，我真的不知道该怎么做。其实没有什么难的，你要视情节轻重而定，如果触犯法律，就选择报警；如果情节不够触犯法律，你有许多顾虑、不想报警，那你也要找到他，告诉他说："我知道你对我的孩子做了什么，我很愤怒。但因为种种原因，我决定先不报警，可是如果再发生，我绝不会放过你，我一定会报警。"你这样说了之后，事情就可能不再发生。如果不警告他，他一定还会再做。

应该强调身体权

我个人认为目前反性骚扰教育最大的问题是：只把目光盯在性上。可能

---

① 欲了解本章提到的三部电影《狩猎》《妈妈别哭》《素媛》，以及其他涉及性别暴力的电影，参看方刚《电影中的性别暴力》，中国社会科学出版社 2016 年版。

有人会说：不是性是什么？反性骚扰不是谈性吗？

不是的，在我看来，应该把它看作是身体自主权的教育。如果把目光只凝聚在性上，在跟孩子分享的时候其实是把与性有关的东西独立了出来，把它看作是比身体其他部位都重要的部位，而对其他身体部位的侵犯都不如对性有关的部位的侵犯严重。

如果你过分强调了这是对性的侵犯，那就把被性侵犯这件事的意义夸大了。在这种夸大的情况下，你很难再教育未成年人说：生命最重要，必要时你就从了吧；或者当你受到性侵犯、性骚扰之后，你仍然是你，你没有贬值。为什么？因为你前边已经把性独立出来了，过分强调了。

那么，好的教育应该怎么讲？

好的性教育应该讲的是身体权，讲每个人的身体权不受侵犯。你摸我乳房，有性的意味，和你只有攻击意味地踢我一脚，甚至打我脑袋一下，是一样的。你这样的做法都是侵犯了我的身体权。也就是说，要树立这样的概念：性侵犯是对身体自主权的侵犯，和对你身体其他部位的侵犯是一样的；侵犯别人身体权这件事情很坏，但对你来说，并没有什么特别的。

如果我们把反性骚扰的教育变成身体自主权不受侵犯的教育，情况就不一样了。对我们所有身体部位的伤害，都侵犯了我们的身体自主权。这样就解决了前面说的问题，也不会有针对性的羞耻感、污名感了，也不会存在以死相抗反性侵了。别人踢你、咬你，你会跳楼自杀吗？被性侵者也不会有羞耻感、污名感了。受到性侵的人，为什么会那么痛苦？就是因为文化建构了被性侵是一件非常可怕的事情，你不再是过去的你了，你不纯洁了，你已经是被人侵犯过的了，等等。

把性的价值独立出来，超越了身体其他部位的价值。我们要回到性侵犯是对我们身体自主权侵犯的这种认识，要保护我们的身体自主权不受侵犯，而不只是保护我们的乳房、阴茎、阴道、屁股不被别人摸。两者差别其实很大。

有人可能会说:"你这是不是替施暴者开脱啊?摸乳房、摸阴部,能和打胳膊、打手、打脸一样吗?"我们不是替施暴者开脱,他应该受到怎样的法律追究还是会受到的,不会因为我们这样的性教育就减刑了。我们这样的教育将使受教育者不再被灌输那种性的贞操观了。如果反性侵教育变成性的贞操教育,反而会强化受性侵者可能受到的伤害。

这不是替施暴者开脱,而是支持受暴者。你需要告诉孩子:首先,对你来讲,你受到的伤害和身体其他地方受到的伤害是一样的。其次,你还是你,和以前是一样的,你并没有变,依然是纯洁的、美好的,处女并不取决于一个处女膜,当然处女本身这个概念就值得检讨。

很多受性侵者特别是女生会觉得:我毁了,没有人要我了,我的人生很糟糕……你告诉孩子不是这样的,你什么都没有失去,你依然是你,这是很重要的一点。如果孩子受到创伤,有惊恐情绪表现,那可以去做心理治疗帮助孩子走出阴影。家长的态度千万不要像韩国电影《妈妈别哭》里的一样,要像《素媛》的家长一样。素媛的父母虽然也很痛苦,但他们在孩子面前微笑,给孩子走出创伤的力量。

这样做是对孩子的二次伤害

曾经有一个找我做咨询的人,讲述了她小时候的事:她五岁的时候被一个十八岁的男生强奸了,那个男生跟她说:"我们一起做个游戏吧!"然后哄着她比谁脱衣服脱得快,脱了衣服又怎么继续"玩游戏",最终强奸了她。这个孩子觉得这不像是一个游戏,自己总觉得哪儿有点儿不舒服,哪儿有点儿不太对,挺反感的。她后来跟我讲,那个时候的情绪就像自己喜欢的玩具娃娃被别人踩碎了，也像自己正在吃的冰棒被别人夺走了，是一种负面的情绪体验。她回家跟父母讲，父母却不像她想得那么简单，找到那个男生，把他一顿暴打送到了警察局。后来查出，这个男生用同样的方法诱奸过另外一个小女生，最后这个男生被判处了死刑。

时间一下子过了十五年，那个五岁的女孩子长大了，在大学读书。十五年前的那件事情她并没有忘记，但她对我说：回想起来的感觉，仍然是和她喜欢的东西被人抢走了一样。

她二十岁的时候谈恋爱了，告诉了妈妈。妈妈却说："你要去做处女膜修补术。"这个女孩子说："为什么我刚谈恋爱，要去做处女膜修补术呢？"妈妈说："难道你忘记了吗？你五岁的时候被强奸过，你不再是处女了。男人如果发现你不是处女就会嫌弃你，你就不会有幸福的婚姻，处女膜对女人来说很重要。"这个女孩子不愿意，说："身体是我自己的，我为什么要为一个男人去做处女膜修补？"妈妈说："你不了解男人。"最后，这个女孩被妈妈押到了处女膜修补术的手术台上。这个女孩告诉我，她在五岁被强奸的时候，没有哭，在过去十五年间，她想起这个事情的时候也没有哭，但是当她在处女膜修补手术台上的时候，却泪流满面。她走下了处女膜修补手术台，拥有了完整的处女膜，但是她发现自己没有办法开展亲密关系了。她跟男朋友分手了，后来一直没有办法像以前那样恋爱，直到她二十六七岁来找我做咨询时。

这个故事告诉我们什么？家长做错了，错在给孩子带来了二次伤害，这个二次伤害比第一次伤害还要严重。

再讲一个北京一所小学的真实案例：有一个小学四年级的女生，在放学回家的路上被同班的两个男生拦住了，说："掀裙子给我们看看，否则不让回家。"女生觉得不舒服，但是拗不过这两个男生，很委屈，就掀了让他们看。男生看了之后也挺满意的，就让她回家了。女生回家和父母一说，父母快疯了，转天找到学校，要求学校开除这两个男生。学校说："小学生不能开除。"父母说："那给他们处分。"学校说教育部不让处分小学生。父母再提要求："各赔10万元！"两个男生家长不愿意赔，这件事情就僵在这儿了。这对父母就不让自己的女儿去上学了，他们的想法也有道理："那俩小流氓昨天让女儿掀裙子，明天还不知道做什么呢，我怎么能放心让女儿去上学？"于是便让女儿在家里给教育部门写信控诉。

在这个故事当中，家长错了吗？

其实除了受害的女孩子，其他人都错了。她的家长错了，男生错了，老师、学校都错了。为什么？我们不妨思考一下，家长不让女儿去上学，让女儿在家写投诉信，对女儿不断强化这件事的伤害，这不就是对女儿的二次伤害吗？两位男生的家长和老师死不认错，不采取措施，只是一直跟这个女生家长对抗，这也是不负责任的行为。

也许有人觉得两个男生做的事情属于性侵犯、性骚扰，但我觉得那只是性好奇带来的对他人的身体权的侵犯。本质上，这两个男生不是性骚扰者，也不是性侵犯者，他们是性好奇，也是缺少性教育的受害者。我们要认识到这件事情的性质，然后就好处理了。

正确的做法应该是这样的：首先应该让那两个男生认识到事情的实质，对女生道歉；男生的家长也应该道歉；女生的家长应该安抚自己的女儿，告诉她这事没有什么；学校则应该开展性教育。

我有一个朋友在深圳开幼儿园，招的都是打工子弟的孩子，孩子家长都是从农村来深圳打工的。一天早上，一个女孩的妈妈告诉我的朋友："我女儿昨天说，有个男生脱她裤衩，用手摸她阴部。"我这个朋友就很紧张，这件事情发生在自己的幼儿园里，这还了得？没想到这个家长后边跟了一句话让她很感动："这就是小孩子好奇，没什么，不要给孩子太大的压力。但是您要给这个男孩子做一下这方面的教育，也要跟他家长说一下，免得以后再对别的同学这样做。"

这位家长的境界不是一般的高！值得所有家长学习。

像前面说的那两位家长，以为是替自己的孩子维权，其实这可能既伤害了孩子，也伤害了侵犯他人身体权的那个人。当孩子遇到性骚扰、性侵犯之后，重要的是你应该采取怎样的态度。两个四年级男生拦住一个女生让她掀裙子这件事情，理解为性好奇就可以了。

给施加性骚扰的孩子成长的机会

对施加性骚扰的孩子应该怎么做？当然一定要批评教育，还应该考虑年龄、性质和侵犯的程度等因素，像四年级的小男生拦住小女生掀裙子这件事，我觉得对他们进行性教育，然后批评教育就可以了。如果大一点到高中，就要让他清楚地知道这是性骚扰，让他知道这是很严重的问题，会受到法律制裁。

如果情节轻微，本着"治病救人"的原则，该谅解的要谅解，该宽容的要宽容，但重要的是那个孩子要认识到自己的错误。要批评教育，但这还不够，还要表扬他。

有人可能会问："我为什么要表扬他呢？表扬他犯了错吗？这不是太奇怪了吗？"你不是要表扬他侵犯别人身体权的行为，而是要找到他其他的人生亮点，找到他在生活中的好的品格来表扬他。

没有孩子是彻底"坏透"的，他们只是孩子，每个人一定有好的地方，有优点。想真正让一个人成长，要做的就是赞美他的优点，而不是总批评他的缺点。一个人只有在被赞美中才会更加积极进取。而总指出他的不足，抓住错误不放，他就会没有自尊心，甚至破罐子破摔。所以我们要帮他上进，就要找到他的优点表扬他。比如可以告诉他："你的那个行为是性骚扰，是触犯法律的。但我觉得你是一个好孩子，比如说你数学好、尊敬师长、体育好，爸爸妈妈觉得你非常有前途，但是如果你做了性骚扰的事情，别人可能就会看不起你。"当然，这样的话由老师说就更好了："老师一直都很看好你啊！但是你做了那样的行为老师就挺伤心、挺失望的。老师希望你以后只做好的不做坏的，你能不能答应老师呀？老师希望你更出色，你未来一定是个了不起的人！"

我一再强调，性教育是教育的一部分。教育中我们主张用正面的激励，在性教育的领域也是一样的，那些未成年人在性上犯了错误，我们也一样应该帮助他们。要知道他们犯的错误是我们性教育没有做好的结果，他们实际上也是我们成人未做好性教育的受害者。从这个角度，我们可以更好地支持他，给他力量，让他成长！

性骚扰的形式中，除了肢体性骚扰，还有言语性骚扰、行为性骚扰等。言语性骚扰，顾名思义就是说色情的话、讲色情笑话等；行为性骚扰，比如用眼神瞟对方、含有色情意味的凝视、发色情短信、要求对方看色情图画等。比如某位女老板总是拿一张男性性器官解剖图给男员工看，说是讨论身体结构，其实就是一种性骚扰。

答　问

问：性骚扰是拍肩膀、摸屁股、摸裤裆？判断性骚扰的标准是摸的部位，还是对方是否反感？

回复：有意识地触摸性的敏感部位，当然是性骚扰。但这显然还不全面，因为性骚扰不只是肢体性骚扰，对于身体不同部位是否涉及"性"的理解也不同。所以，我认为令对方反感、恐惧、不舒服的身体触摸，即是性骚扰，也是对身体权的侵犯。特别是明确表示出自己不喜欢的情况下，对方仍然做这样的事，更是不可以原谅的。

问：现在说到防性骚扰，都在讲要防止女孩子被性骚扰。我们家是儿子，现在社会上同性恋这么流行，我也挺担心他被性骚扰的。家长应该做些什么，才能保护好儿子？

回复：我们主张，防性骚扰的教育男孩子和女孩子一样需要。但男孩子受到性骚扰并不一定来自同性，也可能会来自异性。千万要警惕，防性骚扰不要变成对某一个性别的敌视，这样的"性教育"以前不缺少，比如吓唬女孩子说"男人都不是好东西"，直接影响到她们对异性的态度。所以，如果只强调男孩子可能受到同性恋者的性骚扰，有可能变成对同性恋的污名化。

防性骚扰教育的核心在于：让青少年懂得，我的身体我做主。这种性教育，是男女都一样的，不应该有性别差异。我前面回复过家长如何对孩子讲防性骚扰的内容，是同样适用于男女的。

问：我女儿马上四周岁了，一直是活泼可爱、讨人喜欢的。邻居家有个男孩，今年十四岁了，由于两家走得比较近，男孩经常在我们家玩，有时还帮着带孩子。这两年来，他就是看着我们女儿渐渐长大的。可是今天中午女儿上他家玩了一会，回来却告诉我，说男孩用小鸡鸡弄她的小屁屁了，很疼。我一开始以为是孩子们因为好奇而自然出现的并无大碍的探索行为。后来女儿又描述了一下细节，说男孩把她放在床上，脱掉她的裤子，然后后面的就是性行为了。我惊呆了，她才是个不到四岁的孩子呀！我把男孩找来，很严肃地告诉他我很生气，以后绝对不能再有这样的行为。这些都是当着女儿的面说的，我是想让她意识到，小屁屁是不能随便给人看的，这样的行为是不应该的。不知道我这样做对不对。我婆婆晚上回来后去找了男孩的家长，他的家长当场要拿棍子打他，被我婆婆拦住了。因为是邻居，我们也不好说别的，只是以后不让两个孩子来往了。对于现在的情况，有没有更好的方法处理？我主要是想让女儿认识到对自己私处保护的重要性，又不想让这事对她心灵有不好的影响。我现在心情很沉重，是我没有很好地让女儿学会保护自己。以后对她进行性教育，会不会让她总是想起那一幕。我真的很怕，到底该怎么做？

回复：这件事会发生，正是性教育缺失的后果。或者说，家长可能没有意识到，早就应该对孩子进行性教育了。我个人认为，防止性骚扰的性教育，孩子两三岁的时候就应该做了。当然，现在补课还来得及。

一定要告诉女儿，身体有一些隐私部位，这是别人不能碰的，也是不能给别人看的，有些行为是伤害你的。这次事件是个机遇，可以就此对女儿进行性的自我保护的教育。但是，对事件本身以后要尽可能淡化，直到再不提及。要让女儿知道：自我保护是重要的，但是，她并没有因为这起事件而"贬值"，她也没有任何过错，这个事件并不会对她的幸福人生有任何影响，等等。

孩子很小，淡化一些，对心理的影响就会过去。如果父母总执着于这件事，反而可能对孩子构成真正的伤害。如果将来孩子大了，出现你担心的情况，也可以持这种态度。

问：八岁的女儿一回家就哭，说不想去上学了，因为同桌欺负她，摸她隐私部位。妈妈问有没有和老师讲，女儿说讲了，但他还是摸，不敢再告诉老师了。妈妈想和女儿一起去找老师。

回复：首先，告诉孩子，再发生这种事，还是要立即告诉妈妈、告诉老师，而且要马上离开，自己也要保护自己。

其次，家长要分别同老师、男生家长进行交流。但交流时不要先给男孩子贴上"小流氓"的标签，要认识到这是他的好奇心使然。但是，因为违背了女孩子的意愿，也是绝对不可以的。

问：我女儿快上幼儿园了，我不想让她上传统的学知识、学算术的那种主流幼儿园，我想送她上一所私立幼儿园，但那所幼儿园的带班老师是一个男老师，我有时会担心不安全，请问您的看法？

回复：您的担心暴露出一种错误的思维方式：把所有男人都当成潜在的性骚扰实施者。事实显然不会如此。如果男人都是性骚扰实施者，那躲也躲不过去。何况幼儿园里还有男生。与其被动"逃跑"，不如主动地教孩子学会自我保护，这其实并不难。只要让她懂得身体哪些部位是不能让别人触碰的就可以了，如果有人要触碰，就要坚定地说"不"，还要告诉父母。两三岁的孩子是可以理解这些了。这不仅有助于她在幼儿园中的自我保护，还有助于未来成长路上的健康与安全。

问：有孩子问我：强奸也是做爱，为什么要受到处罚。我该怎么回答？

回复：强奸是要强迫别人做爱，这是一种犯罪行为，是要受到法律惩处的，也是被道德唾弃的。做爱必须是两个相爱的成年人之间自愿发生的行为，如果有一方不愿意，另一方绝对不能强迫对方做。被强迫的一方，有权利拒绝与反抗，保护自己。而强奸是明知对方不愿意，却以暴力强迫对方做。之所以会有人犯这种罪，是因为他们不懂得尊重别人，只要自己高兴便想做，不惜伤害他人。我们做事情不能伤害别人，否则就要受到处罚。

问：孩子因为性受伤了怎么办？

回复：这里所讲的"因为性受伤"，可能是意外怀孕，也可能是被性骚扰或性强暴。

无论孩子受到什么样的性伤害，父母和教师都要做到：鼓励他（她）说出来，接受他（她）的坦诚诉说，告诉他（她）没有什么过失，有错的是施暴者，父母和教师仍然爱他（她），他（她）没有任何改变。

告诉性侵害的孩子：他们仍然是纯洁的，没有任何损失；性器官受到的伤害与身体其他器官受到的伤害应该被平等对待，都是对身体自主权的侵犯，而不是对"性纯洁"的侵犯。这样讲不是替施暴者减责，而是避免受害者陷入"我不纯洁了"的错误认识。

即使是意外怀孕的孩子，也千万不要责怪她们什么。责怪于事无补，幼小的心灵需要康复，而康复需要家长和教师更多的宽容与爱。我非常反对学校以违反校规为由处罚怀孕孩子的做法，那样的校规本身就错了，不是基于对未成年人的理解和包容的。

学校或者社会，应该建立一个意外怀孕的求助途径，使青少年在必要时可以放心地求助，得到及时的、安全的、贴心的帮助而不用担心受到任何处罚。

问：有天晚上，有个四年级小男孩跟父母一起下楼，父母忙着往车上放东西，让男孩把垃圾丢到大门口垃圾桶里。相距仅五六米，但男孩过了大约五分钟才回来。紧跟着过来一个女青年，她稍显紧张地跟男孩父母说，垃圾桶那里有个疯子乱摸男孩，以后注意一下，是她让男孩快走，男孩才离开的。

父亲过去看到了疯子，没有对他怎样。父母询问后得知那个像疯子的流浪汉摸了他的下体，孩子没有反应过来，愣了一下。流浪汉又让男孩脱下裤子让他看，男孩说"不行"。这时阿姨经过，说"你快点走吧"，男孩就离开了，但他没主动告诉父母，如果阿姨不说他也没准备说。父母没有太多批评孩子，说他能拒绝很好，但应在看到有这样一个人时就离他远一些，他在那儿掏垃圾，一看就有潜在危险，宁可先不去丢垃圾，孩子也表示记住了。

但孩子的父母仍担心这件事会给孩子留下阴影，不知处理是否恰当。想问一下方教授对此事的看法，怎样处理最好？

回复：我也认为处理得还是很恰当的。不要纠结于是否留下阴影了，你越纠结，越没完没了地就这件事"纠缠"孩子，才越可能给他留下阴影。

我们社会上有很多关于防性侵犯的教育，我一直不太以为然。我担心这会破坏一个基本的人际关系的信任。比如在这样一个案例中，我们是否应该看到一个掏垃圾的流浪汉就躲开？这样的教育是否是对社会弱势群体的伤害？

问：我儿子上小学三年级，他班里有个小男孩经常扒其他男孩子的裤子，并摸他们的小鸡鸡。儿子很反感，但又不愿意告诉老师，我们做家长该怎么办？

回复：可以对您的儿子说，"这个同学的行为可能只是好奇，但那是不对的，那样是不尊重其他同学的，摸他们的'阴茎'也是侵犯他人身体权的。这个同学应该向其他同学道歉。但这和侵犯身体其他部位是差不多的，你不用感到反感或恶心，而是应该真诚大方地向那位同学指出他不对的地方"。这个时候家长也可以对自己的儿子普及一些性教育知识：教孩子认识自己身上的性器官，以及对自己身体的权利（身体权），每个人都有保护和行使自己身体权的权利，同时也不能去侵犯他人的身体权。

如果那个孩子继续我行我素，建议要和他的父母和老师沟通。

问：女儿今年上幼儿园中班，她班里有个小男孩总喜欢噘着小嘴巴亲女生，尤其喜欢亲我家女儿，而且小男孩的父母也经常引导小男孩说选我女儿做媳妇，我该如何引导我的女儿？

回复：这说明你和你女儿都很出色，被一家人中的两代人都看上了。对待这个问题，还是要关注身体权，可以让女儿告诉那个小男生：你亲我，如果我喜欢，这是可以的；但是如果我不舒服，就请你不要亲了。而且要和对方家长分享这个态度。

问：孩子爸爸工作忙，我经常一个人带儿子出去玩，出门就面临一个上厕所的问题。小的时候，我可以带他进女卫生间。现在已经五六岁了，感觉有些不合适了。但让他一个人进男卫生间，一是不安全，二是有时会碰到悬挂式的小便池太高（只有小便池，没有蹲位），他够不着。有一次，实在没办法，就让餐厅服务员帮忙带进去了。事后想想又有些自我矛盾，因为我们一直教育他，不能让陌生人看到他的隐私部位。我做得对不对呢？

回复：这样做对啊，自己进不去，就让别人帮着带进去。服务员帮着带进去，并不一定就会盯着孩子的隐私部位看，对吧？而且，在卫生间也没必要刻意躲藏，被人无意看到是正常的，反而刻意躲藏是件很奇怪的事。

我想，你的本意是想让孩子学会保护自己的身体，捍卫自己的身体权。那可以这样告诉孩子：你的身体的任何一个部分，都是受到法律保护的，如果有人触碰了你的身体，让你感到不舒服，都要告诉爸爸妈妈。

而对于隐私部位的保护，可以这样跟孩子说：身体是我们自己的，任何令你感到不舒服的触碰都要勇敢地拒绝。

问：我阿姨声称她女儿在多年前寄宿我家时，被我弟弟多次性侵，且说我是知情人。但我完全不知道，且我弟弟否认性侵，说小学时曾与表妹玩过性游戏，当时二人自愿，且仅此一次。

现在情况是，阿姨期望我家赔偿她家精神损失，但我弟弟坚持是诬陷，希望同表妹对质或去医院检查，还他清白。但我阿姨不同意，于是事情陷入僵局。

关于事发时的年龄，我弟弟说他十一二岁、表妹四五岁，只一次，且仅限于搂抱抚摸。阿姨复述的是弟弟15岁、表妹9岁，且多次性侵。我弟弟现在27岁，表妹21岁，两边家庭都不知道谁的说法是真的。阿姨又护着表妹，我们得到的信息都是阿姨复述的，她不准我们接近表妹。

我想单独去找表妹谈一谈，但担心因为她的误解（阿姨说表妹坚持说我知情），会让她心理状态更差（其实现在我弟弟、我阿姨、我妈妈心理状态都非常差）。

去年表妹高考结束，对阿姨说了这件事，然后阿姨的态度就是很传统的，认为表妹一定被性侵了。给我电话时用的词是"强奸"，说表妹不是处女了，一生幸福被葬送了，表妹变脏了等。她拒绝我提出的带表妹去医院检查身体、评估精神状态的恳求，说是对表妹的二次伤害。

想请教方老师，这种当事人说法不一致的情况，在不伤害我表妹的情况下，我们可以做什么事，去找出事情真相呢？如果我们报警，是否有用？

回复：我想，也许当年两个孩子的亲密接触是存在的，但即使如此，这也是当时双方自愿的身体探索。这种身体探索是许多男性和女性成长过程中都有过的。我们要思考的是，是什么使一个女孩子在多年之后，开始将当年自愿，甚至可能是愉悦的私密的身体探索对母亲"坦白"？又是什么使这位女孩子的母亲视之为性侵犯？进一步，母亲现在的这一系列做法，将带给她的女儿什么？

目前，真相已经不重要，最重要的是让你阿姨、表妹和弟弟都明白不能因为这件事影响以后的生活。现在一家人都陷入这种困扰中，其实都是对女性贞操的维护，阿姨把发生在表兄妹之间的性游戏说得很严重，被性侵、被强奸、脏了等，让你家赔偿损失更证明她认为女儿吃亏了，这本身对你表妹就是一种伤害。弟弟被说成强奸表妹感觉委屈，同时心里一定觉得是一种侮辱，也是伤害。这种女性贞操观念伤害着当事人，也让家人焦虑。

应该问阿姨：纠结这件事，对表妹是否有好处，对她今后的生活有什么帮助吗？是不是处女真的很重要吗？应该告诉阿姨，像她这样对待事情的方式才是对表妹的二次伤害。如果她希望她的女儿今后生活幸福，那就不应该像现在这样做。

双方都希望表妹好，所以我们应该最大限度地降低这样的伤害。推荐阿姨先看《素媛》，引导阿姨思考，事件本身对表妹造成的伤害和我们对这件事情的态度相比，后者所造成的二次伤害可能比前者更大。

问：我儿子六岁，老师反映他在学校总是碰一个女孩的身体，女孩就投诉了。儿子说他喜欢那个女孩子，我该怎么办？

回复：你可以告诉他："每个人都有自己的身体权，你这样碰女孩子，人家会反感，大家会不喜欢你，她们的父母和老师也会不喜欢你，所以你不应该这样做。你是个好孩子，你想对别人表达友好，可以过去直接跟她聊天，对她说'你好，我喜欢你'"。总之，教会他如何对喜欢的女孩子进行正确的表达。因为这个男孩可能不懂这是侵犯了那个女孩的身体权，性教育一定要有身体权的教育。

第 9 讲

孩子"不阳刚""不温柔"怎么办?

最近几年,我经常听到家长和老师这样一种说法:"现在这个社会,男孩子不像男孩子,女孩子不像女孩子,性别都混乱了。"事情真的有这么严重吗?或者说,我们应该如何看待这一现象呢?这背后其实反映了我们对社会性别的理解和对男女角色的理解。

性教育中,社会性别的教育非常重要。离开性别,我们无法理解什么是性。

性别气质多元呈现不可怕

一次，一位中学老师和我说："现在女生都成假小子、男生都成假姑娘了。"我便问她："你的班里这样'男不男女不女'的孩子有多少？"她想了想跟我说："我的班里没有，隔壁班里有一个。"这就能让她说出如此焦虑的话了？这背后意味着什么？在我看来，这是一种围绕性别产生的非常焦虑的情绪。这种焦虑来自于我们社会上性别多元的呈现。

以李宇春为例，她具有广受年轻人喜欢的形象，却挑战了传统的性别气质呈现。类似李宇春这样形象的人确实有，男性打扮得很女性或女性看起来很男性，但并不多，而且是非常少的。我们社会上大多数人从表面上看，还是符合男人要阳刚、女人要温柔的性别二元划分的标准。但是针对性别多元的呈现，整个社会不再是简单否定、排斥，而是接纳的态度，甚至有些年轻人还很欣赏。但这使一部分大众产生了焦虑。在我看来，这种焦虑才是抱怨"男不男女不女""很普遍"的真正原因。

一些家长也陷入了这样的焦虑当中。有的女孩就是不喜欢穿裙子，家长找我咨询，我问："你担心什么呀？"家长说："我担心她是同性恋。"实际上，这跟同性恋完全没有关系，这只是性别气质的一种呈现。

许多时候，男孩的家长担心自己的孩子不够阳刚，女孩的家长担心自己的女儿不够温柔，可是别忘了：在孩子的童年、青春期前期，性别气质的二元呈现本来就不鲜明。人类社会一直是这样过来的,只是这些年人们开始焦虑了。所以焦虑背后真正原因是,很多人觉得不够阳刚的男生和不够温柔的女生是"变态""有病",甚至是同性恋。其实,性别气质不等于性取向,性别气质多元呈现也不是什么坏事,并不可怕。相反,传统的二元划分的性别教育,才可能是对孩子有害的。

二元划分的性别教育伤害了孩子

绝对的阳刚和绝对的阴柔并不是真的好,反而是有害的。一个非常阳刚的男性,好的一面是进取、坚强、有毅力;坏的一面是霸道。过去我们有一种说法叫"男儿有泪不轻弹",但是哭泣、流泪这是一种自然的生理反应,男人的泪腺系统和女人的泪腺系统是一样的,当你过分强调阳刚,让男儿有泪不轻弹的时候,他的内心是受到压抑的。最"阳刚"的表现,是男人不断地追求成功。但什么是成功,"成功"有止境吗?每个人都是适合不断追求"成功"的吗?在"男人要事业成功"的建构过程中,男人又受到了什么样的压力?男人从小被要求学习阳刚,这个过程中包括学习暴力,比如同伴之间的暴力,一言不合便出手。父亲对孩子的冷漠:你是男孩,要有个男孩样!这也是针对性别气质的一种暴力。这都是围绕阳刚来建构的,我们要认识到,这种绝对的阳刚追求对男生是有伤害的,让他该柔弱的时候不能柔弱,必须要扮演硬汉,而扮演硬汉的过程当中,他个人可能深受其害。

女生阴柔就好吗?女生温柔细腻,好像听起来还不错。但当温柔细腻一直被极端强化的时候,女生就会变弱,"我是不如男人的,我是男人的附属品,我是第二性的",这类的价值观就会出现。这都是在塑造女性柔弱的过程中建构出来的,柔弱让女生有的时候不勇敢,有的时候没有毅力,有的时候不去追求人生更宏伟的目标，因为那些都是与柔弱、阴柔之气相对的。

所以我们说：男人要阳刚，女人要阴柔，这样的文化本身就是错误的，本身就是对我们有害的。因此，不需要有"我儿子有点温柔""我女儿有点阳刚"这样的顾虑了。

前面讨论性骚扰的时候，我曾说：反抗性骚扰，对性骚扰说"不"的能力，不是凭几节反性骚扰的课就能培养出来的。对性骚扰说"不"，是一种更深的能力。这是一种什么样的能力呢？我再举一个阴柔可能给女孩子带来伤害的例子。一个读高中的女孩子，在放学回家的路上被一个男人尾随。女孩子在楼道里开门要进家的时候，男人从后面将她抱住，强行要把她推进屋里。女孩立即意识到了危险，有可能要受到强暴。这个女孩儿的第一反应是要跟这个男人进行激烈的搏斗，最终的结果是，女孩不仅打跑了男人，还追出去几条街。而且回来以后还报了警，给附近的女同学打电话，告诉她们要小心。

这个女孩子可以做这么多！但通常女性面临陌生人强奸的时候，你觉得她不知道说"不"吗？不是不知道，而是在说"不"之前，很多人就已经被吓晕了、吓傻了、吓瘫了，根本没能力反抗。为什么？我们的文化长期以来建构女孩子：你是弱的，你是不如男人的，你是打不过男人的，你这个也不如男人那个也不如男人。像我们前面分享的白雪公主那样，一跑进树林里便草木皆兵，女孩子在陌生的环境当中，面对有危险的男人时，是弱者，是一个无力自我保护的形象。这样的女孩子真遇到危险，怎么会不吓瘫？

我讲的这个故事中的女孩子则不同。这个女孩子力气比别人大吗？也未必。这个女孩儿告诉我，她在跟那个男人搏斗的时候，才知道了男人的力气原来那么大。但是她仍然尽力地搏斗，最后把那个男人打跑。她是怎么能够做到这一点的呢？

这个女孩子说,她的爸爸妈妈从小就告诉她:"女孩和男孩是一样的,你也可以像男孩子一样有力气,男人能做到的事女人也都能做到。"这个女孩子从小受的是性别平等的教育!这种"女孩子也可以像男孩子一样有力量"的性别平等教育,才是她面对性侵犯的时候有力量回击,并且能够保护自己的真正原因。重要的是,在这个过程中,她的精神力量是非常强大的。这些是靠几节反性骚扰的课可以做到的吗?不是,这是这个孩子从小接受的性别平等的教育做到的。

有一学期,我给大学生们布置作业,要求学生写自己的经历作为结课论文。有一个女生写的是她自己两次面临强奸犯的经历。她曾经住在南方的一个小镇市,从学校到回家的路上有一条小巷,被当地人戏称为"强奸一条街"。之所以这样称,是因为那条小巷的强奸案比较多。这样的道路在很多城市都有,它们的共同特点是没有路灯,没有居民楼直接面对它,处在楼的背身儿,人迹比较少。这样的城市建筑,是城市建设者没有性别意识的体现。我们称为性别不友善的,或非性别友善的城市设计。

这个女孩子平时白天走这条街没什么担心的,但是高三那年要经常上晚自习,夜里走那条巷子就很危险了。这时她有两个选择,一个是继续走这条路,另一个是绕道走。绕道走要多走七八分钟,而她上完晚自习已经很累了,恨不得早点回家睡觉。所以上高三这一年,她坚持走这条"强奸一条街"。

第一次遇到危险是有男人迎面过来要抱她,她使劲地抬腿踢了男人的裤裆,那男人惨叫一声跑掉了;第二次是有男人抱住她,把她压到身下,这时她已经没有办法踢裤裆了,但是她把手腾出来,用很久没有修剪的指甲在男人的脸上狠力地抓下去,只听见男人也是惨叫一声就跑掉了。然后她回家一看,手上血糊糊的,红的白的都有,弄不好可能把那男人的眼球抓出来了。

面对性侵犯,这样的反抗和有效的回击,是靠几节反性骚扰课可以教出来的吗？反性骚扰课可能会告诉她怎么搏斗，但不可能建构起这个孩子内心的力量，所以孩子遇到这个情景时可能已经没有力量搏斗了。真正能对性侵者进行搏斗，是一个非常有力量的表现。我说的这个力量不是身体的力量，而是精神的力量。这个力量来自哪里？一定不是来自于"女孩子很弱，你要温柔，要小鸟依人，要婀娜多姿，要弱不禁风"这样的教育，一定是来自"女孩和男孩一样，男孩能做到的女孩也都能做到，女孩子不比男孩子弱"这样的性别教育。

兼性最理想

反对二元划分的性别教育，是要提倡怎样的性别教育呢？是倒过来，女孩要阳刚、男孩要温柔吗？不是，我们主张兼性气质。这里说的兼性，也经常被称作双性气质或中性气质，但我习惯使用兼性气质这个词。我认为兼性更准确，它是全面的包容性，兼具了传统的男性气质和女性气质。可以想想，一个男人既坚定又温柔，既阳刚又有耐心；一个女人既细腻又有勇气，既善解人意、体贴他人，又有理想、有毅力，有追求而且坚强，这有什么不好吗？

兼性气质就是兼具了男性和女性的优点，你的人格岂不是更强大？你这个人岂不是更有力量？兼性气质是一种理想的性别气质。

兼性化气质理论有这样几个论述：第一，男人和女人原本都具有传统意义上男性和女性的气质，每个个体一开始都可能是兼性的；第二，整个社会化的过程就是让男人阳刚、女人阴柔的过程，这个过程让我们变得单一了，将我们做了二元划分；第三，兼性气质的人，人格更强大，是理想的性别气质类型。

有一个双性气质量表，即贝姆性别气质量表，我有时候上课会让学生们做，做完问问有几个学生属于兼性气质。通常 100 个人里会有一两个，也就是说只有一两个人逃脱出了传统性别建构的压迫。我通常会夸这一两个人，说"应该给你们发一个证书，证明你们是兼性气质的人，这样你们以后谈恋爱、找工作，都可以说自己是兼性气质的"。

为什么说兼性气质好呢？你可以想一下，在亲密关系中，一个男人既知道照顾伴侣又懂得承担家庭责任，既会照顾孩子又努力工作，多好啊！一个女人既温柔细腻、呵护孩子、关爱伴侣，同时又不把自己当作一个依附于他人的人；她不是弱不禁风的，而是内心坚定的，在婚姻当中是一个平等的呈现，这难道不好吗？这样的亲密关系多和谐！

在职场当中也是一样的。员工无论男女，都既坚强又有同理心，既有上进心又细腻体贴，你觉得这样有什么不好吗？这样的职场关系与人际关系都会很好的。

兼性气质的人是最佳的人格模式。你的孩子如果属于兼性气质，完全不用担心，他们也许会有焕发不尽的更好的创造力。所以，我倒觉得父母该做的是从小鼓励孩子具有兼性气质，培养他们的兼性气质，而不是打压他们的兼性气质。

从小培养兼性气质

在一个孩子从小到大的成长过程中，我们可以看看做什么能培养他的兼性气质。比如说玩具，我们习惯于让男孩玩枪、玩汽车，让女孩子玩娃娃、学缝纫，这是性别气质二元划分的教育。好的兼性教育是：让男孩、女孩一起玩枪、玩汽车，一起学缝纫、玩娃娃，男生、女生一起做这些事情，就可以培养他们的兼性气质。

荷兰的幼儿园就是这样做的：他们组织男生、女生一起学缝纫，一起抱娃娃，又组织他们一起做同样的体育运动。原本这些游戏是建构着我们二元性别气质的，但是当我们让男女生一起玩所有的游戏的时候，其实就是要培养他们的兼性气质。因为汽车、手枪是培养竞争意识的，娃娃是培养合作精神的，缝纫可以培养细腻的态度。通常在二元划分的气质教养下，家长、教师会很反对男生玩娃娃，也会反对女生玩汽车、玩枪。但是我们现在让他们都玩，替他们打开不同的门、打开所有的窗，在这个过程中，他们可以尝试生命的所有可能性。这是一件非常有意义的事情。

我在欧洲旅游的时候，常看到大街上都是男人带孩子的情况，女人干吗去了呢？女人可能去当国会议员了。这种男人带孩子的画面非常温情。不像我们，到学校门口接孩子的都是女的，有几个男的也是爷爷、姥爷之类的祖辈。父亲角色不仅缺失，还被要求做严父，而母亲要做慈母。其实我们都应该做慈父慈母。

中国台湾曾有一个男孩子，他上中学的时候特别喜欢设计女装，每天画漂亮的裙子。父母很着急，说："你怎么像个女孩子一样喜欢这个？"老师、同学也觉得他怪怪的。但是在奥巴马第一次上台出席典礼的时候，有一个男人在美国电视机前看直播，兴奋异常，打电话给自己的爸爸妈妈："奥巴马夫人穿的服装是我设计的！"大家一定能想到，这个男人就是之前那个男孩子。

所以性别气质可以是多元的，我们要鼓励兼性。当孩子不符合传统的性别气质建构的行为表现的时候，家长要做的不是打压而是支持。

这里我向各位推荐一部英国电影，叫作《舞动人生》，男主角叫比利，他出生在一个矿工家庭中。矿工都具有非常张扬阳刚的男性气质，他们全家都喜欢打拳击，家里有一副拳击手套，爷爷用过，爸爸用过，哥哥也用过，现在又给比利用,让他去学拳击。但是比利偏偏不喜欢学拳击,而喜欢跳芭蕾。他把用来学拳击的钱偷偷交了芭蕾班的学费,跟在一群女孩子后边穿着小天鹅的服装跳芭蕾。他爸爸知道后很生气,阻止他、咒骂他"娘娘腔"。而比利坚持自己的理想和喜好,慢慢地他的父亲也由反对、排斥、阻止变为支持、赞许、接纳。得到父亲支持的比利最后成了著名的芭蕾舞演员,父亲和哥哥多年之后去伦敦看芭蕾舞表演,比利正是主角。影片很令人感动,它淋漓尽致地表现了一个阳刚之气"爆棚"的家庭在孩子成长问题上的转变,对一个阴柔的男孩子给予接纳和支持。这样的父母才是懂爱的父母。①

这个电影可以给很多家长一些启发,尊重孩子的性别实践,不去干涉他,不论他的性别气质是怎样的,都尊重他。如果有人贬损他,父母更要坚定地支持他。

孩子两三岁的时候常去医院打针,通常小男生的家长都会说:"你是小男子汉,打针不能哭。"如果女孩哭,爸爸妈妈就不这么说了,通常是抱着女儿很心疼地安慰起来。这便是不同的性别气质教育。那我是怎么对儿子说的呢?我没有说"你是男人,你要勇敢",而是告诉他:"你很勇敢,所以你要坚持,不要怕!我们能挺过去!"这就是去掉性别二元划分的教育。

在日常生活中,还有很多细微小事。比如我们很多人可能都觉得女孩子细心,会说:你是女孩,该干这个该干那个。这无意之中强化了"你是女孩,你要细心"这样的概念。我们还认为男孩要有力量,动不动就说"你是男子汉该如何如何"。男孩子也是人呀,不要把他当作一个金刚不坏的机器,他又不是变形金刚,你总跟他强调男子汉干什么?

校园教育中也有很多这样的事例,比如曾有一个老师自以为是介绍自己

---

① 对这部影片的详细解读,参见方刚《电影性教育读本》,中国人民大学出版社2014年版。

做的性别教育,说整理图书馆时,让男生搬书,女生码书,以便发挥男生力气大、女生细心的特点。这就是坏的性别刻板印象的教育。我主张男生、女生一起搬书、一起码书,男生也可以细心,女生也可以有力量。

有一个小学老师听我讲了这些之后,就做了改革。她原来在学校安排午餐的时候,会让男生把饭桶、汤盆从一楼搬到二楼,让女生负责给大家盛饭。现在,改派一个男生和一个女生一起搬,盛饭、盛菜也改为男生、女生一起盛。这就是我们说的兼性教育和性别气质多元发展的教育,这样的教育下长大的孩子一定更有力量。

其实,家庭生活中,也有许多这样的时刻,可以对孩子进行兼性教育。父母只要先接受了兼性教育的理念,就可以在日常生活中灵活地应用了。

答　问

问：听人说，3—6岁是对男孩进行性别教育的最佳时期。在男孩3岁的时候，应该让他从事一些"体力活"，如搬纸箱、保护更小的孩子、帮妈妈拿东西等。告诉他，男孩应该照顾女孩、保护家人等。说这样可以把小男孩慢慢培养成有担当的男子汉。这说法靠谱吗？

回复：性别教育是伴随人的一生的，不能说3—6岁最重要。

在先进的性别教育中，首先要反对的就是社会性别刻板印象的教育。曾经有学校专门办男生班、淑女班，这就是把整个人类世界一刀切成两部分：男和女。男性必须往勇敢、阳刚、坚强上培养，女性必须往温柔、细腻、体贴上培养。听上去很美，实际上会伤害那些不符合"标准"的孩子，而且美好的品格应该男性及女性都有，何必区分呢？所以，你提到的这种说法是有问题的，还是从性别刻板印象出发的。让孩子学会照顾他人、照顾弱者、保护家人、有担当，这都很好，但不能说这是男孩子的专利，女孩子也应该这样做。

培养孩子时，应该注意让男孩、女孩有相同的尝试。比如都应该搬纸箱、保护更小的孩子、帮妈妈拿东西，干点体力活儿，学会对自己负责，自己的事情自己做；都应该做做手工、学学缝纫，培养心细；都应该带带娃娃，学学关心别人……这样培养出来的孩子会更有灵活性、更宽容，更适应社会发展。

问：孩子有一个重要的心理发展任务就是完成性别认同，您的观点好像是要打破了性别刻板印象，淡化男女差异。这是否会对性别认同带来困难？

回复：性别认同与性别刻板印象之间没有必然的关系，这是两回事。

性别认同是对自己的生理性别的认同。社会性别刻板印象是否认个体差异，认为男性一定要这样，女性一定要那样，这对男女都构成伤害。

另外，性别不认同也未必就是坏事，这是一个开始尊重性别多元实践的时代，传统的、过时的知识应该更新了。

问：您说男女社会性别差异要消解，那岂不是只余下生理差异了？

回复：如果只余下生理差异，有什么不可以呢？虽然事实上，我们可能永远看不到这一天。

问：九岁的小侄子喜欢我衣服上的毛领子，我就给了他一个类似的布娃娃玩，但是感觉他的爸爸妈妈不是很开心，说男孩子怎么还玩布娃娃呀？

回复：我觉得你做得是对的，男孩子也可以玩布娃娃。很多父母都觉得男生不应该玩布娃娃，这种理念是错误的。父母可能担心男生玩布娃娃会太阴柔了，其实你可以跟他们分享这样的观点：男孩子玩布娃娃可以培养他细腻的情感，他未来会成为懂得带孩子又细心的人。

问：我会对孩子说，想哭就哭不要憋着，憋着对身体不好。但我公司里有一个男同事，因工作的问题哭过，结果大家就说他怎样怎样。我也担心孩子将来会被这样对待。

回复：这是很多家长的担心。许多时候我们让孩子做一件事情，明知道这种选择是对的，但是它可能和社会主流的态度不一样，会担心孩子面对社会主流压力的时候受到创击。

我想说的是：第一，担心错误的主流压力打击、影响、干涉你的孩子，不应该成为让孩子做正确选择的阻碍。相反，你更应该让他做正确的选择，不能因为可能受打击就让他选择错的。第二，你要努力地使孩子变得更有力量，在教育的过程中告诉他，如何面对别人的闲言碎语，怎么应对别人带给他的压力和打击，比如别人嘲笑他时应该怎么办。这是家长应该给孩子力量、让孩子成长的地方，而不是因为担心有这些，就不去做正确的事，那样得不偿失。第三，我们要一起努力，致力于改变这样的文化。比如像您说到的，遇到单位的男同事被别人说闲话，您可以跟周围的同事分享："男人也可以哭呀！男人哭吧哭吧不是罪呀！哭泣是疗伤的最好的方式。我们不应该嘲笑他。"这样就会影响到别人的观念，慢慢社会的观念就会改变，您的孩子将来就不用经历您的同事经历过的别人的闲言碎语了。

问：我的孩子是男孩，读初二，与离异后的母亲同住。母亲觉得儿子缺少阳刚之气，缺少男子汉的性格，请问应该如何培养？如何引导？

回复：首先，责怪一个刚读初二的男孩子缺少"男子汉气概"，我觉得这背后体现的是一种"男性气概焦虑"。这是一个习惯于男性气概焦虑的时代，总担心男人不像男人了，觉得男孩子需要被"拯救"了，害怕他们"变成"同性恋了。但是，可能他们和二十年前、三十年前的同龄人没有什么差别，他们只是在成长期，"男子汉气概"还需要时间来"成熟"。随着他们年龄的增长，一切都会自然地如人所愿。

其次，"男子汉气概"就一定是有益于青少年的吗？对此，我已经在许多文章中阐述过我的观点，这里不再赘述了。简单一句话：性别气质兼性的人，是最理想的。

问：儿子一直喜欢毛绒动物玩具，我们都会买给他，曾经他床上堆得像个动物园。每次出城出行，他都要带一个一起旅行。三四岁时，他要求买个儿童用的推娃娃的小推车，我们也满足了。但颜色只有粉红色和玫红色，他选了一个玫红色的小推车，带他的毛绒玩具散步。七八岁的某一天，他突然想织毛活，说要给他的毛绒动物织个小毯子。我说：好呀！不过不容易学，你要有耐心。他还真是学了，粗通。

买玩具不会太分性别，而且兄妹（差两岁半）、全家会一起玩。课外班也有70%一起学：钢琴、体操、滑雪、中文课、网球……儿子酷爱足球，女儿也进过足球队。我们这样做对吗？

回复：让女孩参与到传统社会认为是男生干的事；让男孩玩他喜欢玩的东西，尽管这个东西被认为是"女生才玩的"，这都有助于培养孩子的兼性气质。兼性气质是指男生也可以具备女生的性格特征，如温柔、细腻、体贴等，女生也可以像男生一样勇敢、果断、力量大，而且具有兼性气质的人能更好地适应社会。我们的社会过于强调男生应该做什么、女生应该做什么了，其实这种二元划分是有害的。

问：我是个13岁小男孩子的妈妈。我儿子是外婆、外公带大的，晚上与外婆睡觉的时候多一些。当然，在亲戚家也愿意与其他亲朋好友睡。但是每年放暑假或者过年跟着我一起睡时，我发现他有以下行为，我很担心是不正常的！他晚上走路一定要挽着我的手走，睡觉总是喜欢与我头碰头或手挽手，给他穿衣穿裤子只要不是穿在外面，什么花色都行，或者女孩才穿的衣服他也会穿，而且是那种胆子很小的人。我让他洗饭碗、洗衣服他也没意见！以上这些表现我认为都是女孩子才该有的嘛，怎么一个男孩子也这样呢！我总是暗暗地想他会不会变成女孩！

回复：其实，像帮你干家务这些事，不正是许多家长梦寐以求的吗？既然你担心他穿花色或女性化内衣不太合适，为什么还给他穿呢？而且他拒绝穿在外面，不是已经很符合社会对男性的要求了吗？胆小的原因很多，而且女孩子也并不都胆小，男孩子也并不都胆大。

我能够理解您的担心与焦虑，但是，我觉得有些过虑了。性别实践是一个多元的、建构中的过程，您最好的态度就是让孩子顺其自然。过分的担忧焦虑及在此基础上的干预，反而可能会对孩子心理造成负面影响。即使有一天孩子真"变成女孩"了，也不是您现在的担心可以解决的，那时再面对那时的困扰吧。

问：我女儿今年七岁半。我们小区男孩子较多，她的两个好朋友都是男孩子，平时都和男孩子一起玩。孩子爸爸认为这样对她性格不好，以后会不像女孩子，像个男人婆，另外怕她性早熟，所以不让她跟男孩玩，让我帮她找点女孩子做朋友。我想问，小女孩能主要跟小男孩做朋友吗？这样有没有什么不好的影响？请给予指导，谢谢。

回复：对这种现象，说法不一，确实有学者认为这对女孩子的性别气质成长会有影响。但是，我不这样看。我认为最重要的是让孩子快乐、自由，按她自己向往的方式生活和成长。强行干预，反而可能会给他们带来负面影响。

从另一个角度看，好朋友以男孩子为主，受到传统男性气质中的"勇敢""大大咧咧"的影响，不是也挺好的吗？为什么一定要把女孩子塑造得娇嗔、胆小、害羞、内向呢？

和异性交往多，去除异性的神秘感，反而可能会让她自然地接受性别的差异，所以重要的是要对她进行一些防止性骚扰的教育，学会尊重自己和他人的身体，而不是担心因为和异性交往就"性早熟"。

问：我儿子八岁，长得清秀、白净、文弱、瘦小，与班上疯玩的男孩玩不到一块，于是与一群女孩一起玩。我有点担心，需要干预吗？怎么做？

回复：我能理解你的担心。但他未必是你担心的同性恋或跨性别，也可能只是性格比较内向，或性别气质比较温柔，这些都没有什么不好，不用有太大的担心。如果真是同性恋或跨性别，你也改变不了什么，不要强行干预。什么也不做，尊重他自己的处事方式，就是最好的。

问：您主张我们的性教育中应该鼓励性别平等，但是，一个有社会性别平等意识的女性要去面对社会传统压力、性别歧视，是否会压力太大？该如何面对？

回复：其实，可能远远没有想象得那么大的压力。中国社会在快速变化过程中，整个社会的性别意识，包括许多女性的性别意识，都在崛起。在这个过程中，个人的努力也在促进社会的改变。重要的是，社会性别平等意识可以使一个人更具有力量，而绝不会是使一个人面对社会压力时变得更加脆弱。我接触过非常多的具有社会性别平等意识的女性，她们几乎无一例外地都会认为性别意识帮助了她们成长，使她们强大，使她们耳聪目明，焕发了生命的力量。她们是如此自信，使她们足以面对任何外来压力。

问：如何给十岁的女孩子解释什么是贞操？

回复：我们反对向女孩子灌输传统的处女膜崇拜的贞操观，因为这是性别不平等的教育，是歧视、伤害女孩子的教育。这种建立在男女性别不平等基础上的性教育，是剥夺女性身体自主权、强化女性对性的负面认识、强化女性在性上是"弱者"地位的教育。

但是，我觉得可以讲另一种"贞操"：每个人的身体是自己的，是不允许别人侵犯的，要保护好自己的身体，爱自己的身体，做自己身体的小主人。这是防止性骚扰的教育，我觉得是需要的。

问：若根除"腐朽的贞操观"，会不会导致青少年"无羞耻感"？觉得性无所谓，甚至觉得和很多人做爱也无所谓？现在有些人就晒自己做爱的次数。

回复："腐朽的贞操观"，通常指的是认为女性应该"守贞"，第一次应该给自己的老公等。因为它剥夺了女性的身体自主权，认为女人是男人的附属，女人的性不属于自己，所以我们要反对。性原本就不应该是感到"羞耻"的一件事。认为性是"羞耻"的，或认为同自己喜欢的人做爱是"羞耻"的观念，在我看来才是最羞耻的。

每个人都拥有对自己身体的使用权，也可以拥有不同的性价值观。所以，赋权型性教育不试图强迫青少年形成一种"统一"的性价值观；恰恰相反，我们鼓励他们包容不同的价值观。我们只是要对他们强调：每个人都应该做出对自己和他人负责任的选择，并且对选择的后果承担责任。

第
10
讲

孩子看了色情品怎么办?

在中国,制作、传播色情品是违法的。未成年人看色情品,更可能是有害的。但是,色情品防不胜防,家长需要自己先对色情品有正确的认识,才可能在孩子出现相关问题的时候做出正确的应对。

色情品不是真实生活的反映

我的一位女性朋友告诉我,有一次她使用孩子的电脑,发现电脑上存了一些"带颜色"的电影。她说:"孩子才十四岁,会不会做一些不好的事情啊?"我问她:"您担心的是什么呢?"她说:"他肯定会从电影中学一些脏东西,并且很有可能做坏事,这可怎么办呀?"

发现孩子看色情品以后,很多家长都会感觉到很焦虑,也深深受此困扰。有一个家长曾经急不可耐地问我:"方老师,我家男孩九岁了,看手机和电脑时不可避免地会有一些色情图片和动态图蹦出来,不知该怎么跟他解释好。我让他遇到这种图时关上,他说有时是关不上的,但也没有就此问我什么。我该怎么办?"

色情品在我们国家是被禁止的。但是,来自于各种渠道的色情品屡禁不止。可能大家都有类似的经历:有的时候在网上要查一个信息,结果会蹦出来一些色情片的链接,甚至查很严肃的信息,色情片的链接也会蹦出来,确实是防不胜防。既然是防不胜防,无处不在,那我们就不应该掩耳盗铃,要正面地探讨它而不是回避它。

我们不希望孩子看到色情品,但是,孩子难免会看到色情品,如果你在他看到之前不用一些关于色情品的正确观念引导他,他有可能被一些错误的观念或者色情品本身传播的错误观念影响,那时可能就比较麻烦了。有的孩子看了色情品之后可能会出现自责、自卑、焦虑、模仿、过分关注性、急于尝试等问题，而有的人甚至把色情品当作亲密关系教科书。

与其让孩子自己在色情品当中摸索、跌撞，还不如事先就跟他们分享什么是色情品，以及应该用什么态度来看待色情品。只有这样做，才算是一个负责任的家长。所以如果家长担心孩子看了色情品会被误导，就应该先正面引导一下。

该如何正确地引导孩子看待色情品呢？

先要做的一点是：跟孩子分享，什么是色情品。

色情品是什么？是性爱教科书吗？是亲密关系的教科书吗？是性学指导书吗？都不是！色情品是用来挑逗人们性欲的东西。我在学校、夏令营等场合给孩子们讲课的时候会说：色情品是用来挑逗、撩拨、激发成年人性欲的，你还是青少年，没有性伴侣，你被撩拨起来不是很难受吗？何必自己找罪受呢？

进一步要告诉青少年，色情品不是真实生活的反映，不能当作性爱教科书，更不能当作亲密关系的教科书。武侠片里的功夫不一定是真的，言情片里的爱情也不一定是真的，色情品中的性和亲密关系更不是真的，它就是绞尽脑汁撩拨你的情欲的，它的内容是激发人在性爱上的欲望的，而不是真实生活的客观反映。你如果当真，你就输了。

我们一定要反复、认真地告诉孩子：万一你一不留神看到了色情品，也千万不要把里面的男人和女人当作现实生活中的男人和女人。特别是孩子刚进入青春期的时候，他们可能没有别的渠道来了解真实的性，以及真实的男人和女人。这个时候色情品来了，很多人就误把它当作情爱和性爱的指南了。

孩子如果没有接触过亲密关系，他就不知道亲密关系是什么样的，所以他可能认为，色情品当中的行为态度都是可以用来直接模仿的。比如一个男生，他可能认为，色情品当中的女人就是真实的女人，可以随时随地发生性关系。你可以问孩子：你看了《蜘蛛侠》之后，会试着在楼和楼之间蹦来蹦去吗？不会。因为你事先知道了，在楼和楼之间蹦来蹦去是不可能的，会死掉的，《蜘蛛侠》只是个电影，不能学习和模仿。色情品也是一样的。

我做性教育教师培训的时候，有一位老师对我讲：一个男生在放暑假之前学习很专注，暑假回来之后，总是性骚扰女同学。一到课间就跟别的男同学说："这些女生都是装纯的，其实都希望我们去摸她们，不信你看。"然后便在楼道里对女生摸一把胸、摸一把屁股。女生都吓傻了，站在那里脸红，不知道该怎么办。男生就更得意了，和同学说："你看她们害羞了吧，不好意思了吧，高兴了吧！"

为什么会这样？这个老师跟男生了解，才知道他假期在家没事的时候翻到了爸爸妈妈没有藏好的色情片，开学回来就性骚扰女同学了。这个事情说明什么？说明这个男生原来并不了解女生，他把色情品当作教科书了。

另外，看了色情品之后，男孩子会对色情品当中男人表现出来的性能力感到困惑，或者会想："他们太强了，我不如他们……为什么我做不到？"你以为电影里射的是精液吗？那可能是奶昔，人家用的是蒙太奇技法。女生也可能在看了色情品以后感到自卑，"为什么那个女人那么热爱性，我却觉得很恶心？为什么她的胸那么大，我的胸却这么小？"这些都可能是色情品给孩子们的另一个负面影响。

所以家长也要告诉孩子们：这是电影，演员都是精挑细选出来的，在那儿表演呢！不能当真！

意外看到色情品莫焦虑

如果孩子意外看了色情品，我们该怎么办？

我建议，可以告诉孩子：色情品是挑逗成年人的，你最好别看，免得撩拨情欲受伤害。但是如果意外看到了，也没什么大不了的，很多人都看到过，很正常，不用焦虑，不用因为你看了色情品而自责、自卑。

不谴责孩子，而是告诉孩子这不算什么，这样做的意义是：不要让孩子因为看了色情品而太自责，不要对自己太污名。有时候看色情品就跟自慰一样，你认为它有害才是最大的害处。如果你整天担心自慰对你有伤害，伤害就来了。孩子觉得看了色情品对自己有伤害，想"我不该看，我不是好男人了／不是好女人了"等，处于这样的思想困扰中，更可能自责、自卑，自我否定，带来其他心理问题；有的孩子越不想看越忍不住要看，开始执着于这件事了，这也不好。如果孩子想：看就看了吧，看过就放下了，无所谓。那孩子们就不会因为看了色情品而感到压抑、纠结，就不会出现心理问题了。可能就真的放下了，也不会有后续的负面影响了。

在现实生活中，孩子们总是会看到色情品的，如果你不让他有一个坦然自然的接纳态度，一定要跟他强调"特别坏""特别可怕""千万别看"，那他看到以后，受的这种压力对他的心理健康反而不好。家长应该让孩子以平常心看待色情品，就是这样一个不把它当回事儿的态度才最好。

比如，家长能够完全禁止孩子玩电子游戏吗？不可能，这不人道，也不正常。我们培养学习的机器还是培养人？培养人就应该玩游戏，玩游戏有很多好处，玩了就玩了。累了就玩会儿，然后就去学习了，什么都不耽误。不要把孩子想得太脆弱，以为一旦看了色情品就一定不学习了，一定去找人做爱了。

什么样的人会对色情品上瘾？我觉得是那些拿得起来放不下的人。如果拿得起来放得下，他们的态度就是："我看色情品了，看了就看了，不当回事儿。"越是觉得我不该看又忍不住看，这样的人才容易上瘾。所以呢，坦然面对就没有问题。

注重人格培养最重要

色情品包括很多种，一般我们说的那种色情小片儿，几个人上来直接啪啪啪的，属于硬色情；还有色情小说、色情图片；软色情是有情节的；另外还有情色品。好多人问我："孩子看日本的动漫绘画，里面有好多性交的内容，这是不是色情品啊？"其实准确地说，这是情色品，也撩拨情欲。

有些家长说："看情色品也不行呀。"这让我想起了上初中二年级的时候，我看一本正规出版社出版的香港作家的小说，我的老师把它夺走撕烂了，还理直气壮地跟我妈妈说："这种书上都是些乌七八糟的东西。"

当时我也不敢说什么，但总觉得哪儿有点不对。现在回过头来想想，那些阻止孩子看色情品、认为孩子一定会变坏的家长，和撕掉我书的那个老师有什么差别呢？没什么差别。那本书可能有点爱情描写，接吻、拥抱之类，甚至没有性描写，他就担心我变坏。

今天我们看到情色动漫、情色小说也担心孩子会变坏，看到色情片更担心孩子会变坏。我们的孩子是这么保鲜期短的产品？说坏就坏？

如果一个孩子本身不爱学习，没有上进心，没有人生规划，又没有好的性教育、人格成长的教育、责任心的教育，他看了色情片，或者是几个男生一块儿看的，然后去性骚扰、性侵犯的可能性才会比较大。但如果这个孩子懂得对自己和他人负责，就不需要担心太多。所以最关键的是，家长要致力于培养孩子人格的成长，而不是简简单单地说他能不能看色情品。所以家长与其反对他看色情品，不如把这个精力拿出来去培养孩子的人生观、价值观，这才是用对了地方。

所以，色情品没么可怕，我们担心的是看了色情品的青少年在看后做了一些不该做的事情，包括性骚扰、强奸这些歪门邪道的事。但如果看了色情品之后，有好的性教育，也不会出现这些问题。

看完色情品做坏事，怎么办？

一个学生如果看了色情品，真的去做坏事了怎么办？像我们说到的那个男生，看完色情品去性骚扰女同学，他的老师不知道该怎么办，向我咨询。我给他的建议是：表扬他。什么意思？表扬他看色情品？表扬他性骚扰女同学？都不是。

正如这位老师说的，放暑假之前，这个男孩子是很好的，很专注学习，暑假看了色情品就变了。我建议这位老师表扬他："你是一个多么好的学生，老师多么喜欢你，你那么爱学习……"把他所有的优点都列出来表扬他，然后说："你性骚扰同学这件事情不太对，色情品看就看了，但那不是真实的男人和女人，你不应该模仿。"这么一处理，孩子的自尊心、进取心都被激发出来了，他就不会陷在色情品中了，他更有力量前行了。

有的家长说："我孩子如果看了色情品让我知道了，我回去就痛打，打折他的腿！"打折腿有用吗？打折腿完全不会减少他的性欲望，看过的电影也不会从眼睛里拔出来。所以如果你想让孩子选择正确的人际交往方式，你就要激励他的自尊心和进取心。

我们不要打击孩子，不要谴责他们、咒骂他们、体罚他们，而是要抓住他的正能量赞美他，让他更爱自己。

答　问

问：我无意中发现儿子在小学高年级的时候就接触了色情品，当时不知道该说什么。然后到了中学，色情影片也看了，我好奇看了一眼，还被孩子看见了，当时自己也很尴尬，但强装镇静，说你还小就看这个太早了，之后我就删了。再后来他电脑里还有新的片子出现，他爸爸曾经骂过他，但我只是旁敲侧击地点点他，无非是告诉他等长大了再看。现在他二十了，发现反而不怎么看了，请问我这样的教育方式对吗？

回复：孩子的房间你可以进，但他的东西你不能翻，所以他看色情品这个隐私让你发现了，你最好装不知道。你要尊重他的隐私，发现了也不能直说。即使进行如何看待色情品的教育，也不能说出来你窥探他的隐私了。

问：方老师，我对"色情"和"情色"的理解是，作为两个差异不大的定义，前者比后者更为狭隘些，后者的范畴更为广泛。这种理解对吗？

回复：以电影为例，色情就是以性为主，几乎没有情节。绝大多数的色情片，都是没有情节的，不知道谁跟谁为什么做爱，这叫硬色情。软色情有点情节，至少知道人物关系。这些影片都是赤裸裸的性交，有阴部的特写，这叫色情品。

而情色品不是，情色品很少有性交、阴部的特写。情色片更多的是艺术片，它可能是很好的艺术影片，有极少量性爱的镜头，但不会有性器官的大特写，也就是说情色品当中的色的描写是为情节服务的。而色情品即使有情节，也是为性服务的，两类还是不太一样的。

问：最近发现七岁的外甥在百度贴吧看小黄文。文章写得露骨又变态，不知道怎么处理这件事情比较好。如何和他解释不能看这种文字？现在他已经会很多文字和拼音了，自己就能搜索。断网不现实，网络环境又不乐观，我知道现在很多动漫都是很黄很暴力的。

回复：首先要清楚，七岁的孩子看色情品，并不一定真的懂了，不一定真的当色情品在看，可能只是偶然翻到，不用太紧张，也不必纠结这件事情本身。但也不能完全排除他没有懂。无论如何，都应该进行性教育了。

可以和孩子聊，网上有一些内容是大人编来娱乐的，为了吸引更多的阅读量才去写来卖的，不是提供给孩子看的。而且这些文章里边有很多不正确的信息，很容易误导别人。大人的阅历更多一点，所以能够辨别是不是正确的；小孩子缺乏阅历，不能辨别。而且上边写的东西是没有性别平等和维护人权意识的，对于小孩子来说不是好的阅读材料。如果看到一些很奇怪的内容，应该关掉。

同时要培养孩子读文学名著的兴趣，和孩子一起读好书，培养好的阅读兴趣和习惯。

问：我的孩子今年上高二，以前他学习不错，在学校表现也不错，什么都不用我们家长操心。这两年家里为他买了电脑。有一次，我突然发现在他的电脑里存有色情游戏，还有一些色情电影文件。我不知这些是他从同学那里得到的，还是自己上网找到的，但这些的确对他的学习造成了一定影响。我们家长真不知该怎么处理这种事，打他骂他肯定不会解决问题；找他学校的老师，又怕给孩子造成不好的影响；不让他用电脑，我想那也只能是因噎废食，可能还会带来更不好的效果。此外，现在的电视节目、电影有好多并不适合孩子的内容，可孩子们都在看，他们对性的接触和了解毕竟比我们这一代要早得多。我们应该如何正确处理这样的情况呢？

回复：青春期的学生会对性产生好奇与渴望，是再正常不过的事情，任何"堵"的办法不仅毫无意义，而且可能导致与父母期望相反的结果。要给孩子满足自己好奇心的权利，也要相信他们不是那么容易"堕落"的，与之相伴的，是性的责任感教育。比如告诉孩子，性虽然是件很美妙的事情，但一个有责任感的人，应该在成年之后再开始尝试。不同年龄要做不同的事情。现在这个年龄在性方面可以做的，只是幻想与期待，因为要把全部的精力用到学习上。专注于学习，同样是责任感的一部分。

我认为，对于这个年龄的孩子，可以借助生活中一些偶然具体的事件来进行性教育。比如在一起看新闻报道、电视剧等，父母有意识地由此事件谈论一些价值观的话题，从而在谈论、评论中影响孩子。如果孩子能够参与到交流中，发表自己的看法，并和家长进行讨论，那就是再好不过的性教育了。

问：初二女儿购买了很多言情小说并沉浸其中，每天花大量的时间阅读，不思学业。家长趁其不备，翻阅了这些小说，发现其中有很多露骨的色情描写，家长非常担心，不知道该如何引导女儿？

回复：也许是家长过于紧张了，与其试图禁止，不如通过性教育教他们学会如何处理性的萌动。另一个途径，就是老师给学生布置作业，让学生读一些名著，让这个学生从这些言情小说中把注意力转移到这些名著上。又或者，让这个学生在课上或跟家长分享这个言情小说，讨论这些言情小说中的情节。学生在说的过程中，可以加以引导，认识爱情、性、亲密关系等问题。

问：我儿子15岁了，今年中考没有考好，与他以前的成绩比，有很大的退步。初三上学期以前，他在全年级排三十名左右，到中考时竟排到了一百三十多名，让所有人大跌眼镜。老师说他分心了，他自己说没有。我们也不是很清楚他的想法，只是看他在中考前很迷一个动漫《灼眼的夏娜》，还向他的同学包括女同学推荐。后来，他私自买MP4下载看，被我们搜出来，没收了。再就是他很迷动漫，总是拿钱追着买，不管学习多么紧张。中考后，我们在他拿回来的资料中找到了他自己模仿着写的一个动漫故事，写的是他作为动漫主人公与一个心仪的女生的故事，好像准备写很长。但有一些情景就是写他与那个女生拥抱、接吻，他为她写诗，愿意为她献出一切，甚至生命等。现在他就特别关注青年偶像剧。我们做父母的就很着急，怕他沉迷其中，荒废了学习，不知要怎么来引导他，让他把主要精力放在学习上。

回复：从现状来看，已经出现了一定程度的"沉迷"，也在一定程度上影响了学习。这是许多学生在这个阶段都会经历的。我建议给孩子推荐一些经典文学名著，看一些励志电影，培养他的上进心，把精力转到追求学业上面来。

父亲可以和孩子进行交流，给他讲"书中自有黄金屋，书中自有颜如玉"的道理。

总之，目标是培养他的上进心、积极进取心，然后希冀在这种追求中，自觉地放弃对网络游戏、偶像剧的关注。父母硬性干涉和禁止是没有用的，当然，父母自己首先不能看那些剧，否则一定会影响到孩子。

问：儿子在枕头底下藏了一本色情杂志，被我发现了，要不要找他谈？我该怎么谈？

回复：人家藏起来，就是不想让你知道，你还"侦察"出来了，要谈也要委婉一些。建议你不要提那本色情杂志，要充分尊重孩子。你可以和孩子谈的是人生观、理想、亲密关系、责任、尊严、自尊、对自己和他人负责。这些价值观有了，你担心的影响学习、在性上犯错之类的事，就不会出现。

问：男女对色情品的态度有差别吗？

回复：这是很好的一个问题。我个人认为，男女对色情品的态度原本是应该没有差别的，差别是被文化建构出来的。很多女性第一次看色情品会觉得恶心，为什么？因为文化建构了女人不应该关注性，性是肮脏的，所以她看了才觉得恶心。如果没有被不同的性道德标准建构的女人也一样喜欢看。更重要的一点是，很多色情品是拍出来给男人看的，这也是一个文化的产物。如果是拍给女人看的色情品，那女人更会喜欢看了。即使是女性，看了色情品也不要太担心。

问：儿子12岁时，有一次全家出去旅游，儿子看到房间挂的裸体画，立刻大呼小叫，说太不好意思了，要求服务员拿走。当时我们也不懂性教育，现在想起来觉得应该教给他些知识。现在儿子初二了，我们应如何做？

回复：在当时，可以通过这件事告诉他人体是美的，这幅画是艺术品，裸体画不是色情品，要正确看待。所以，进行正确的性教育，要从出生开始。现在初二了，对于这件过去很久的事，就不必再做什么了，性教育的机会很多，从日常生活中观察发现吧。

第11讲

青春期那些事儿

每个人都会经历青春期,这个时期的孩子自尊心强,会有孤独感和压抑感,常常表现得很叛逆,因此也被称为"叛逆期"。说起孩子的青春期,也许是父母最头疼的,但对于孩子来说,这一时期也是自己艰难的摸索期。那么,如何更好地与青春期的孩子相处呢?如何对青春期的孩子进行性教育呢?

关于青春期的事情有很多,这一讲的主要内容包括青春期生理的变化及由此而引发的心理变化,比如:月经、遗精、性梦、性幻想、乳房的发育、阴茎的发育、包皮割不割,以及悦纳自己的身体等内容。青春期其他的一些问题,比如说恋爱、性的关系,会在下一讲和各位分享。

月　经

谈到青春期的时候，我们都会想到月经、遗精这些事。周恩来曾经说过一句话："要在女孩子来月经之前、男孩子遗精之前，把月经和遗精的知识告诉他们。"

那么，什么时候来月经，又什么时候会遗精呢？现在的说法是有些女孩十岁就已经有月经了，所以，她们青春期的性教育更要提前。那么，我们该怎么做关于月经的教育呢？

我前面讲过这样一个故事：一对父母对女儿进行保护型的"性教育"，不让她了解性，怕性方面的信息伤害到她。女儿看到妈妈来月经，问道："妈妈为什么你流那么多血？"妈妈说："都是被你累的。"妈妈回避了真相，以欺骗的方式来谈论简单的生理知识，误导了孩子，这是非常坏的性教育。

那么，究竟好的性教育应该怎么做呢？

一个女孩子来月经，在我看来是非常重要的事件，其重要性体现在：在这之前，她可能认为自己和男生一样；但来了月经之后，她可能意识到自己和男生有些不一样。比如说，如果每个月都很疼，她就会觉得做女人很麻烦，做男孩子就没有这样的麻烦。关于身为女性的负面的自我评价，可能就因为来月经后的痛经而产生了。当一个女孩子觉得身为女性麻烦，身为女人不如男人之后，她对自己的期待、评价以及定义可能都会随之发生变化。所以我们说,"月经"是女性生命史当中非常重要的事件。

好的性教育、积极的性教育,一定会利用这个事件促成女性的积极向上,如自信心、进取心等正能量,而不是因为痛经、月经,赋予自身负能量。所以我们不应该说那些什么"大姨妈又来了""太麻烦了"等负面的用语,而应该赋予月经一些正能量的东西。正面的性教育下,应该祝贺这个女孩子:"哇!你来月经啦!这是你成熟的标志,你成为一个大孩子了,我们一起吃个饭庆祝一下吧!"

但女孩子月经期间很有可能经历痛经,我们只跟她说一堆正面的、积极的东西,并不能解决她的痛经问题。因此,月经的教育,可能需要更多的内涵。

比如说,可以反思一下痛经是怎么来的,因为月经对女性的影响与痛经是紧密结合在一起的。20世纪70年代的时候,美国有一篇关于痛经的女权主义心理学的论文发表,研究的是经期综合征。在这篇论文当中,作者指出:经期综合征的表现,绝大多数是心理文化原因建构出来的,而不是真正的生理原因造成的。从这个角度来分析,文化强化了痛经对女性的负面影响。

那么,今天我们来看一下,月经对于女性的负面影响到底有多大呢?

在很多文化下,月经期的女性与非月经期一样,都需要工作,完全不需要休息。但在我们的文化下,会强调经期需要休息,痛经很严重,不能做体育运动等。实际上,我们有可能是在文化中把月经的情况过分地夸大了,月经是被负面评论的,从来没有被正面地讨论过,接纳就更是比较少见的。以现在的眼光看,月经期不需要太多的休息,痛经也更多的是心理原因,除了一些器质性的原因之外,你蔑视它,它就不会那么疼了;你越重视它,越害怕,它就越会疼。

更重要的是,我们需要反思:月经污名、经血污名,这个文化现象是怎么来的?长期以来,我们都觉得经期不能性交,背后是什么呢?背后根本不是生物学解释的那些原因，而是对经血的污名，是男人的父权文化建构出来的。长期以来人们认为经血是脏的，实际上经血是最干净的。我们要用这样的眼光来培养女性对月经的认识：月经是健康的标志、是身体好的标志、是成年的标志，经血是干净的，不是肮脏的。

有关部门曾禁止晚餐时间在电视上播卫生巾的广告，这就是进一步强化了经血、月经的污名。为什么不让播？因为月经不好、恶心，所以禁止播出。怎么会恶心呢？那是最干净的，而且又不让你喝了它。这种制度进一步加重了对经血的污名。我们不能再对孩子从小做这样的性教育了，不能再说"大姨妈来了""二姨妈来了"之类的。我们对孩子要进行非常积极、正面的教育，包括痛经也要告诉她："这并没有什么，检查一下，如果确定没有器质性的问题，那么，我们痛并快乐着。"包括经期用品的广告里，我们也可以看到对经期的态度。比如，七度空间少女系列的卫生巾广告，就完全是正面的，两个女孩子拿卫生巾叠了几朵玫瑰花，然后把它插在花瓶里。把与月经有关的东西拿起来做成花，作为艺术来表现，这是非常正面的。

实际上，在女性主义艺术的发展过程中，从20世纪60年代到现在，鲜花经常被用来表现女性的阴部。这就属于非常正面的教育。我们要明确地帮助孩子围绕月经、经血、女性的身体，包括阴道，形成非常正面的认识，这样非常有助于她对自己的身体形成积极的态度。更重要的是她不会因为麻烦而贬损自己作为女性的价值，反而可能会进一步提高女性的价值感。只在女孩子来月经之前告诉她注意保健是不够的。

即使你的孩子是男孩，也同样应该给他讲月经。男生了解女生的生理，女生了解男生的生理，有什么不好呢？

有的女性初潮或者刚开始来月经时是在学校里，自己不知道，经血就会渗透裤子，好多男生发现了会取笑、起哄。这种情况在学校是挺常见的。我们应该告诉男孩子："你不要起哄，不要取笑女生。"也告诉女孩子："如果有人取笑你，你也不应该感觉到羞怯、自卑，你应该很坦然，你没错，都是他们的错。"这些都是我们围绕着月经要做的教育：去除经期、月经的污名，强化女性的正面的价值，以及平等、尊重的态度。

月经可以变成一种性别平等、女性价值感提升的教育。这样我们就从简单的性（sex）的教育提高了一个层次了。我认为性教育只有提高到这样一个层次，才是好的性教育。

遗 精

过去有一种说法：一滴精，十滴血。我们当然要告诉孩子：这是胡扯。

精液的蛋白质含量很低，跟鼻涕的营养价值差不多。家长要在男生遗精之前告诉他，如果不告诉他，有的男生接受了错误的性知识，就可能会很害怕、很紧张，早告诉他就会好一些。而且家长还要告诉孩子："遗精这件事情，有的人来得早，有的人来得晚，有的人一生都不遗精，这都是正常的。"是的，有的人一生都不遗精，我们不要错误地认为所有的男生都会遗精。如果他的精液排出了，怎么还会遗精呢？

家长还要告诉孩子："在遗精的时候，通常还会伴随着性梦，这也是非常正常的。"

另外我也经常被问到："这个该由谁来讲？"其实父亲、母亲都可以讲，为什么这个时候对性别差异这么敏感呢？生他的时候怎么不敏感呢？喂奶的时候怎么不敏感呢？性教育的时候就敏感到这个地步？我认为是过虑了。

性　梦

先讲一个故事：很多年前，我接过一个咨询，一位结婚半年的女子一直拒绝跟老公过性生活，然后老公不甘心，动员她来做性咨询。

这个女孩子后来跟老公承认说："我原来有过一夜情，我感觉无法接受自己，觉得自己脏。"

这老公一听："什么一夜情啊，你给我讲讲。"

女生说，在读大学二年级的时候，暑假跟同学一起爬泰山，路上遇到一个美国男孩也爬泰山，大家聊得很开心。当天晚上，学生们就住在附近的宾馆里。泰山上的宾馆是那种大通铺，几十人睡在一个房间里，你挨着我，我挨着你。结果那天晚上睡着之后，美国的这个男生就过来跟她发生了性关系，转天早晨又各自离开了。这个女生后来很自责，这事成了她内心的一个阴影，所以影响了她婚后的性生活。

女孩子来咨询时，我就觉得这件事很奇怪。我也住过泰山顶上那种大通铺的旅馆，人挤人，那个外国男孩子怎么可能夜里过来跟她发生性关系呢？

我问那个女孩子："你衣服怎么脱的？"

她说："没有，一直是穿得很整齐的。"

这更令人匪夷所思了。

后来深入咨询才发现，原来这只是这个女孩子的一个性梦，她并不是真的有一夜情。只不过她对那个美国男生有了性幻想，喜欢他，然后又在梦中实现了愿望，醒了之后便把现实和梦境混淆了。这个混淆又影响到了她后来的性生活。

性梦带给我们最大的挑战，是我们没有接纳它。我们会想自己怎么会做这样的梦？我们太不好了、太不道德了、太坏了。比如说，青春期的很多男孩子和女孩子，都梦到过和家人发生性关系，这一点不奇怪，在孩子青春期的时候能组成他们梦的元素很少，所以最熟悉的人会进入他们的梦。但是，这完全不等于说他潜意识里想和那个人发生性关系。

家长应该把性梦的真相告诉孩子。如果不告诉他，有一天他做了一个无法接纳的梦之后，可能给他的心理带来负面影响。

我讲性教育的时候，会直接和孩子讨论梦。我会呈现一些他们的同龄人的梦。青春期女孩子常见的梦：恋爱、白马王子、玫瑰花等；青春期男孩子的梦：强奸、裸体、性交等。刚看到这些梦的时候，孩子都惊叫着："好可怕呀！好可怕呀！"但后来经过讨论，其实很多人都做过类似的梦。我会告诉孩子，这些梦其实都很正常，上过这个性教育课程的孩子们，都能坦然地看待自己的梦。

性幻想

性幻想是性的白日梦，我们要跟孩子说："你要接纳它，像悦纳自慰一样悦纳它。"有人把自慰分为两种，一种是所谓的"手淫"，生理上的自慰；另一种就是性幻想，心理上的自慰。

幻想什么，有时候也不由你自己做主，你接纳它，它就不会影响你的生活；不接纳它，才会影响你的生活。很多人沉溺于性幻想中，不能自拔，是因为不接纳它。所谓的幻想成瘾、幻想沉溺，是因为你抗拒它。

当一个孩子抗拒性幻想的时候，就会把性幻想看得很重要，因为看得很重要，所以就难以自拔。如果你觉得幻想本身无所谓，只是想一下，想完就完了，这就没有任何问题。所以我们要跟孩子说：性幻想没有关系，怎么幻想都可以，它不是道德问题，没有过错。但是不要强行把幻想变成现实。把幻想变成现实，要实现你的白日梦可就有问题了，因为可能会出现伤害别人的情况。比如你幻想强奸，但肯定不能真的强奸。

乳 房

青春期的女孩子乳房已经开始发育了。家长要提前告诉她："你的乳房会发育！发育的时候无论大小，你都应该'挺胸做人'哦！"有的女孩子发育快，佝偻胸；有的发育得小，自卑。我们说的"挺胸做人"有双重含义。我们可以告诉她："有的人发育早，有的人发育晚，乳房有的大，有的小，只要健康就是最好的。最好的不是大的或小的，而是最健康的。太大的乳房，以后下坠的可能性更大，小的反而不存在下坠的问题，各有其美。"

赋权型性教育主张引导孩子学会欣赏自己身体的美。无论大乳房还是小乳房，未来都会遇到爱它的人。所以我个人认为，乳房发育的教育可以延伸到自信心的教育。

当然，乳房的教育进一步引申，其实可以变成让男孩子和女孩子思考性别平等、性别角色的一个机会。比如说，乳房到底是什么器官？是谁的呢？是女人的吗？乳房是孩子们的吗（孩子要喝奶）？乳房是男人的吗（因为那是她们性爱指向的对象）？乳房是政府的吗（第二次世界大战期间纳粹曾要求哺乳期的女人献出乳汁去犒赏士兵）？乳房是军队的吗（一些国家使用裸胸女人图像作为广告来征兵）？

进一步我们可以跟孩子分享说：有一个数据统计显示，美国十几年间投入睾丸癌的研究经费是几百万美元，而投入乳腺癌的研究经费只有几十美元，这巨大的差距是为什么？直到今天，对于乳腺癌的治疗基本上采取了一切了之的态度，而实际上，这真的是必要的选择吗？我认识了一个得了乳腺癌的女性，她就坚决不切，现在已经十多年了，依然很好地活着。

这些让我们思考：长期以来，乳房是如何被建构的？被谁建构的？建构成了谁的？这样的一个思考过程，可以让女性更加爱自己、更加爱他人，并且深入地思考问题。

谈到乳房，就涉及文胸。就戴文胸这件事可以跟孩子分享：要选择适宜的文胸，比如棉质的、透气的等。还应该告诉孩子：回到家就把文胸摘了。有调查显示：戴文胸的时间越长，患乳质增生、乳腺癌的概率就越大。甚至还可以跟她说，西方女权运动当中有一个运动，就是不戴文胸，她们叫"焚烧乳罩"运动。有一次在游行的时候，女人现场把乳罩都脱了，点大火焚烧。为什么要焚烧乳罩呢？她们说："乳罩让我的乳房坚挺，而我的乳房坚挺是男人喜欢的，但是戴乳罩影响了我乳房的正常发育，让我的乳房容易得乳质增生、乳腺癌。所以我不要为了男人喜欢我的乳房，就戴乳罩。"

我认识的一个女性朋友便从来不戴乳罩，下垂就下垂，自然而然。我们是不是也可以跟孩子分享这样的信息？然后，孩子会自己做出选择。我们通常不会跟孩子分享这样的信息，只是告诉孩子要戴上文胸，而戴文胸带给我们的伤害，却没有机会说。

最近有一个调查，一群女性十五年没有戴文胸，乳房并没有下垂。当然，做奔跑等运动的时候，戴文胸还是有益的。

说到乳房的时候我们要说一下，男人也有乳房。有的胖男生也会长乳房，而且也挺大但并不是病。

阴　茎

阴茎确实让男人很执迷于斯。进入青春期之后的阴茎会迅速发育，这个时候的男孩子会关心自己发育的够不够大,甚至有可能去跟别人比大小。

家长要告诉孩子:

第一,阴茎的发育是一个持续的过程,有时候到二十多岁还会发育;

第二,不勃起的时候,从根部算起只要有3厘米就算正常,几乎所有人都能达到3厘米,勃起之后至少会增长一倍;

第三,阴茎大小不重要,粗细不重要,怎么用才是最重要的。很多孩子觉得,阴茎越粗越长越大是男子气概的标志,你要告诉孩子并非如此。一个真正的好男人,应该是有性别平等观念的、懂得尊重伴侣的、参与家务的、负责任的,而不是阴茎大的。

这都是在跟孩子分享的过程中,可以让孩子注意到的。因为有的孩子在澡堂里跟别的孩子比试后,会自卑。告诉他这没有必要,经营自己的人格、自己的成长才是最重要的。

说到阴茎,也会说到包皮的问题,包皮要不要割?我的意见是:到了青春期,勃起之后用手往上拉,还不能够露出完整的冠状沟,就需要割;如果可以露出完整的冠状沟,就不需要割。

悦纳自己

青春期另外一个重要的性教育内容,就是悦纳自己身体的教育。青春期的男生、女生,开始关注自己的身体发育。社会上充斥着各种帅哥美女的影像,而绝大多数又不符合这个标准,便可能因为自己不够美而陷入自卑,因为自己胖陷入自卑,或因为个子矮陷入自卑,等等。如今,社会还在加重这种自卑,小歌手林妙可没有考上北京电影学院,社会上便充满了各种讥讽嘲笑,说因为个子矮等。我们的孩子能不受影响吗?青春期的孩子格外关注自己，自尊心又强，又敏感，所以我认为父母，包括学校，都应该关注青春期的孩子悦纳自己身体这件事。

不只是青春期的孩子，大学生也是一样。我在大学讲课的时候，会跟学生们分享这样几句话：

第一句话："父母生的你长什么样是一回事，但到三十岁的时候，你就要对自己的外貌负责，甚至到二十岁的时候你就要对自己的外貌负责了。"为什么这么说呢？我们经常会看到一些人，外表很好，但是气质很不好。或者一听他说话，就不想再聊下去了；有些人五官长得不好看，但是我们觉得很亲切，交往起来让人很舒服，我们愿意与他们交往，这个时候你再看他，就觉得他并不丑了。所以一个人所谓的美丑，与一个人的内在世界有很大关系，你的气质可以改变你的容貌，你的眼睛传递出来的涵养，反映出你的内心世界，举手投足之间透露出的修养真的可以让别人觉得你很美。所以，美丑不是五官就可以简单决定的。你早早修炼自己，提升自己的精神世界，到二三十岁的时候你的外貌就会改变，所以你要对自己的外貌负责。

第二句话："腹有诗书气自华！"不是把几本唐诗宋词撕了炖汤喝，而是读书多了，气质自然高贵、高雅。这是一个让他们悦纳自己身体的教育，同时更是给他们心理支持的教育，进一步变成一个鼓励他们读书上进的教育。性教育做好了，就可以达到这样的效果。

第三句话："不是因为美丽才可爱，而是因为可爱才美丽。"我们想一想，什么才使一个人真正可爱？有的人说，男人都喜欢找美女。确实，外貌漂亮的人在社会上有一些优势，容易让别人产生好感，但是长时间的交往之后，这个就不重要了。时间长了就会发现，人因为可爱而美丽。

第四句话："萝卜青菜各有所爱。"我多年前看过一个央视的节目，一个二百多斤的胖女生到处相亲失败，别人都嫌她胖，不喜欢她。女生很难受，她也不喜欢那些男人，嫌他们太瘦。后来在网上聊天，认识了一个男孩子，俩人聊得很投机，聊出感情来了，但是谁也不敢见面，怕"见光死"。女生怕男生嫌她胖，怕男生不够胖；男生也有自己的担心，也不敢见面。

网恋半年之后，觉得不能不见了，见面之后，俩人都欣喜异常。为什么？这个男生就喜欢胖女生，终于找到胖女生了。这个女生也喜欢胖男生，这个男生就是胖男生。这就是两个胖子的爱情故事，所以说"萝卜青菜各有所爱"。虽然话说得有点粗糙，但是话糙理不糙，都是激励孩子自信、激励孩子悦纳自己的教育。

帮助青春期的孩子悦纳自己的教育不应该是孤立的，父母平时是激励孩子、赞美孩子、赞赏孩子，还是总贬损孩子、批评孩子、讽刺孩子？这都是有关系的。你总批评他，那他怎么可能自信？你总赞美他，不仅是外貌的赞美、气质的赞美、性格的赞美，而是各方面的赞美，那他怎么可能不自信？

所以我还是强调那句话：家庭性教育是家庭教育的一部分，父母应该有一个好的教育理念。

答 问

问：最近，我女儿来月经了。我小时候来月经时，母亲告诉我：千万不要让你父亲知道，月经纸千万一定不能让你父亲看到。但我女儿却百无禁忌的样子，还让她爸爸给她买月经纸去。这样做对吗？

回复：您母亲会那样对您教育，是因为她那一代人认为来月经是一件羞耻的事情，认为女儿和父亲应该"保持距离"等。我们现在认为，月经不是一件见不得人的事，更不是一件见不得家人的事。女儿之所以不避讳父亲，说明她没有对月经的羞耻感，也说明父女平时相处得亲密，即使是这种女性的私密身体经验，女儿也觉得不需要回避父亲。我认为这样挺好的，没什么问题。

问：我女儿上初一，上体育课时，因羞涩不敢告诉老师正在例假期，坚持剧烈运动，对身体造成了伤害。怎么避免这种事？

回复：因为对青春期的成长不能正视，感到羞怯，才会出现这样的情况。家长可以和女儿分享关于月经的正面认识，告诉她每个女孩子都会经历这些，这不是值得羞涩的事。老师更懂这些，所以和老师讲没有关系。和孩子一起坦然地谈论月经，这是去掉污名化、增长自信的过程。这里要强调一下，一般的体育运动不会对经期女生的身体造成伤害，很多时候是文化建构的经期特别疼痛的感觉。

问：女儿读小学五年级，多数女孩还没来月经，于是少数来月经的孩子总被其他同学嘲笑。女孩儿很苦恼：一方面，来月经时会腹痛，如遇体育课，还要坚持400/800m的测试等（生理痛）；另一方面，同学当面或背后笑话，有的女孩还会翻看来月经女孩书包里的卫生巾（心理痛）。怎么处理？

回复：孩子们取笑的背后，是对月经的无知，以及对性的好奇。这时，家长应该给孩子们讲一讲月经的知识，以及如何应对月经。对于其他同学的嘲笑，家长要明确地告诉女儿：他们错了，你没有错。同时，家长应该建议老师在学校进行性教育，讲解月经的知识，不只是讲给来月经的孩子，或只讲给女生，也要让所有男生听到。让孩子们了解月经是一个平常的生理现象，是女孩子长大的标志，是能够生育的表现。月经不是坏事，是好事；不是"倒霉"，而是成长。它不是一件应该被取笑的事，而是一件应该被祝贺的事。这样做不仅培养对于月经的正面、积极的认知，同时也使孩子们学习尊重自己和他人。

问：听上初二的女儿回家说："班里有个女生很'二'，一次上自习课时，她突然站起来，拿出口袋里的卫生巾，旁若无人又似炫耀地说'我的姨妈垫儿'，全班一片哄笑！"请问这个女孩的行为"二"吗？需要引导和干涉吗？

回复：如果这个女生拿出一个铅笔盒说："这是我的铅笔盒"，我们不会哗然。我猜测，这个女孩对于月经没有隐秘的观念。老师需要做的是：告诉学生这是私事，不要在公共场合展示，同时也要教育其他学生，不要哄笑。我们要关注这个女孩，她会不会因为别人的哄笑而受伤，留下心理阴影。另外，告诉女孩：上自习课要守纪律，不要影响其他同学上课。

问：在外出一周的素质教育生活时，有一个六年级女生第一次来月经，但是孩子表现得非常平静，主动来找老师，要老师帮助买卫生巾，问老师怎样使用卫生巾。她一点也不紧张，很坦然地面对，很冷静有效地处理。后来了解到，这得益于孩子妈妈对她的性教育。妈妈很早就给孩子讲了月经是怎么回事，来了之后有什么症状，应该怎么处理。所以对于第一次来月经，孩子已经有了充分的准备。

而另一个女孩却是每次来例假都会很紧张，害怕衣服上沾上血迹。原来是她妈妈在孩子来月经时，会提醒孩子别弄脏衣服，把焦虑担心"传染"给孩子，而不是把安全措施告诉孩子。

回复：家长的态度，对孩子的影响非常大。这两个例子非常生动地告诉家长们应该怎么做。

问：我儿子是高中生，看了小说后，有许多性幻想，压力很大。怎么办？

回复：重要的是去压力，告诉他：性幻想很正常、很自然。应该顺其自然，只要不强行去实现性幻想就可以了。

问：我的儿子16岁，有次我和他上公共厕所，他竟然去看同学的阴茎，还比较大小。这是性无知吗？该怎么教育？

回复：建议告诉他两点：

（1）看别人的私密部位是不礼貌的，有的时候甚至会被认为是性骚扰和性侵犯，所以不应该看别人的私密部位，自己的也不应该让别人看；

（2）阴茎的长短粗细，并不是很重要的事情，不会影响到他的"男子汉气概"，也不会影响到未来的性生活。一个人最重要的是努力学习，成就一番事业，那才是他增加"男性魅力"的重要途径。

问：我女儿上高一，最近她告诉我她越来越怕和男生交往，见了异性就会紧张。经过询问才知道，她说上学期班上新转来一个女生，那个女生很漂亮，大家都喜欢和她交往，女儿很羡慕她，也学着悄悄打扮自己。可女儿不算漂亮，男生并不因她打扮了就注意她，她也不愿主动接近男生，怕被人笑话。于是她渐渐发展成害怕和男生接触。我担心女儿会出问题，请问我这当妈的该怎么办呢？

回复：因为太在意男生的态度，又因为自卑，所以才会有这样的表现。有一个很经典的故事，说有一个不漂亮的自卑的女生，全班同学商量好要鼓励她，在一个春游的日子里便一起使劲儿地夸她漂亮。女孩子的自信心被唤起，于是她有了更多欢笑，脸上更多洋溢着自信而快乐的神情。那以后不久，同学们发现，她真的漂亮了。

不断夸奖你的女儿，告诉她，人的修养与气质可以使我们变得更漂亮，正所谓"腹有诗书气自华"。更要帮助她相信，最稳固和深刻的爱情不是基于外貌，而是基于内心。每个人都有自己的美丽之处，要学会欣赏自己的美，也要相信，一定会有别人同样能够欣赏到她的美。

第12讲

孩子进入青春期，谈恋爱怎么办？

20世纪七八十年代就有"早恋"这个词，可以看出它有对爱情的否定色彩。其实，这是大人在表达自己的不理解、不舒服、不高兴，大人站在自己的立场认为孩子做了一件不应该做的事情，他们担心孩子恋爱受伤、影响学习等。这些担心是有道理的，但是，实践证明，单纯禁止恋爱是无效的。

那家长应该怎么办呢？从之前的章节当中，我们知道，"堵"是行不通的，但家长真的要让孩子自己选择"早恋"吗？怎样才能让孩子真正拥有负责任的、选择的能力呢？从赋权角度看，家长又该如何处理这个问题呢？

我一再强调：性教育不应该致力于简单地反对或支持孩子谈恋爱，而应该让他们学习如何更好地处理情感问题。

让孩子学会负责任

直到今天为止，多数的家长还是简单地禁止，甚至采用惩罚、恐吓的手段，不让自己未成年的孩子谈恋爱，似乎这就是保护孩子的最好办法，除此之外别无他法。

回想35年前，我上中学的时候，我们班里就有一些同学谈恋爱，那时在我们那里叫"搭伴儿"，我也不知道为什么叫"搭伴儿"。这些"搭伴儿"的孩子受到老师的训斥等种种惩罚，然后被粗暴地禁止恋爱，请家长来棒打鸳鸯。这样做有效吗？可能表面上有效，但这些孩子都没有成为学习好的孩子。于是似乎就有了这样一个悖论，谈恋爱会影响学习，但是拆散了一对对小恋人，他们的学习成绩并没有提高呀。也许正是老师、家长这样的一通折腾，才让孩子们学习不好的，谁知道呢？！

重要的是，三十多年过去了，我们仍然用三十多年前的方法教育那些所谓"早恋"的孩子。三十多年来，我们成功了吗？没有。孩子们该恋爱还恋爱，该"早恋"还"早恋"，用来禁止的种种方法明明失败了，我们却仍然在使用失败的办法，你说我们是不是有问题？为什么明明知道没用，还用这样的办法对待孩子们？

其实，这样做的背后更多地透露出家长和老师的无奈，他们不知道有别的办法，认为面对孩子恋爱只能是反对，认为我们作为家长，不可能去支持、同意、默许，否则不更影响学习了吗？所以只能反对。虽然已经失败了，自己也知道不管用，但还是这么做，脑子里想的是：万一管用呢。

确实，对有些"乖乖宝"来说似乎可能"管用了"，但是更多的小恋人是转入地下了。还有的孩子，人家本来没谈恋爱，只是普通的异性交往，家长和老师一看，一男一女两个学生走得近点，就干涉人家，发出"你们不许谈恋爱"的吼叫，结果孩子反而开始谈恋爱了。或者人家刚开始谈恋爱，朦朦胧胧的，那份美好的感情正在内心激荡，而且也没影响学习，该干什么干什么。但是家长和老师却棒打鸳鸯，使孩子把精力用在了对抗家长和老师上，他们的心情被家长和老师弄坏了，还需要想办法躲避压迫、继续谈恋爱，结果反而影响学习了。

在家长和老师严厉反对的高压下，并不是没有孩子放弃已经开始的爱情，但也是少数。青春期的孩子哪有那么乖的，如果是这样，爸爸妈妈怎么想的、社会怎么想的他都知道，一开始就不恋爱了。孩子哪里会那么"听话"呢？他不"听话"，恋爱了，你给他压力，他就"听话"了吗？不可能。哪里有压迫哪里就有反抗，何况青春期有叛逆心理，"哪个少年不怀春，哪个少女不痴情"。所以我说，简单地禁止、恐吓、惩罚孩子，可能适得其反，让他们原本没恋爱却开始恋爱了，原本恋爱的孩子把更多的精力用来对付家长的压迫，甚至可能出现私奔、殉情的事情。

那该怎么办呢？家长就真的没有办法了吗？

当然不是，但重要的是家长要改变思路，不要再害怕孩子们谈恋爱，要担心的是孩子们没有能力处理情感问题；不是要禁止他们谈恋爱，而是要帮助他们学习如何面对一份爱情。这才是真正好的教育。

青春期渴望爱情是很正常的，满足心理、生理成长的需要，重要的是如何让青春期的孩子在感情问题上懂得对自己和他人负责。抱持这样的教育态度，孩子并不一定会选择谈恋爱。在我的教学实践中，多数孩子同样可以基于对自己负责任的态度，最终选择不谈恋爱。这可不是家长或教师不让他们谈，是他们自己思考后做出的决定。这个决定才是最有效的。

这样的教育可能吗？怎么做呢？

处理情感问题的增能

在我主编的《中学性教育教案库》中，有 18 节课都是讨论爱情的，都是致力于让孩子学习如何处理情感问题的。这 18 节课没有一节说学生不应该谈恋爱，当然也没有说应该谈恋爱。我们只是跟孩子分享爱情是什么？如何处理爱情更好？爱情中遇到一些问题怎么处理？我们通过这 18 节课教给孩子如何处理自己的感情，具备既恋爱又学习好，又对自己和他人负责的能力。家长们看一下这 18 节课的题目，就能够明白应该怎么帮孩子在情感问题上成长了：

（1）同伴交往

（2）有一份感情如何处理？

（3）爱要怎么说出口？

（4）被不喜欢的人追求怎么办？

（5）面对单恋

（6）失恋中的成长

（7）学习与爱情矛盾吗？

（8）恋爱与嫉妒

（9）小说与影视中的爱情能信吗？

（10）我们的爱情观

（11）关于恋爱怎么和家长、教师有效沟通？

（12）如何结束一段关系？

（13）是否性爱需要沟通

（14）性，我们准备好了吗？

（15）我们的择偶观

（16）《致橡树》的爱情启示

（17）忘年恋

（18）规划我的亲密关系

孩子有一份感情了，我们应该如何处理呢？不是简单地对孩子说："把这份感情压制下去，把这份感情消灭在萌芽之中！"家长这样做没有用，而且你这样告诉他，他也不会听你的；就算暂时听了，也未必真的能够成长，我们不是希望他成长吗？

我讲性教育夏令营的时候，第三天会花一整天时间跟孩子讨论如何处理爱情。夏令营一般会在比较大的空间里办，我们让孩子站在空荡荡的小礼堂中间，跟孩子说："假设你现在有一份感情，喜欢上了一个人，该怎么办？你有哪些选项？"

孩子们会说出不同的选项，有的说表白、有的说压抑、有的说等高考之后再表白、有的说我就藏在心里默默地爱、有的说先和对方做朋友……我们就把孩子说出的选项写在纸上，然后把它放在大厅里不同的角落处。然后孩子们继续想：自己做出一个选择之后，将会再遇到什么？

每个不同的选项背后都会有新的挑战，有人说选择压抑就可以解决问题了。但每个人可能不一样，所以你要把选择之后不同的可能性想好。比如，不要以为你压抑自己的感情，不想他/她了，这件事情就结束了。方刚上初中的时候就是这么干的，结果没压抑住，更想她了，更占时间了，更耽误学习了。

有的人选择表白。那么表白后面会是什么结果呢？可能是被拒绝，可能是被接受。拒绝的后面是什么呢？是伤心、失恋、痛苦；也可能有同学说，拒绝了，我就开心了，终于不用再想他/她了，可以放心地学习了。对，这也是一种可能。

还有一种可能是接受了，接受的后边是什么呢？可能是老师、家长反对，可能是你走近对方便不再喜欢他/她了；可能是你想分手，但是他/她不分；也可能是他/她跟别的同学交往你吃醋；也可能热恋……总之，会有多种可能。

所以，我做性教育的时候，是让孩子设想每一种选择背后的可能，然后问那些仍然站在大厅中间的孩子，你想好了吗？看到每一种选择背后的可能后，你再想：要如何处理这些可能？如何处理每种可能才能让自己的利益最大化？比如说家长反对你怎么办？比如说你不喜欢他/她了，想分手，怎么办？对方不想分又怎么办？

我让大家认真思考，还可以小组讨论，然后让每个孩子走到写着自己选择的那张纸前。

这个教育的过程是什么？就是增能赋权的过程。教育者让孩子自己想每个选项可能的结果，思考结果后面的结果，以及对应的策略和策略实施之后的结果。这个过程就是思考成长的过程，这就是"成年"的过程。这才是长大、才是教育。在这个过程当中，青少年恋爱不恋爱已经不重要了，因为他们成长了。经过这样深思熟虑的训练，对每种可能性进行了操演，并且有能力做出最负责任的选择的那个孩子，即使在恋爱的时候遇到各种问题，也知道如何处理和选择。这就是我们说的增能赋权，是自己思考之后做出的选择，而不是家长替他/她做出的选择。

比如说，有一份感情，孩子最终选择了压抑，这可能是很多家长要求的，也可能是孩子自己选择的。但我们要在这个过程中和孩子一起思考，在思考基础上做出这个压抑情感的选择。比如，可能是因为对这份感情没有信心，可能是因为学习的压力。这都可能是选择压抑的原因，但选择压抑的结果是什么呢？当然可能有好的结果，比如专注地学习了、不想他／她了，但也可能有坏的结果，比如说压抑失败、精神抑郁等。如果这样，你又怎么办？如果不压抑又有什么好办法？这都是孩子需要思考的。这一步一步思考的过程就是让孩子学习和成长的过程。我们要做的性教育就是这样的。

在夏令营当中我们还会安排更多的训练。如果决定表白了，你知道怎么表白吗？怎么表白，既尊重自己，又尊重对方？我们可以排演出各种情景剧。表白所用的方式、可能的结果，以及针对这样的结果你要怎么办？比如说对方听了你的表白选择了沉默，你要想为什么对方沉默？如果拒绝，拒绝有哪些原因？对方接受又可能有哪些原因？沉默、拒绝、接受，你下一步又该怎么办？

各位想一想，这是不是让你的孩子成长的过程？

当然孩子也会面临被不喜欢的人追求，这个时候我们又该怎么做？可能会选择沉默，或者选择拒绝，或者选择逃避。怎么样的选择才不至于让对方发飙，不至于纠缠我们，不至于给我们身上浇汽油烧了，不至于杀了我们？如何让他心悦诚服地接受你的拒绝。如果对方追得紧，你又该怎么办呢？你怎么做才能不给对方幻想呢？如果对方是小混混，你又怎么办呢？这些是需要学习的，坊间经常有媒体报道，中学男生求爱不成，便将女生打得毁了容等。

当然，怎么办的问题，还要结合每个孩子自己的情况来思考和讨论。

学习思考如何应对不同的可能

我想告诉各位的是，当我们让孩子们面对整个大厅中贴出的不同的选择，并思考往哪里走的时候，夏令营里三十几个孩子，只有一两个最终会选择表白，绝大多数都会选择不表白、压抑、沉默或者放弃等。

我们讨论的目的是帮孩子学会处理情感。所以，表白，我也不觉得担心；不表白，我也不觉得放心。

当他们选择之后，作为夏令营的带领者，我还是会走过去问他们：你为什么会选择走到这里？你选择走到这里后，如果发生怎样的事，你又怎么应对？如果你忘不了他／她，茶饭不思，你又怎么应对？

我们会这样一步一步地和孩子一起思考，每个孩子的思考可能都不一样。带领者要有充分的理解能力，带领他们一起思考、一起成长，对他们的反应做出正确的回应。重要的是在这个过程中孩子学习了如何对自己和他人负责、学习了如何做选择。这是非常非常重要的，这也是他们可以做到的！

还应该有针对单恋的教育，就是说这个孩子喜欢对方，而对方不喜欢他，这种情况很常见。那遇到单恋，该怎么办呢？在夏令营当中我们就会讨论：单恋的坏处、单恋的好处、处理单恋有哪些办法，以及我们该怎么做。大家集体支招，在讨论的过程中，孩子们就成长了。孩子们听到同伴的建议，远比我们告诉他要有用得多，因为这是他们认为信任自己、理解自己的同伴的声音。将来有一天他真遇到单恋的情况，会想起与大家分享的这些。

在恋爱这个部分，家长有的时候会比较难做，家长可能说，你们的夏令营都是小组讨论，那我一对一的时候应该怎么做？一对一的时候，你也可以跟孩子讨论：如果你遇到了一份感情，应该怎么办呢？我们可以有哪些选项？每个选项背后是什么？所以，增能赋权的思路是一样的。

家长也可以跟孩子讨论失恋：你不喜欢他或者对方提出分手，这个时候你的情绪感受是什么？你可能有的行为表现是什么？它的伤害来自于什么？我们都知道失恋是一种不好的情绪体验，但情绪心理体验可以给我们带来什么，这种体验几乎所有人都经历过，我们该如何面对这种不好的体验？在讨论的过程中就可以激励孩子思考自己的人生前景，告诉他"天涯何处无芳草"；告诉他不要为了一个不爱自己的人放弃生命，而应该为爱你的人勇敢地追求未来。你还可以找出《苏格拉底与失恋者的对话》，通过这篇精彩的小文章，一句一句地与孩子分享其绝妙之处。

失恋是"别人不要我"的情况。如果是"我不想要别人"呢？我想结束这段关系，可是对方不愿意结束，又该怎么办呢？家长当然可以和孩子一起探讨，结束这段关系的时候，我们的情绪体验，积极的情绪、消极的情绪有哪些？提出分手的方式、理由是什么？如何既提出分手，又不让对方觉得被羞辱，自尊心受到伤害？我们不能接受哪些情况下的分手？我们能够接受什么形式的分手？我们如何为分手做好准备？……

当然，一对一的讨论显然不如同龄人之间的讨论来的效果好，但这也是家庭性教育的思路。你不是去告诉孩子"快分手，不要耽误学习"，而是给他一个思路，一起在讨论中成长。

所以，再次强调：我们不是简单地反对或支持孩子谈恋爱，而是让他们学习如何更好地处理情感问题。

恋爱学习，如何两不误

如果你的孩子最后还是恋爱了，家长希望分开，但分不开了怎么办？你要和孩子讨论如何做到恋爱学习两不误，甚至可以和孩子讨论恋爱的好处。当然家长要先了解恋爱可能有的好处，不然自己都不知道，没办法把孩子往好的方向引导。

比如说恋爱可以增加学习动力。我们夏令营中有孩子说："自从我爱上他，增加了我的学习动力，我原来是中等生，现在变成优等生了。"爱一个人，就要使自己变得更加出色，以便"配得上"他。恋爱还可以愉悦身心，减轻心理压力，互诉衷肠，有人关心、有人哄、有人包容、有人陪，有人替你擦眼泪，给你父母给不了的爱，还可以获得恋爱经验……

几乎所有人早晚都要恋爱的，恋爱是一种重要的人际经验。青少年学习恋爱之后，人际能力也会增加。能够处理好恋爱关系的人，至少在处理其他同学关系时会更有经验。恋爱能够增加人生阅历，为未来做好准备，失恋了还可以增强心理素质，以后可以少走弯路……

恋爱可以多交朋友、自我成长、学会照顾别人、表达感情、表达爱的能力，还可以打发时间，不然玩游戏也是占时间。你不让他谈恋爱了，他整天玩游戏，也是影响学习的。你以为只有谈恋爱的学生才不学习吗？一些孩子不谈恋爱，但照样不学习呀。

讨论了中学生恋爱的好处，再讨论有什么坏处。耽误学习、受到伤害、浪费钱、浪费时间、引起爸妈批评从而影响家庭关系、被老师训斥、受到别的同学嫉妒、两人的误会影响情绪……多种可能性都有。让孩子了解这些可能性，就是让孩子知道该如何恋爱，使那些优点和好处更多地出现和提升，而那些坏处减少甚至不出现。

青春期恋爱还有一个要面对的重要的事是嫉妒，当孩子面临嫉妒的时候，你应该怎么办？

当我们的孩子学习了这么多东西的时候，你还担心他恋爱吗？我觉得你不应该担心了。重要的是激发孩子思考人生观、理想、上进心，相信他们，让他们自己安排好。

我们说尊重孩子的选择，但是父母要有引导、有教育，前边说的那些都是教育，而简单地禁止恋爱不是教育，是规训。所以，如果你的孩子遇到爱情，我建议各位能用这样一个思路来引导孩子成长。

此外，我们还可以进行恋爱观的教育，思考爱情，以及什么样的爱情最美好？舒婷的《致橡树》是我经常拿给孩子们分享的，在这个过程中，孩子们就树立了积极的人生观和性别平等的恋爱观，家长就不用操心他们今后的人生路了。

我们也看到过，有些孩子在高中确实不恋爱，但上大学之后就开始乱恋爱。他/她没有受过好的性教育，谈了恋爱也不会恋爱，前边我们说的那些问题都处理不好，所以这是家长要注意的。我们不怕孩子恋爱，而应该怕他们不会恋爱。恋爱是人格成长的一部分，恋爱能力的成长，也是人整个能力的成长。

我的孩子是在北大附中读的高中，时任北大附中的校长叫王铮，他就不反对中学生在学校恋爱。他有一次在学生自己办的小报上答学生记者问时说：为什么吃饭睡觉我们不担心影响学习，而恋爱就担心影响学习？吃饭睡觉也会影响学习。学习在学生阶段当然是重要的事，但不是唯一的，不要把我们的孩子变成学习的机器，要让我们的孩子学会做人。

我非常欣赏王铮对于学生恋爱的这种态度，当然他也有点不足，就是没有教给学生如何恋爱。如果再给学生讲讲如何处理恋爱当中的这些问题，就更好了。

有一天，我中午去北大附中给儿子送东西，在校门外隔着铁门等他。下课后，学生们一对儿一对儿地拉着手出来，这些小恋人们在校园里也很坦然，因为老师不反对。

老师不反对恋爱，这个学校的中学生恋爱的就多了吗？没有。我问过儿子，只有1/3的学生在恋爱，这和那些反对学生谈恋爱的学校比例差不多。所以孩子并不是因为你不禁止就都去恋爱了，而这1/3恋爱的学生也没有学习很差，不恋爱的学生也不是学习都好。

当然，如果孩子恋爱了，家长也可以时常有所提示，敲敲边鼓，告诉他们要处理好各种关系。总之，对于孩子们的恋爱，我们不是简单地禁止、惩罚与反对，而是要帮助孩子学习如何恋爱，要相信孩子都是积极向上的，每个人都渴望成长。家长与其把时间放在反对恋爱上，不如把时间放在促进他们的成长上。

答　问

问：有的孩子看到别人谈恋爱，出于从众心理，自己也谈，我记得我初中就曾有过这种想法。

回复：会有这种情况。但如果做到我们前边说的与孩子们的讨论与分享，形成恋爱观，增能赋权，就不必担心"从众"了。看到别人恋爱，自己想恋爱，这也很正常。看到别人吃好吃的，我们还想吃呢，重要的是回到我们的起点，该如何处理这份关系才是核心。

问：我女儿现在恋爱了，我想请教方老师，孩子放假回家，提出想一起做作业或者出去玩什么的，应该怎么应对呢？

回复：我觉得可以，他们一起做作业，不就一起学习了吗？不让他们一起做，他们各自在家做，互相又想着对方，一会儿发个微信，一会儿打个电话，那作业还怎么做呀？一起做作业，至少还能一起学习。一起出去玩儿也可以，你把你的担心告诉孩子，让她小心就行。

问：我儿子今年上小学一年级，他读幼儿园的时候很喜欢一个女同学，总抱着吻人家的脸，两人总在一起玩。曾有另一个小女孩和他玩时说：长大了你娶我吧。我儿子说：不行，我还要娶××（他喜欢的女孩子）呢。后来上小学了，两人到了不同的学校，很少见面了。但我能看得出，儿子很想念那个女孩子，也说喜欢她等。我有些担心，怎么办？

回复：孩子有感情，不需要担心。可以告诉孩子，喜欢一个人是好事，但现在也不可能结婚呀，要慢慢长大，在这过程中要好好学习，使自己更加出色。

问：我女儿今年上三年级，最近有件很烦恼的事。说来话长，跟一个男同学有关。上一年级时，女儿跟同桌男同学很玩得来，经常跟我们说她同桌很有意思、很幽默。孩子跟同学处得不错，我们也很高兴。到二年级，换了同桌，女儿很不高兴。后来，这个男生经常给女儿写纸条。班里开始有传言，说他俩关系不一般。我们就开导她：同学之间玩得来，并不代表就是同学说的那样，不要紧。有时我们两家还会约着出去玩，也没有特意回避。到三年级时，女儿说纸条还在传，不知道怎么处理，但是听得出来女儿很喜欢这个男同学，当然她也知道不能耽误学业。昨天女儿是哭着回来的，说同学都在议论他俩，说他俩从一年级就开始谈恋爱。这事该怎么办呢？

回复：可以从三个方面入手来解决这个问题。

第一，继续安慰引导孩子。之前，你做得就很好。同学之间（不管男女）有友情很好、很重要，彼此喜欢、欣赏，这也很好，但这并不一定就是爱情，这个年龄段的孩子现在对于友情和爱情的理解还是一团麻（就此跟孩子讨论一下，也是很好的性教育）。还需要告诉孩子的是，人生总会有各种磨难、挫折和困扰，那是避不开的。比如现在同学们的议论，让你很烦心，我们没办法命令别人说自己喜欢听的话，做自己喜欢见的事。但有一件事我们可以做，那就是清楚自己做得对不对，不让别人的传言影响到自己。内心坦然，便可以我行我素。

第二，需要跟老师沟通。全班同学都在议论这事，那就不是小事了。而且，老师在这件事上大有可为，可以开个相关主题的班会，讲讲性教育。第一个主题是关于"什么是友情、什么是爱情"的讨论。让同学们知道，男女同学之间应该有正常的交往，男女同学相处得好了，不能说那就是爱情了。现在大家开始关心爱情这事，说明同学们长大了，很爱思考；但从另一个角度来讲，恰恰也说明同学们还不理解爱情。第二个主题，是关于如何尊重别人，不议论别人，不造谣传谣，不侵犯别人，学习如何处理同学关系。

第三，跟这位男同学沟通。我们不知道男同学的纸条上写了什么（有必要的话就问问孩子），如果让你女儿困扰的是传纸条这个行为，那得让她学会明确表达自己的想法。可以明确地跟这个男同学说：有什么话就下课说，或者放了学说，或者周末一起出去玩的时候说，因为传纸条会影响上课，还会让其他同学觉得很特别，会让人想入非非。

问：小侄女上小学四年级，今年交上了男朋友。不知道她交男朋友是因为好奇，还是攀比。因为她的同班好友有个男朋友，经常跟她说这个男同学怎么抱她、怎么亲她。后来小侄女也给自己找了一个。俩人传纸条传得很疯。男孩写的"……老婆，……陪你过一辈子……"被她妈妈看到了，立马疯掉了。全家人都认为她是被好友带坏了，被那个男同学引诱了，要小侄女立马跟这些同学断绝来往，还说以后要给孩子多灌输礼仪教育。不知道我姐家这样做对不对？

回复：孩子谈恋爱，可能有"榜样"的力量，但这也不是绝对的，重要的还是自己的选择。要追究同学的责任，要孩子断绝跟同学的关系，都只是简单地禁止，是很难有效果的，你不可能天天跟在孩子屁股后面监视孩子。

家长需要做的是，跟孩子平等地讨论这份关系背后的意义，让孩子看清这份关系，知道自己要承担什么责任，学会对自己负责。

家长很担心孩子以后怎么发展，于是决定给孩子灌输礼仪教育。这事也做得有些南辕北辙。一个孩子的人生发展得好不好，不是由孩子几岁谈恋爱决定，而是跟孩子有没有理想、有没有人生规划有关。所以，不如帮孩子树立一个人生目标，和孩子讨论以后的步子怎么迈。

问：我女儿上小学五年级，喜欢一个男孩子，特想和他坐一起，但又觉得不对。我告诉她：喜欢是一种很美好的感情，但不适合此时表达，两人应该尽量避免单独接触。女儿做到了，但很痛苦。她告诉我："我一直没有单独和他相处过，但我就是喜欢他，想他，晚上在被窝里都想得哭了。"我如何做合适？

回复：您的女儿是一个听话的乖乖女，其实她内心的感情是非常纯洁的。看得出来您也很开明，但我感觉您可以更开明一些。建议不要反对她和那个男孩子交往，甚至可以和老师沟通，一起提供机会给她和那个男孩子相处，让他们正常接触、交往。这个年龄的孩子的"喜欢"，许多时候是一种很单纯的感情。我们应该鼓励异性交往，如果强行隔离交往，就会像女儿现在这样，身体没有走近，心理和学习却一样会受到影响。距离产生神秘感，激发更深的渴望。相反，通过正常交往走近了，神秘感消失了，异性交往就会变得很自然。

问：母女同路，看到一对男女学生打逗。母亲问女儿："他们是什么关系？"女儿说："同学呗。"母亲说："为什么他们会打逗？"女儿说："因为他们喜欢对方呗，逗着玩。"母亲："你们班有人喜欢你吗？"女儿："有，我没理他们"。母亲应该说什么？

回复：什么也别说了。

问：亲戚的儿子正上高三，因为打算出国读书，所以现在让他去我们当地的新东方学习英语，结果和大他八岁的老师产生了感情。而且目前看感情很深，也有了亲密关系。孩子态度非常坚决，一定要保持来往，说是真爱，但是他也意识到以后不大可能，只是阶段性的。家里人非常着急，担心影响学习，怕感情受伤受骗，或者沉迷于亲密关系不能自拔。如果阻止他见面，孩子就情绪激动，以出走之类的话相威胁。所以向您求助，家里人应该怎么做，才能让他既不影响学习，又减少身体、感情的伤害？

回复：家长该怎么做非常简单清楚，即无条件地尊重孩子自己的选择。即使他因此受伤，也是成长。

家长现在的态度，可能带给孩子伤害甚至悲剧，这远远无法评估，绝对比那个女教师带给他的要大许多。

推荐家长看几部电影：《天佑鲍比》《处女之死》《朱诺》，推荐孩子看《成长教育》《毕业生》。一定要结合我写的《电影性教育读本》一书来看，那里面有大量的提示与分析，只看电影不看书达不到效果。

再次提醒家长：千万，千万，不要再做硬性干预的事。后果可能非常可怕。

问：我儿子13岁，到目前为止我和他妈妈没有关注过他的性教育方面的问题。春节时他自己QQ忘记下线，我们查阅了他的QQ聊天信息，发现他的QQ聊天记录里有大量黄色图片和信息。当时孩子说是自己QQ中病毒了，不是他自己操作的。五月初时我们通过手机找回密码登录了他的QQ，发现四月份开始他和班上的女同学互相表达了爱慕，并且相互抄袭作业，女同学还每天早上在学校食堂等他一起吃早餐。我们没有和他提及QQ的事情，后来他自己以为QQ被盗再通过手机找回了密码。但我们侧面和他沟通，表扬鼓励他已经长大了，同时引导过关于初中生谈恋爱的弊端。

他最近一学期学习完全不在状态，作业敷衍拖沓，期中和各单元测试成绩逐步下滑。昨天他妈妈在他床头枕头底下发现几十页打印得非常露骨地描述乱伦和性方面的网络文章。他妈妈很震惊也很焦虑，第一时间打电话给我，我建议他妈妈不要过虑，等我回来由我出面来沟通引导，但他妈妈撑不住就再次通过手机找回密码登录了他的QQ。发现他一方面在家时瞅着空隙上网，通过QQ与女同学聊天，另一方面周末时总找理由邀多位同学各自从家里出来到学校或某一个同学家，借机会与女同学两个人相处。

儿子从学校回来发现QQ密码被改，就爆发了，说是他妈妈和我一起串通来监视他，并且说我们侵犯了他的个人隐私；后来他把手机强行从他妈妈那里抢过去又通过手机找回密码了。晚上临睡前估计发现打印的那些文章没了，便把门反锁找了很久。今早我特意6点半与他一起起来，并尝试和他说话并表达开车送他去学校。但他明确拒绝了我送他，且很不高兴地自己走了。

我和他妈妈一方面觉得孩子早恋问题比较困扰我们，另一方面是不知道如何与孩子沟通性教育问题。针对当前的情况，我和他妈妈该如何面对孩子？如何疏导孩子？

回复：我的建议是充分接纳孩子。青春期关注性，开始和异性接触，非常正常。而且已经开始了，任何试图逆转的努力都会深深地伤害到孩子，也伤害亲子关系，最重要的是，更不可能达到目的。所以，最好的办法是充分接纳。家长对孩子关注性、谈恋爱，最大的担心是两个：影响学习，以及过早的性给自己和对方带来伤害。所以工作目标是解决这两个问题。

要解决这两个问题，首先要非常地尊重孩子，从您的描述中，我觉得是可以做到的。肯定地告诉孩子：关注性，是正常的，不反对；和异性交往、走近，是正常的，不反对。但是，你是大孩子了，要对自己和他人负责，重要的是学会负责任。这就包括：异性交往、恋爱，都可以，但是要处理好和学习的关系。关于性，你年龄还小，可能会给自己和对方带来麻烦，比如怀孕等。

　　建议要进行一次非常坦诚的谈话。彼此说出所有的想法与期望。重要的是，父母要改变观念。父母不是孩子的"管理者"，而应该充当促进孩子增能、赋权的角色，充分尊重孩子，甚至无条件信赖孩子，允许他有自己的生命探索。只有在相互尊重的基础上，孩子才可能学习做到对自己和他人负责。否则，一切不可能。像QQ监控之类的事情，千万不能再做了。

　　当然，对于绝大多数父母来说，要做到这些不是很容易，需要自己学习和成长。准备好了，再和孩子说。这之前，要给孩子充分的爱。记住：孩子从父母那里受的所有伤害，都是来自父母自以为是的"爱"。父母要改变"控制"的自我定位，真正把孩子当作一个成人。

　　问：我儿子11岁，上课做游戏的时候，按游戏的要求拉了一位女同学的手。下课后，喜欢那位女同学的另一个男生，便打了我儿子一顿。遇到这种情况怎么办？父母应该如何做？

　　回复：父母应该首先安慰自己孩子的情绪，寻问伤势情况，告诉孩子他没有做错什么。父母要支持自己的孩子，在游戏当中遵守规则是没有错的，那个男生打你是不对的。

　　应该和那个男生的老师及家长沟通这件事情，让那个男生意识到错误。虽然可以理解他作为一个小孩子陷入爱情中的嫉妒心，但要让他清楚：这种嫉妒心及导致的占有欲是错误的。喜欢一个人没有错，但不能因为喜欢一个人而去伤害其他的人。男生按游戏的规则拉了一下女同学的手，并不是对女生的侵犯，同时女生也不是私属的物品、别人都不能拉手等。这是帮助打人的男生成长的过程，他应该向你的孩子道歉。

　　此外，应该以此为契机进行反对校园性别暴力的教育。

问：女儿高一了，有次聊天，她说："我寝室里一个同学说暗恋别人六年了，我怎么从来没喜欢过男生？"我当时还真有些担心，问："那你喜欢女生吗？"她说："没有啊，我就没喜欢过谁。"我该如何和女儿聊这件事？

回复：有喜欢或没有喜欢的对象，喜欢同性或喜欢异性都是正常的。妈妈不用过分焦虑。她总有一天会遇到的，不用急。每个人在情爱上的差别很大。女儿在高一阶段还处于大大咧咧、情窦没开的阶段，可能高二、高三就会有喜欢的对象了，所以应该顺其自然。在女儿有暗恋的对象，或与他人开始亲密交往的时候，要对女儿进行情感教育、性教育。能感觉到你对女儿可能是"潜在的同性恋"的担忧，这是"同性恋恐惧症"。感觉你自己现在和女儿谈爱情的能力欠缺，要多学习，或者送她去接受专业的性教育，如性教育夏令营。

第13讲

孩子有了性关系，怎么办?

我们不希望孩子过早地发生性关系，因为这对于他们的成长可能是不利的。但是，如果你的孩子已经有性关系了，你应该有耐心，正视这个问题，而不是对孩子拳脚相加。打骂与责罚解决不了任何问题，家长应该更有智慧地进行家庭性教育。

孩子发生性关系，家长怕的是什么？

我曾经收到过一位妈妈的来信，她的女儿在读高二，在网上交了一个男朋友，她和妈妈分享自己的网恋，妈妈也坦然地接受了，只是会和女儿讨论处理情感问题的技巧。这位妈妈就具有赋权型性教育的理念。问题发生在高二的暑假，女儿说男朋友要来，并且两人要在一起玩几天，征求妈妈的同意。妈妈很焦虑，写信告诉我说：如果自己答应，担心女儿和男朋友发生性关系；如果不答应，也担心女儿偷偷出去约会，还是会发生性关系。

这位妈妈说得有道理，无论是否同意女儿出去跟男朋友约会，都不能决定她是否会发生性关系。

我对这位妈妈说的是：祝贺你和女儿有这么好的关系！她什么都跟你讲，不会瞒着你，这是很多家长梦寐以求而达不到的境界，你都达到了，所以要祝贺你！如果你拦她，她瞒你，你们之间的信任关系就破坏了；不如和女儿分享你的担心和希望，比如：你不希望女儿过早发生性关系，担心她会受到伤害。如果女儿能接受你的建议，那最好；如果她不接受你的建议，即使你禁止他们见面，她还是会想尽一切办法，去做她想做的事情。所以孩子是否发生性关系与家长是否同意没有关系。

很多家长都反对自己的孩子有性关系，甚至要求孩子结婚之后再发生性关系。即使成年之后上大学谈恋爱了，还跟孩子说这样的话。为了阻止孩子发生性关系，很多家长开始痛斥、怒骂甚至怒打，最不可思议的是有的学校还因此把学生开除了。因为有了性关系就被学校开除，太奇怪了！学生是来上学的，有无性关系跟学习好不好没有必然的联系。若说学生因为考试作弊被学校开除，能理解，可因为做爱被开除就难以理解了。当然有的学校说这是我们的纪律 —— 不允许发生性关系。那么这个学校的纪律制定得就不合理，不合理的纪律带出了不合理的实践。

家长那么害怕中学生发生性关系，是因为什么？到底是在怕什么？这个问题需要先回答清楚。

有人说怕影响学习。但心情愉悦还有可能让学习更出色。

有人说怕怀孕。那可以提前教给他们避孕的办法。

如果是男孩，怕他会让别人家的女儿怀孕。所以我们应该告诉他如何正确使用避孕套，这才是性教育。

怕得性病、艾滋病。那可以教给他们避免得性病、艾滋病的办法啊，教给他们避免因为发生性行为而受到伤害的办法。

有的人说担心我女儿将来后悔不是处女了，男人不要她。如果是这样，那就是你脑子里的贞操观念在作祟。应该告诉女儿做独立的自己，不做男人的附属品！

我说这些，不是不理解家长，也不是说孩子过早的性关系不值得担心，而是建议家长要先理清思路。有的家长只是简单地说：他还小，我不想让他发生性关系。这不是理由，这只是你的态度和情绪。认真想清楚你为什么有这样的态度和情绪，你到底担心什么，才能够知道该如何应对。

守贞教育为什么失败

先不说对于孩子的性行为我们应该采取什么态度，只说那些强烈反对婚前性行为的性教育的结果是什么。前面介绍过守贞性教育了，直到今天，美国很多人还很信奉这种性教育模式。守贞性教育模式主张婚前一定不能发生性关系，认为一旦发生性关系就会有恐怖的事情出现，就会怀孕堕胎，女孩子会被别人看不起等。守贞课的讲师讲完课之后还会让女生签守贞契约，保证在结婚以前不发生性关系。同时，并不让男生签这样的守贞契约，这是很明显的性别歧视。

2008年的时候，一个守贞性教育课在浙江大学开讲，那个时候是只让女生签守贞契约，我就写文章对它进行了批评，批评这种行为有严重的性别歧视。2010年，守贞课在云南省再次开讲，我又写文章进行了批评。在一次电视辩论中，我指出守贞契约是性别歧视，一位至少有30岁的守贞性教育的男导师，从口袋里把自己的守贞契约掏出来给我看，说现在不光女生签守贞契约，男生也签。这样一个改良版，并不能改善守贞教育的毒害性。守贞契约的改良版只能说明它不仅要压迫剥削女性，同时还要压迫剥削男性。

在美国，曾针对几万名签署了守贞契约的女学生进行过调查，在她们签约的五年之后，其中80%的人都发生了婚前性关系。不仅如此，接受守贞性教育的青少年，与接受学习做出负责任选择的性教育的青少年相比，发生性关系的年龄更早，怀孕、堕胎、感染艾滋病的比例更高。这说明守贞性教育失败了。

守贞性教育不让青少年做爱，它想让青少年不受伤害，结果青少年反而更受伤害。为什么会这样？

我多年前参加过一次电视节目，围绕守贞性教育和其他性教育理念做辩论。当时旁边听众中的一位大妈站起来说了一句："哪里有压迫，哪里就有反抗，你不让他做，他不一定听你的。而当他真正做的时候又没有接受过性的安全教育，没有接受性的自我保护教育，所以他不会用安全套，会因为不懂得自我保护而受到伤害。"看看，守贞教育失败的原因就是这么简单，大妈都明白，许多自认为有知识的人却不明白。

最重要的是让孩子学会负责任

另外一种性教育模式——安全性教育模式，认为未成年人最好不要发生性关系，但如果实在要发生，就戴安全套，安全地发生性关系。这种性教育模式稍微成功一点，接受其性教育影响的青少年的怀孕、堕胎率就会低一些，为什么呢？因为这样的性教育告诉孩子们一定要安全地做。如果只讲守贞，教育者也想到了青少年可能不听，守贞不能成为唯一保护青少年不受伤害的办法，所以也讲性安全、讲安全套。

还有一种性教育模式，被称为欧洲性教育，我又把它翻译为整合型性教育。它在青少年要不要发生性关系的问题上，理念很清楚：我不关心青少年是否发生性关系，我关心的是无论他是否发生性关系，他都对自己和他人负责，关心的重点是"负责任"。它不会讲最好不要发生性关系，而会讲发生性关系意味着什么？能给你带来什么，可能让你丧失什么？你应该如何做出对自己利益最大化的选择？

这种性教育理念认为：父母应该对性活跃和性守贞的孩子给予同样的责任教育。无论你守贞还是性活跃，无论你决定现在不做，将来也不做，还是决定今天就做，父母应该做的不是夸奖谁、批评谁，而是致力于让孩子对自己的选择负责任。它强调的是"责任"。所以许多欧洲国家的父母是允许读中学的孩子把自己的男朋友或女朋友带回家过夜的。在这种情况下,孩子们是不是会更多地谈恋爱?欧洲小孩会不会更早地发生性关系?他们岂不是更有可能怀孕堕胎?事实恰恰相反。

调查显示,接受整合型性教育的欧洲青少年首次性交的年龄比美国晚一到两岁,荷兰最晚,是17.7岁。荷兰做过一个调查,青少年从谈恋爱到发生性关系,平均都要走过三年的时间。具体地说,孩子开始谈恋爱了,等了将近一年,才开始接吻,又想了一年左右才开始抚摸,又想了大概一年才开始插入式的性交。听起来都有点儿不相信的事,却是事实,这是为什么?

荷兰的青少年从小被教育"你要对自己的行为负责",在每做一个行为选择之前,都要认真思考,深思熟虑。所以这三年的时间他们在干什么呢?他们在思考如何对自己的行为负责任!所以才会用了这么长时间。这和我们赋权型性教育强调的理念是一致的。所以荷兰的青少年没有因为父母不阻止他们发生性关系就疯狂地做爱,他们反而会更晚发生性关系。而且荷兰青少年的意外怀孕、流产、堕胎、感染性病、艾滋病等的数字都只是美国同类数字的10%左右。

欧洲的这种性教育模式下,青少年受伤害最小;守贞性教育模式,一味禁止,青少年反而更早地做。所以大家就知道什么样的性教育是好的了,什么样的性教育是不好的了。好的性教育就是鼓励孩子学习对自己和他人承担责任,是负责任的性教育,而不好的性教育就是禁止、惩罚、恐吓的性教育。这就回答了这个问题:为什么家长和老师简单地禁止孩子发生性关系的策略总是失败的。

特别有意思的是,有一些家长心里都明白孩子不会听他的,坚信孩子们肯定会偷偷地发生性关系,但还是坚持认为:我必须告诉孩子不能做,要是我不禁止，孩子们就更翻天了、更纵欲了，就会怎么怎么样……这还是那个规训的思路，不是性教育的思路。结果只能是孩子和家长互骗。我甚至还见到过这样的情况：女儿已经堕胎两三次了，父母还以为她没有性关系，还是处女。我们欺骗自己、欺骗他人，这不是性教育，这是"逗你玩儿"。在这个过程中，孩子们受到了伤害。所以，重要的不是解决孩子做不做爱的问题，而是要让他们学习对自己和他人负责任。

家长、老师一直反对青少年恋爱，反对青少年发生性关系，可他们不是照样恋爱、发生性关系吗？媒体不就报道过初中女生在卫生间生小孩的事吗？各位千万不要以为这样的事情很少见，而是绝大多数这样的事件不会被报道出来。我就知道某一年北京某所示范学校，一年就有两个女生在卫生间生小孩，第二个女生生小孩儿的时候，学校觉得挺没面子的，就说这不是我们学校的学生，是别的学校的学生路过我们学校，情况有点急迫，就进我们学校卫生间生产了。这学校还挺会编故事，但编故事的时候有没有想一想，学生们可都知道这是我们学校的学生啊，老师教我们一块儿说谎呢。我们教育孩子的那些原则，包括诚实，老师自己先不要了。这不是挺可怕吗？

如何培养孩子负责任

以往的性教育失败了，我们该怎么办？是时候该转变了，要进行对自己和他人负责任的性教育了。那么，我们该怎么做呢？

这里和各位分享我在青春期性教育夏令营中的一些做法。性教育夏令营是针对11岁及以上的孩子的，我们讲完生命从哪儿来之后，让孩子分小组讨论，在纸上写出你认为"好的性"是什么？"不好的性"是什么？如果在这个过程中有人不同意某个观点，比如小组普遍认为同性恋不好，只有一个人认为同性恋好，那就在这条后面写上"-1"。

孩子们进行讨论的时候，就是大家思想观念交流碰撞的过程，也是逐渐形成共识的过程。当然最后有可能还没有达成共识，没有关系，这就是夏令营的带领者要发挥作用的时候。带领者把小组讨论的结果逐条呈现出来，再问大家为什么这个是"好的"，为什么这个是"不好的"？有没有不同的可能？通过孩子们的总结，我们提出的关键词是自主、健康、责任，这就形成了"好的性"和"不好的性"的标准。我们就是要让孩子懂得这一点，不是自主、健康、责任的性就是"不好的性"。这个理念一直贯穿着三天夏令营的始终，我们在后边的许多环节中都会重复提到这个理念，这样会深深地烙印在孩子的脑海当中。

在我主编的《中学性教育教案库》中，有两节课专门讨论学生要不要做爱。一节是"性，我准备好了吗？"另外一节是"是否做爱，需要沟通"。[①]

在"性，我准备好了吗？"这节课中，我们会请孩子们写出你想到的最多的性交的原因，然后要尽可能多地写出发生性关系的正面价值，同时也尽可能多地写出发生性关系的负面价值。写出来之后大家进行讨论，这样大家就都很清楚性爱可能带给我的正面价值和负面价值是什么，我应该怎么选择才能利益最大化，学生们就会自己决定他要不要做。当他要做的时候，就会努力地规避负面价值而去发挥正面价值。性教育中应该鼓励孩子在了解了正面价值和负面价值之后做对自己最好的选择。

当然，什么是好，什么是不好，对于每一个孩子在具体的情境当中都不一样，所以赋权型性教育主张尊重每个孩子自己的选择。

教师还会根据孩子列举出来的情况，让孩子们思考在什么情况下发生性

[①] 方刚：《中学性教育教案库》，中国人民大学出版社2015年版。

关系是比较安全的、负责的。孩子们会说到的有：是否对性行为有大致相同的认识，是否性价值观有冲突，是否相互信任，是否希望和对方更亲密，是否愿意承担责任和后果，是否双方自愿，是否都能感到愉悦，是否能够彼此自如地讨论如何避孕，是否感到安全，是否想以此来建立某种关系，是否愿意为彼此保密，是否顾及对方的感受，是否了解对方的健康状况，是否彼此坦诚既往的经历，是否对那些负面影响如怀孕、传染病等具有承担后果的能力……孩子们在思考当中都会列出这么多，然后他们会选择自己和这个人的关系属于上面哪种，当这些都呈现出来的时候，孩子的选择就出来了，就这么简单。他在这个过程中就学习了如何对自己和他人负责任，这就是我们的教育。

孩子学习到这一步，我们都还希望他们继续学习如何让对方了解自己的感受和想法，尊重自己，也尊重对方。

在《中学性教育教案库》当中的另外一讲"是否做爱，需要沟通"中，我们先有一个情景导入：有一对恋人，男方提出要发生性关系，女方拒绝，但是男方坚持想做。面对这样一个纠结的情况，双方应该如何解决，如何处理？我们让孩子自己排演出各种情景剧，来呈现他们的选择。这是一个让孩子思考、与对方交流的过程。当然，我们不告诉孩子说一定要同意或者不同意，我们是有各种选择的，但你要了解每种选择的后果。

各位家长应该已经理解我们的性教育思路了：我们让孩子自己思考成长，把好的坏的、正面的负面的、可能的伤害和可能的愉悦，都呈现给他们，然后让他们自己思考，自己做出判断和决定。这才是性教育，是让孩子成长的过程。一个懂得在性上对自己和他人负责的人，在其他方面也错不了。

我们可以相信的是，减少怀孕、堕胎、性病、艾滋病的目标，会在这样的性教育中实现。而且孩子也知道自己怎么做才能不影响学习。他可能开心了，之后学习劲头更足了。我们为什么不可以这样来思考问题？家长为什么总是想人家有了性关系之后就不学习了，会沉迷于其中呢？家长们自己做爱就不上班了吗？从早上做到晚上？一天到晚想着做爱，不思进取了？如果你自己不是这样的，为什么就要设定你的孩子是这样的呢？你以为孩子不如你吗？那是因为他没有接受到好的性教育，接受了好的性教育，孩子就会比多数家长强许多！

理解和接纳孩子

好的性教育不是教孩子说"不"，而是教孩子做出有利于自己的选择。家长要理解孩子，一个人进入青春期了，他的性需求和性压抑是不是很大？当然很大，他是很难受的。

我的祖父在 14 岁的时候和我 15 岁的祖母结婚，后来生了我父亲，看到我就能猜到我父亲应该个子也不矮，智商也不太低。一百多年前，我们祖父母那一代，智力不如我们，受的教育不如我们，营养不如我们，生理发育也不如我们，甚至可以说他们在所有这些方面都不如我们，但社会文化认为他们可以做爱，可以结婚，可以生孩子。今天我们的孩子接受了更好的教育，营养和智力也更好，更早成熟，性的欲求更早出现，更多地陷入身体欲求的困扰当中，也有能力学习对自己和他人负责，但是社会却认为他们应该更晚做爱。这不是很荒唐吗？这不是折磨我们的孩子们吗？

所以爱孩子是站在孩子的角度思考问题，考虑到他青春期性需求的状况，而不是说我担心你学习受影响，担心你怀孕，担心你是女生有性关系了将来没男人要你……这样想是没有用的，反而充满了更多的伤害。像对女性的贞操观念会极大地伤害到你的女儿的，甚至可能还会很严重地影响到她未来开展亲密关系。所以我们针对孩子的"性"要改变态度。

所以，我们要做的是：在孩子没有做之前，帮助他学习负责任。而如果孩子已经做了呢？

我仍然要说的是理解孩子，接纳他。做了就是做了，事实无法改变。所有的谴责、批评都有可能给他带来心理负担，给他带来更大的伤害，使他真的不能专心学习；而接纳他，鼓励他继续去学习，处理好各种关系，不因为性和恋爱而影响他的学业，影响他的人生追求，这才是父母好的选择。

要让孩子做到这一点，绝对不是靠谴责和责骂就能做到的。学校也不是靠开除孩子就能做到的，而一定是理解孩子、包容孩子、接纳孩子，才能够做到的。

即使如此，我们也不能保证孩子不因为性关系而受到伤害，只是能够最大限度地降低伤害的可能性。如果孩子意外怀孕，又怎么办呢？我相信已经了解了赋权型性教育理念的家长都会知道该如何选择了。那就是：继续接纳孩子、关爱孩子。孩子已经很难受了，家长怎么可以不接纳她呢？曾有一个16岁的女孩子不小心怀孕了，回家告诉母亲，母亲抱住孩子安慰孩子，到学校请假说孩子阑尾炎请假半个月，然后带着孩子去医院以妈妈的名字挂号，做人流。孩子很感动，那之后学习很努力，最后考进了北京一所自己梦想的大学。试想一下，如果那位妈妈知道女儿怀孕后，采取的是打骂策略，结果又会怎样？

爱而不会爱，必将制造悲剧。

答 问

问：12岁女孩子生了孩子，父亲打骂，问是谁的孩子，女孩子坚持不说。怎么办？

回复：不要再打骂、责问了。本来就是家长做错了，这是家长没有进行性教育的后果，要打打自己吧。爱孩子，关爱孩子，给她温暖，帮她渡过这个难关。她比家长更难受。

问：女生怀孕的事例可以和孩子交流吗？可以对自己的孩子讲吗？

回复：不仅可以和孩子交流，而且非常应该和孩子交流，非常应该和自己的孩子讲。因为这是难得的性教育实例。我一向主张，通过生活中的实例进行性教育。重要的是讲什么，我认为目标不应该是恐吓，而应该是让孩子有自我保护的意识，有年龄界限的意识。

问：妈妈在初二的儿子的书包里发现了避孕套，应该怎么办？要和孩子谈谈吗？如何谈？

回复：首先，孩子知道妈妈会翻自己的书包吗？如果是不知情的，建议父母尊重孩子的隐私，以后不要再翻了。遇到这种情况，如果妈妈感到尴尬或者对性教育不了解，可以当作没看见，放回去就可以了。无论如何，不要直接谈你看到了避孕套，那会让孩子很难堪。

青春期的孩子开始性萌动很正常，他的书包有避孕套证明他从其他地方了解了一些性知识。他的书包里有避孕套未必能证明他有过性行为，如果有了性行为，那他知道要用避孕套也是件好事。

这件事提醒家长，应该关心孩子的性教育了。毕竟儿子已经初二了，进入了青春发育期，家长要提供给他需要的知识、信息、方法，去面对和解决他可能遇到的一系列问题。

谈话的主要目的和重点，一是表达关注、争取信任——了解儿子的生理发育（如是否遗精）和心理认知状态（对自身发育、异性、感情、性的认知和感受），正面评价，表达理解、接纳和共情；二是提供知识、给予支持——借此机会对儿子进行相关的性教育，提供正确的知识或获取知识的正确渠道。性教育的内容至少应该包含：生理卫生、安全避孕、尊重他人、爱与责任等。

谈话时，家长的态度一定要坦然、放松，采取关怀和信任孩子的姿态，而不是紧张、责备、视性为羞耻下流之事，并胡乱假设儿子已经"变坏"或做了"错事"。

为此，家长应提前在性知识和教育方法上做好准备，需要的话，应该先进行一定的自我学习；或者向儿子推荐获取正确性知识的渠道，购买相关的书籍；如有条件，最好参加青春期性教育夏令营，促进孩子人格的全面成长。

问：一些性关系是"假性自愿"，是被诱导的，后来受伤害了，后悔了。那么，如何避免孩子们"假性自愿"？

回复：性教育应该清楚地让青少年知道性的意义、性意味着什么、性的后果、性的自主选择可能性等。在这些都清楚的情况下，仍然"被诱导"地选择发生性关系，那就是他当时的选择。即使事后可能后悔，也应该尊重他作为一个独立个体当时的选择。成年人的选择，未必事后不后悔，不仅在性的领域。

问：方刚老师，对中学生来说，性交是不是有了第一次，以后没有就不行了？女儿读高中，住校时夜里出去和男友过夜，被我发现后还撒谎说去上网了。她明明知道出去过夜不对，为什么还去？

回复：成年人有了第一次性交之后，不再性交，是不是"不行"呢？我觉得没有什么不行呀，只是非常难受而已，虽然可以通过自慰解决性需求。

假设女儿"知道出去过夜不对"，是错误的。她对父母撒谎隐瞒，并不等于她认为自己做的是错的，只是为了避免家长的惩罚而已。和自己喜欢的人做爱和过夜，她可能认为没有什么"不对"，只是要注意安全，注意责任而已。

她喜欢这个男生，喜欢和这个男生过夜，这和成人没什么不同，是可以理解的。但是，要在合适时机以合适方式进行性教育，以负责任的态度和她讲明其中的利害关系，让她自己进行选择，不要强行干涉。

问：初中生已经有了性接触，该如何引导？

回复：不知道这里讲的性接触是哪类？性交是性接触，接吻、爱抚，甚至谈性，都属于性接触。无论如何，事情已经发生了，家长以暴力惩罚没有任何意义，反而可能使孩子更加远离父母。这时应该教育孩子：性是长大之后的事情，不应该过早接触。如果只是接吻和爱抚，希望就此为止，不要再进一步发生性交行为了。告诉孩子，有欲望是正常的，但有些欲望是需要克制一下的，克制是为了自己更好地成长。如果已经有了性交，告诉孩子，这可能会带来怀孕等严重的后果，最好不要再发生了，如果实在忍不住要做，就要戴安全套。坦白说，如果是已经有了性交行为，再绝对禁止是比较困难的了，对孩子进行安全套的教育，甚至给孩子准备好安全套，是家长应该做的事了。

问：女生喜欢上男生，不能自拔，且跟到男生家留宿。父母管不了，怎么办？

回复：已经确信管不了了，当然没有办法了。我想这个"管不了"，是指无法阻止她和男友同居。但如果在其他方面帮助她，应该还可以，比如告知安全措施、尽量避免怀孕。这里应该考虑给孩子一些支持，表示父母理解她，不要总是谴责她了。这样她遇到大挫折的时候，还会向父母求助。否则，如果父母强烈谴责，再遇到和男友分手、怀孕等情况，孩子真有可能会绝望的。

问：两个中学生，恋爱、怀孕、生子，他们的父母都支持这两个孩子的选择，您怎么看这个现象？

回复：支持孩子恋爱的家长，已经比较少了，还能做到支持孩子怀孕和生子，实属难得一遇。我个人认为中学生应该避免怀孕和生子。我们多数人可能无法理解这两个孩子父母的态度，也许需要听听他们怎么说，才能下结论。我个人猜想，未必是"支持"吧，可能是两个孩子一步步走过来，父母面对现实，仅是不"反对"而已。其用意也许是不想伤害孩子，相信孩子过几年到了结婚年龄，就可以正式结婚，过普通人的生活了。这可能与父母的观念和生活方式有关。未成年人的监护权在父母那里，如果双方父母都做了这样的选择，作教师的虽然也可以表达自己的看法，但似乎也没更好的办法。

问：我女儿学校有一个女生怀孕了，在学校生出孩子，校长对同学们说"这学生不是我们学校的，是从校外跑进来生的"。我问女儿："你怎么看？"她说："傻瓜，弄就弄了，还不采取安全措施。"我说："也许是被迫的，也许没有随时准备着安全套，也许不知道要来月经……"女儿说："啥时容易怀孕呀，一次就怀孕了吗？"我应该怎么办。

回复：你做得非常好。你女儿在这方面，不需要你操心太多了。

问：17岁女生怀孕，母亲坚持要让男生家长来，要赔钱。女孩子想生，父母不让生，最后引产。母亲说："一定要和那个男生结婚，要让男生家长负责。"

回复：非常错，是对孩子的二次伤害。正确的态度是：接纳孩子，体会孩子是否有受伤的感情。

问：女儿14岁，做过两次人流。自己对妈妈说："我不行了，我身体完了，我不是小孩子了。"在她自己强烈要求下，退学了。她一直生活在自责中。

回复：这是被社会上的恐吓的思想吓坏了，应该去掉社会负面信息对她的毒害。一些孩子不知道事后可以吃紧急避孕药，所以安全性教育时要告诉他们，而不只是告诉他们安全套的事。而且，性交、人流，绝不等于"身体完了"。家长这时要调整好心情和态度，不应该谴责孩子，而应该帮助孩子更正这些错误认识，接纳她，陪伴她一点点走出阴影。孩子很小，未来的路还很长，一切重新开始都可以。

问：我弟弟今年上初一，12岁。前段时间我发现了一件不可思议的事情，他居然从网上买了一个充气娃娃。现在家里人除了我之外都不知道，当然我也是无意中发现的。我作为哥哥是直接面对面谈谈吗？希望方老师能给予一些提示或答案。

回复：我觉得要尊重他的隐私，他一定不想让别人知道，所以你千万不要告诉别人。我觉得他的行为是可以理解的，你不用太紧张焦虑。至于面对面谈，我不知道你准备谈什么，以及是否能够做到理解和接纳。如果是批评，以及无意义的表示担忧，那这样的谈话就没有必要，而且可能有害。你只需要再默默地观察他就好，使用性用品本身没有什么危险，可以含蓄地向他传达一些正确自慰、避免自我伤害，以及不要性骚扰他人等的价值观。我认为孩子需要的是全面的性教育引导，要给他学习的机会。

问：我女儿今年读初三，有天回家说："妈妈，我们班有两个女生和我说，她们已经不是处女了。"我该怎么说？

回复：真是值得庆贺的大好事。女儿愿意主动和母亲交流同学间关于性的话题，既可以帮助母亲了解女儿及其同伴的想法，也可以借机进行性教育。母亲可以问女儿："你认为什么是处女？那两个女同学有没有说因何不是处女了？你对她们的做法和处境怎么看？"和她讨论处女的定义，可以进而引申到性的价值观。既然是女儿主动开始话题，就具备了讨论下去的空间，千万不要错过。母亲在这个过程中，可以把自己的担忧、希望与建议，委婉地传达给女儿，鼓励女儿做对自己和他人负责任的选择。

第14讲

残障孩子的性教育需要注意哪些问题？

　　长期以来，残障人被视为"无性人"。残障者的性需求被忽视甚至剥夺了，残障孩子的性教育更是被忽视。其实，残障者同样有性需求，残障孩子的健康成长同样需要进行性教育。针对残障孩子的性教育，既要看到残障带来的对性教育的独特要求，又要看到他们与非残障孩子的共同性，我们前面讲的性教育的原则与方法，同样适合他们。

不能否定残障者的性

有朋友问了我一个问题：一个得了轻微脑瘫的男孩子，18岁了，身体方面只有左手不能主动运动，其他正常，智商方面受了一定影响，目前在上正常学校的高一年级，成绩中下。爸爸希望教授他性的基本知识，甚至自慰，妈妈认定孩子没有自发性的自慰行为，不需要拔苗助长，怕他以后分不清私密场合和公开场合去自慰。他怀疑孩子妈妈的说法，并提到学校很远，男孩平时住学校附近，只有周末和月末回家，父母有时候过去看，平时几乎都由成为半个家人的阿姨来照顾。他想知道残障人的性，是否需要鼓励和引导？

在回答问题之前，先和各位分享一下残障青少年性教育的一些理念，这对于我们理解残障人的性教育非常重要。

首先，我们要知道，残障人的性被置于双重的压迫和双重的边缘之下：残障在主流社会中是被压迫的、是边缘的；性在主流文化中是被压迫的、是边缘的，社会假设残障人没有性、没有情欲。如果一个残障人有情欲，社会便把他们归入另类，对他们的情欲采取一个否定的态度。只要他们关心性、有情欲，似乎就违背了一个"好的、正常的"残障人的标准，这本身就是无知的。

当主流社会这样规训残障人的性的时候，实际上是在规训他们的性欲和行为。在这背后有一堆的假设，比如关于性感的标准、愉悦的标准、"正常"

的身体的标准、美的标准、人际互动的标准等，这似乎也定义了情欲的标准。多数非残障的人用自己的理解来定义情欲，所以定义残障人士不性感，因为他身体的残障导致有的愉悦是达不到的，而且残障人可能没有办法满足这些性感、器官、人际、审美的标准，所以被排除在性之外，被视为无性人。这是规训的本质。

事实上残障者既有情欲也有性欲。他们的情欲的满足，似乎只有满足了非残障人制定的标准才有可能被认可。其实，本来就不应该有一个关于情欲、性欲、性表达、性实现的标准。残障人无法按照健全人规定的标准来被规训，就被认为是无性的，这是社会进一步完成性控制的一种手段。

为什么不应该有一个标准？因为每个人都不一样。不应该把不符合所谓健全者的情欲标准一律污名或者规训，只有污名才能维护规训标准的正统性。

如果能接纳多元，尊重个体，性规训本身就难以维系了。接纳有的人是健全的、有的人是残障的，接纳不同的性的表达、不同的性的人际关系的表达，就是接纳多元。而接纳多元，就没有单一的标准，那些想控制性的势力就难以维系了。

为了禁止残障人的性满足，社会连那些对残障人有性欲的人也一起污名化了，这是主流社会对于"恋残者"（专爱残障人的人）的解读。我早年和另外一个朋友写过一篇论文，访问了一些"恋残者"，发现主流社会给这些人贴上了不正常、不健康、心理疾病、变态的标签。

为什么说他们变态呢？因为那些健康的、美的身体你不爱，非要去爱那些残障人。

每个人性欲的满足是多元的，因为没有办法接受多元，所以就去否定那些残障的人，这是社会对性的规训。

对于一些智障者的情欲对象更甚之。如果有人和智障者发生了性关系，主流社会一律视为性侵犯。一个非智障者和智障者发生了性关系，社会一律视为强暴强奸；智障者说"我愿意"，社会还是认为他不愿意，因为社会认为他不懂得性含义。问题是智障者怎么表达，才能被认为他是真的同意呢？难道智障者一生中的性权利就这样被剥夺了吗？

这背后又是一种新的管控方式和规训，在这个过程中，智障者丧失了权利。

有一部韩国的电影《绿洲》，讲的是一个智障的女孩和一个非智障的男人恋爱，并发生了性关系故事。后来，事情被这个智障女孩的哥嫂发现了，他们把这个男人送进了监狱——这个女孩就这样被进一步伤害了。

父母要尊重残障孩子的性人权

在一次残障人性教育的研讨会上，我见到了一个20岁的自闭症女孩，表示出对男孩子的好感，但她的妈妈就拉着女儿走，说这是不可能的，因为她是自闭症。

女儿是自闭症，她的性就这样被剥夺了吗？这位妈妈在这个会议上公开说："人生有很多事情要做，包括保护环境、爱护自然……"这和女儿性的满足有什么关系？她的意思是让女儿做这些"伟大的事"，不要情欲了吗？

我看到很多残障孩子的家长，一方面自卑，另一方面又强调和夸大自己的贡献，比如这个家长，她就谈他们家对国家、社会多么有贡献……这些没有问题，但把这些和自闭症女儿对亲密关系的向往对比起来，意义何在？

人生有那么多事情要做，性，也应该做。夸大了其他的事情，却认为女儿的幸福不重要，这到底是在爱女儿还是在害女儿？

这个女孩子喜欢帅哥，见到帅哥就有亲近的欲望，在我看来这个妈妈应该做的是帮助她的女儿和那个帅哥交往或者教会她的女儿如何与别人交往。

她的妈妈总担心女儿被利用、被骗，不让她交往，甚至不同意给女儿找男伴。在会议上很多人也提出来："给你的女儿找一个男伴，将来你们不在了，女儿也成年了，她也有个寄托。有个帮助她的人，不是更好吗？"这位妈妈说："我和她爸爸会尽量活得长一些，照顾她久一些。"

即使尽量活得长一些，照顾得久一些，能照顾到什么时候呢？这样剥夺女儿的性需求，真的就理直气壮了吗？父母能代替她的情爱对象吗？很多残障者的父母基于对情欲的否定，看不清这些问题。作为残障者的父母，就要改变这些认知。

说这些是想告诉残障孩子的父母不要剥夺你孩子的性权利，也不要剥夺他婚姻的权利。我理解这些父母的心情，对自己残障孩子表达出的情欲感到恐惧和害怕，有的家长是喜忧参半，但不论怎样，这些都不是阻止孩子性满足的理由，应该帮助他实现性的满足。他因为残障已经在某些方面不能享有非残障人所拥有的生活了，还要在性上剥夺他吗？

用残障者的标准看问题

有一个智障男生，十七八岁，在公共汽车上看见漂亮的女孩子就笑；在家里上厕所没进厕所门就把裤子脱了，父母就很焦虑，因为家里还有妹妹。

对于这个男孩子的表现，可能有人会说，在公共汽车上对女孩儿傻笑，这是性骚扰。在家里没进门就脱裤子，妹妹又在，这样也不好。这些都是在用非残障者的标准去思考问题。

我们现在要做的是：应该用残障者的标准去思考问题。用非残障者的标准去思考残障者的生活，对残障者来说不是太不公正了吗？总用自己的价值观和正常人能达到的标准来要求残障者，太欺负人了。

所以，应该站在残障者的视角看问题：

第一，残障者是有性的，父母、家长、监护者应该致力于他们性权的实现，而不是剥夺他们的性权。

第二，应该用残障者的标准来对待他们，不应该用非残障者的标准来评价他们。

如何实现残障者的性权？

我们说青少年的性教育，就是要尊重他们的性人权。那么，残障青少年与非残障青少年的性人权一样吗？当然，大前提是一样的。此外，残障者的角色和身份与非残障者的角色和身份不一样，这决定了社会应该给他们更大的空间，只要他们没有侵犯到其他人，应该更多地向这些弱者倾斜，不能用健全人的标准去要求残障人。

正常人能得到的，残障人不一定能得到，应该注意到个体差异，尊重不侵犯人权基础之上的身份权，这个身份权就是残障者的身份。当残障者的独特身份影响他们像非残障者那样行使性人权的时候，社会应该基于他的身份给他足够的、特殊的对待，使得他的性人权能够实现。而如果忽视了这个独特身份，把他当作非残障者那样要求，他们的性人权就没有办法实现了。

总之，要帮助他们实现性人权，就必须给他们特殊对待。比如高位瘫痪者的护理人员，可以给他们翻身、洗澡，帮助他们做这做那，是否可以给他们提供一些性的护理？在中国台湾和日本有"手天使"，给手没有办法够到自己阴部自慰的残障人提供性的护理。

帮助残障者实现性人权，是社会健全的一个标准，真正以残障者为中心，不是以"健全"的人为中心。从这个视角出发，能够帮助我们更好地理解残障孩子的性教育。

通过一些残障孩子的案例，我们可以看看如何帮助他们实现性权。

一个智障的男孩子，在住宅的楼道里自慰，结果邻居很愤怒，说他性骚扰。

有的人会说，他确实侵犯了从楼道里经过的人的空间使用权。但他是智障者呀，我们站在他的角度来思考这个问题。他对于空间的认知和非智障者是不一样的。不一样和没有空间认知感不是一个概念，智障者的空间认知达不到非智障者的层次，你很难跟他说清楚哪儿是公开场所，哪儿是私人场所。所以我们谴责那个在楼道自慰的男孩子的时候，是不自觉地使用了非智障者对空间的认知标准。

如果以非智障者的认知标准来衡量，该教育那个在楼道里自慰的孩子，因为不应该在公共空间自慰，侵犯了别人的空间使用权……但是各位想一下：这公正吗？

首先，他学习区分公领域和私领域非常困难。其次，按这个来推理，那挂拐的、坐轮椅上街的也是对非残障者空间使用权的侵犯。那残障人就不能挂拐、不能坐轮椅上街了吗？

如果换一种处理方式，用残障者的空间认知作为标准，残障者与非残障者拥有平等的公共空间的权利，他们有权利按照自身特点来使用公共空间，那这个在楼道自慰的孩子至少不应该受到谴责。

我们应该挑战和颠覆对于公共空间使用的概念，非残障者规训了公共空间和性的规定。当残障者没有按这个标准使用的时候，非残障者便会感到焦虑，因为这不符合社会的规训。

但我们不能用非残障者的标准来要求残障者，所以各位请放下焦虑，站到残障者的视角来看，转而庆贺他们，为他们在享受性的愉悦而欢欣鼓舞。你的孩子或者别人的孩子能够享受性的愉悦，虽然是在公共空间，但也应该感到欣慰，他并不是冒犯你，我们清楚地知道他智障，怎么还会想他是要性骚扰别人呢？

所以我们应该帮助大众了解残障者对公共空间认知的意义，关注残障人，对他们在公共空间自慰采取更包容的态度。家长可以反复对他进行性教育，引导他学习空间意识，但是，在他没有受过性教育，还没有培养起私领域和公领域的判断能力的时候，不要因为他的行为谴责他。他不是坏孩子。

再讲一个案例。一个女性智障者和一个非智障的男性来访者在聊天，非智障者摸这个智障者，智障者没有拒绝，于是他们就发生了性关系。你怎么看待这个事？主流社会观点说：强奸！或者我们修改一下这个故事。如果是这个智障的女性，摸这个非智障的男性，然后这个非智障的男性跟女性做了，又怎么说？可能仍然有人说：强暴！因为智障者不懂，你不该跟她做。

前不久我看到一个报道，一个非智障者和智障者生了四个孩子，结果这个非智障者被人告了，被抓起来以强奸罪判刑了。

我们到底是用什么标准来判断？智障者怎么来表达自己，他一定要用非智障的标准来表达吗？

在这个问题上需要想一想，智障者基于自己对性的理解而有选择性的权利，非智障者加了很多文化对于性的禁忌，而智障者没有，我们是否要尊重智障者的主体选择？

单纯反性侵的教育，打着保护青少年的旗号，机械地剥夺青少年的性权利，对于残障的青少年，更是如此。我认识的一位家长说："别人不能搂抱我的孩子，那是对我孩子的性侵犯。"面对残障者，要以保护的名义终身剥夺他们的性权，这到底是保护还是残害？我们到底是他的监护人，还是他性权的剥夺者？

社会工作对残障人的一个帮助目标就是赋权，所谓赋权就是自主、自觉、自理，我觉得在性上也应该是一样的。换言之，只要这个残障人的选择没有侵犯别人的利益，那么社会应该尊重她的选择。

在这个案例当中也是一样的，残障者没有拒绝，并且有了迎合，那我们认为她是自主自愿的；智障者主动去找那个非智障者，非智障者没有拒绝，也应该认为是那个智障者主动的选择。所以，不要剥夺智障者选择性的权利了。

性教育不能成为性规训，残障者的性教育更是如此

社会应该听到残障的欲求，致力于满足他们的情欲，这远远比家长担心的"被骗""吃亏"更重要，远远比防性侵更重要。所以在这里想对残障孩子的家长们说几句话：

第一，作为残障孩子的家长，不要按主流社会的标准来要求你的孩子，主流社会设定的是非残障孩子的标准，爱你的孩子就应该用他的标准；

第二，不要以你孩子的性欲表达为羞耻，无论你的孩子是男孩子还是女孩子，你都应该为他感到高兴；

第三，你应该协助你的孩子完成性的满足；

第四，你要对歧视你孩子性探索的行为大胆说"不"。

一句话：爱孩子，从尊重孩子的性开始。

有家长可能会说："我作为家长可以接受，公众能够接受吗？"为什么个人的性要交给公众来审判？个人吃什么要交给公众来审判吗？只要没有侵犯别人的权益，为什么要让公众审判？我想跟这位家长说的是：家长应该保护你的孩子免受公众的侵害，致力于孩子实现他的性需求，而不是因为公众的歧视有可能带来伤害，就剥夺孩子的性人权。

性教育中不应该忽视残障孩子，包括不应该忽视他们的特殊需求。所以，

对他们的性教育要更费一番心思。比如可以通过图片等启发他们，让他们知道自我保护，避免受伤害。

对于身体残疾的青少年，性教育中也应该有关于他们的内容，这样才公正。让他们知道，他们也有办法获得自己的性快乐，他们并非注定是无性的一群人。

智力存在障碍的孩子，同样需要性教育，甚至更需要性教育。智力障碍的孩子，在面对性骚扰时的自我保护能力，需要进行特别的教育；智力障碍的孩子，也更难理解性游戏的意义，以及对自身可能带来的伤害，也需要把这些知识和技能教给他们。其实，我认为针对智力障碍孩子的性教育，在内容上应该涵盖普通学校性教育的内容，还要增加针对智力障碍孩子的独特内容；在方法上则要像其他学科的教学一样，针对学生特点，让孩子能够听懂、理解、做到。

残障孩子性需求的满足

如果没有性伙伴，你给他买个娃娃行不行？当然可以。刚开始说的那个案例没有给大家答案，到现在相信各位已经有答案了：那个18岁男孩子的父亲可以教给他自慰。不仅如此，孩子未来的性满足，家长要多操心。

这是一个总体的态度，并不等于我们就可以不做性教育了。家长不要忽视与非残障者一致的那些性教育问题，特别是对于心智障碍者，不要增加认知负担，对于这些孩子，包括自闭症的孩子，性教育应该有情景教学、角色表演、反复练习等形式。

什么叫情景教学？就是要到这个情景当中去，比如有一位父亲，他看到自己的孩子用阴部撞墙，感到不知所措，他想让孩子达到性满足，用无害的方式自慰，问我该怎么做？我说你可以握住孩子的手，拉着他抚摸自己的阴茎，撸动阴茎。这就是情景教学。

对于非智障的孩子，父母就可以告诉他，不伤害他的自慰方式是用手握住阴茎上下撸动；对于智障的孩子，你跟他说不清楚，可以抓着他的手教他做，他就更容易学会了。所以各个环节都需要有这样的练习。

比如说他表现出对异性的喜爱，盯着看、痴笑，这显得有些不太礼貌，家长就可以教会孩子说："我喜欢你，我们可以发展亲密关系吗？"而且一次可能教不会，要反复地教，直到他学会为止。这就是针对残障孩子性教育的特殊之处。

曾经有一个自闭症女孩的母亲跟我说，她女儿29岁了，问："我是怎么来的？"这位母亲不知道应该如何回答。其实采用对非残障孩子一样的方式回答就可以了。当然，你更要简单、直接地说清楚。有的家长对于非智障的孩子也编了很多，比如生命的通道、爱的种子之类，非智障的孩子都听不懂，自闭症的孩子更听不懂。

说到自闭症的孩子，还要提到一点，自闭症的孩子有社交障碍，这个时候家长更应该培养他学习去恋爱，不能像前面的家长一样看到女儿喜欢别的男孩子，就吓坏了。这是很好的机遇，不仅有可能实现性的满足，还有可能实现婚姻呢，所以应该鼓励孩子去恋爱。

有一位智障学校的老师跟我分享，有男生要亲女老师的脸，老师该怎么办？亲老师的脸，这就涉及别人了，不是孩子自己的事情。女老师觉得很不舒服还是觉得无所谓？如果你觉得无所谓，并没有感到不舒服，知道亲脸是那个男孩子表达善意的行为，那就不用太紧张；如果你确实觉得不舒服，那就告诉那个男孩子说：我不喜欢、不开心等。反复说，反复教，智障的孩子就会学会。给他机会，不要轻易给他贴性骚扰的标签。

还有一个 11 岁的智障男孩子，总摸女老师的胸，这个非智障的老师很害怕，不知道该怎么办。我认为首先应该接纳这个孩子，他过来摸胸，你就抓住他的手，和他一起拍拍手，像做游戏一样，然后慢慢引导他的界限感，培养他的身体界限，而不是简单地觉得自己受了性侵犯。

《联合国残障人权益保障公约》当中有一句话：没有我们的参与，请不要做关于我们的决定。所以残障人的问题，都要听到残障人自己的声音。很多残障人教育出现的问题，并不是残障人自己的问题，而是家长的问题，所以我们家长要改变。

答　问

问：九岁男孩，自闭症，请问什么时机可以教孩子自慰呢？他早上起来的时候会有摸生殖器的行为，这个是到时机了吗，还是尿憋的？我有点焦虑，因为不知道是怎么回事。

回复：摸阴茎是自慰。这个男孩子不等教就已经有了自慰的尝试和习惯了，家长注意不要让他以错误的伤害自己的方式自慰就行了。

何时教孩子自慰，因人而异，因家长而异，总的来说应该顺其自然。比如，当你感觉到他有压抑、不舒服、焦躁情绪的时候，也许就要教他了。每个家庭根据孩子具体的情况来判断，没有一个统一的标准。教的时候，可以按我前面说的抓住他的手撸动一下，舒服了，他就知道了，这个不会有什么伤害。

问：我儿子12岁，自闭症。昨天他在班里搂着一个女老师的长靴子闻，把老师吓坏了。以前他也出现过这样的行为，所以我买了好多女靴给他在家里闻，可是他喜欢的是真人穿过的靴子。经过长期教育，他已经没有这样做了，最近却突然又重犯了。他自己也说这样做是不对的，但是他控制不了自己。我真的不知道怎么办了。

回复：青春期的男孩子被女性的鞋子、丝袜、长腿等吸引，是正常的现象，不用大惊小怪。心智障碍的孩子的性发育是正常的，所以他们有这样的表现不足为怪。从某种意义上讲，家长还应该感到欣慰，即自己的孩子的性发育正常，他在成长中，这不是一件好事吗？

建议家长放松心情，从正面的角度看待这件事，千万不要总用"变态"之类的词将孩子的行为污名化。

进一步，针对搂着女老师的长靴子闻这样的行为，我们要帮助孩子学习的是人际界限、个人身体权等概念。对于自闭症的孩子来说，学习这些是困难的，但是，并不等于无法学习。对于自闭症的孩子，不能只靠语言讲，要多做体验式教学。比如拉着他的手摸自己家买的女鞋，说："这是可以的。"拉着他的手摸别人（比如自愿一起参与帮助孩子的亲友）的鞋，说："这是不可以的。"反复强化，换不同的情境展示，帮助其逐渐树立空间感和人与人界限的清楚认知。

问：我女儿今年14岁了，刚开始来月经，我想给她解释月经的原理，有关卵巢、输卵管、子宫等方面的常识。可是她左眼一级盲，右眼二级，基本上看不见什么东西，当然就不能看到书上的人体解剖图了，我该怎么让她具体、生动地认识这些人体内部的器官呢？

回复：触摸会更生动、直观，让孩子用手触摸，是非常可行的方式。家长不妨去找一些跟性器官的大小、形状类似的物品回来，甚至找一些塑料模型也行。比如让孩子摸桂林米粉，告诉她这跟输卵管差不多粗细，然后用雪梨示范子宫，用带壳的大杏仁示范卵巢，再剪下一段自行车内胎示范阴道。

第15讲

特殊家庭的性教育

这一讲，我们讨论父母一方出轨的家庭、单亲家庭、离异家庭，以及父母太忙的家庭中，对孩子进行性教育的一些问题。

父母一方出轨家庭的性教育

父母一方出轨，情况可能很复杂，我不准备在这里做简单的道德评判，我只想讨论它对孩子的影响。

严格地讲，如果孩子不知道这事，父母继续扮演表面的幸福恩爱的关系，对孩子就不会有什么影响。但如果父母一方出轨被孩子知道了，对孩子影响可能会比较大。这时候孩子可能会自责，以为是自己有错；可能会怀疑亲密关系；可能会因为缺少爱而陷入痛苦中，等等。

很多时候，父母出轨不担心警察，而会担心孩子。父母会为了孩子选择放弃自己的婚外情吗？也可能会。无论放弃与否，对孩子的影响都可能有好有坏。即使一对父母没有婚外情，但整天吵架，或者不关心孩子，甚至对孩子有家暴，就不影响孩子吗？

那么，怎么做才可以真正保护青少年呢？

父母出轨对孩子的这些负面影响，同样和社会主流文化的建构有关。婚外情若被孩子发现，可以和孩子分享，告诉他人类情感的复杂多样性，这是一个很好的性教育机会。进一步，还可以说明，父母的情感与性是我们自己的事，并不影响我们对你的爱。

作为实际行动，父母应该给孩子更多的关爱。这些处理好了，父母的婚外情对孩子的负面影响就会降到最小。

单亲家庭的性教育

社会上单亲家庭已经越来越多了，以后还是会越来越多的，很多单亲家庭的家长对于性教育这件事情比较担心，特别是那些父亲跟女儿生活、母亲跟儿子生活的家庭组合。因为他们觉得：我是异性父母，怎么跟孩子谈性呢？不好意思说，不方便说，不知道该怎么说。这种情况还是蛮常见的。

我觉得这些家长犯了一个错误，其实无论你的性别是什么，性教育就是性教育，都可以进行教育。不要觉得自己是异性家长，就认为和孩子谈性比较暧昧，这说明你内心对性还是有羞怯回避的态度，而我从一开始就讲：要坦然谈性。所以性别不是问题，父亲跟女儿讲、母亲跟儿子讲，摆对了家长的角色、位置，就是一样的。

但单亲家庭的性教育中，也有一些特别需要注意的问题。

如果你在情爱关系当中有创伤，不要把自己的创伤带给你的孩子，不要把你对于情爱关系的负面认识灌输、强加给你的孩子。我看到很多家长离婚了，妈妈说爸爸坏话，爸爸说妈妈坏话，甚至有人格侮辱，说男人怎么样、女人怎么样。这些个人的看法和态度可能深刻地伤害到你的孩子。因为你的孩子对于这些亲密关系形成了负面的认识，他未来更难以开展亲密关系，甚至可能在你的影响下对异性有非常差的刻板印象，产生一些污名的东西，比如认为男人都很坏、不可靠等。而是要让孩子明白，人类关系中爱情、亲密关系仍然会有很好的，你应该自己思考和探索对于亲密关系的态度，而不应该受我们这些失败经验的影响。

此外，单身父母自己的性实践、亲密关系实践与对孩子倡导的价值观应该是一样的，如果你跟孩子讲性的纯洁守贞，而你自己频繁更换性伙伴，不断带男朋友或者女朋友回家过夜，孩子会形成一个混乱的认知。明智的单身父母，通常不会在与一个人建立了稳定的情感关系之前，就带他或她见自己的孩子的。

总的来讲，在单亲家庭当中，应该给孩子一些对于亲密关系、异性、父母的积极的、正面的、肯定的认知。应该告诉孩子只是父母不相爱了，但我们还爱你。

再婚家庭的性教育

很多再婚家庭的家长，最大的一个担心是女儿和继父的关系。

有一位母亲带女儿再婚，对方带儿子过来。母亲不想让女儿和继父、哥哥单独在一起，因为担心女儿受性侵。母亲不在家的时候，就想让女儿住在辅导班。

类似情况和担心很常见，这背后是性恐惧。重要的是处理好家庭关系，教育孩子懂得身体自主权。在一个家庭中，躲不是办法。

家长选择再婚的时候，要做好对方的考察。同时也不要把所有男人都想象成性侵犯的施加者。这也是不公正的，会影响亲密关系。我们的社会强调反性骚扰的片面的声音，许多时候真会影响我们的家庭建立好的亲密关系。

当然，再婚家庭中对孩子的性侵犯也确实存在。比如有一个女学生，受继父性骚扰。她和母亲讲，母亲也非常无助。女孩子便在学校写作业，很晚才回家，有时旷课去网吧。

这就是一个非常危险的情况，女孩子的人生可能从此偏离航线。她现在要做的，首先是向信任的其他亲人求助，让那亲人去影响母亲，介入这个三口之家，采取切实的行动阻止继父的行为。如果继父仍然不顾警告一意孤行，就必须报警，使他受到法律的惩罚。这也是母亲的责任所在。同时，母亲、其他亲人和心理辅导专业人员都应该给这个女孩子充分的情感支持，帮助她走出蒙受性侵犯的阴影。这个过程会非常艰辛，除此之外，别无选择。

有些母亲面对女儿投诉继父性侵时，之所以不敢报警，是因为生活上依赖这个男人。所以，这就需要社会提供好的支持系统。

家长太忙，没有时间进行性教育

父母经常不在家的孩子，如何进行性教育？或者孩子寄养在祖父母、外祖父母的家里，这种情况下的性教育又有什么需要注意的呢？

有大量的研究显示，更少得到父母关爱的孩子，会更早地有性行为，而且通常是没有经过思考、没有认真负责的、草率的性行为。因为他们在父母那里得不到温暖和爱，所以到别处寻找。比如"援交少女"，很多人以为她们都是贪图金钱才去援交，但学界的调查结果显示并不是这样，女孩子们做援交的一个最重要的原因是"大叔爱我""我从大叔那里得到温暖、得到爱"。这些女孩子几乎毫无例外地都是在原生家庭缺少爱的孩子。

所以尽量多给孩子爱，多给他们关心，给他们温暖，有机会还要给他们一些引导和性教育，所以再忙也不要忽视了孩子。

答　问

问：有个学生家里出了状况，她妈怀疑她爸在外面有女人，而她爸长期打她妈，她妈每次都告诉女儿。这个学生很恨她爸，叫他是畜生。请问怎么办？

回复：妈妈把对爸爸的怨恨，拿出来让女儿分担，这样做对孩子的成长是不好的。成人之间的问题，许多是非常复杂的，有时难以简单判断谁对谁错，每一方都会有自己的理由。让孩子过早介入成人间的争端，特别是培养简单的怨恨情绪，可能会影响到他们未来亲密关系的建立。如果有机会，引导孩子认识到：父母间的矛盾可能有各种原因，不应该简单谴责或憎恨一方，更不应该对亲密关系没有信心；无论父母间的关系如何，他们都是爱你的；你不应该介入父母间的争执，应该做自己该做的事，比如好好读书，你的健康成长是父母都希望看到的。

问：18岁男孩，生活在单亲家庭里，跟着母亲过。自己在家时不穿衣服，尤其上厕所，必须一丝不挂。但有人敲门时，他会立刻穿上衣服或躲起来。

回复：除了不穿衣服，还有别的表现吗？如果没有，可能只是他觉得这样舒服，或者他是一个裸体主义者。而且，这应该指的是夏天吧，不太可能冬天也这样吧？他知道来外人时躲起来，就说明他清楚社会规范。

每个家庭有自己可以接受和习惯的生活方式，只要当事人觉得没有什么，别人不必过虑。

问：我离婚了，九岁的女儿跟着前妻过，现在前妻又嫁人了。我每天都生活在恐惧中，担心女儿被继父性侵犯。因为女儿很漂亮，而且做继父的很方便下手，媒体上报道这类事例也很多。女儿和我生活在一起时，洗了澡会光着身子在屋里跑，裸体也从不回避我，还会在我腿上坐。我告诉女儿："和你亲爸爸在一起这样可以，和别人不能这样。不要让别人摸你、碰你；如果继父摸你身体敏感部位，就要立即打电话告诉我。"我也告诉前妻："绝对不可以出差时把女儿自己放家里和继父过，一旦让我知道发生继父性侵女儿的事，我保证一定会有人丧命。"我做了我能做的一切，但我还是不放心，这事令我寝食难安。

回复：确实存在女孩子被继父性侵的现象，您这样的担忧与警惕也是可以理解的。但是，这毕竟只是少数现象，绝大多数的继父母家庭中不存在这个问题。而且，您能够做的也已经做了，应该可以放心了。

我这里倒是想批评一下您，我觉得您做得有些过了。您告诉女儿自我保护是对的，但是当目标直指继父的时候，是否想过这会在她幼小的心灵中建构起对继父的过分警惕呢？这是否会影响她以后和继父的关系呢？是否会破坏她的新家庭中原本应该拥有的和谐呢？进一步，是否会使她对男人产生恐惧感呢？所以，好的做法是：让女儿懂得自我保护，自己的身体任何人都不能侵犯，而不是以继父为假想敌。应该教育孩子保护自己的身体，而不是让她处处自危。

问：在一个健全家庭中，父亲角色长期缺失。女儿已经上初中了，对父亲疏离，对亲密关系渴望与关注，应该如何引导？

回复：在缺爱的家庭中长大的孩子，更渴望在与异性的亲密关系中得到温暖，虽然这可能是一个永远无法充分满足的渴望。帮助孩子认识到自己这种对亲密关系渴望的背后，可能有的家庭背景的影响因素；培养孩子学习在对自己最有利的时候、选择对自己最有利的亲密关系的能力。

第16讲

未尽的性教育话题

性教育涉及的内容非常多。前面15讲虽然已经尽量覆盖了主要的家庭性教育话题，但一定还会有许多遗漏。更重要的是，在现实生活中，每个孩子都是不一样的，每个家庭也是不一样的，一定会涉及更多具体的性教育问题。

许多家长的提问，是没有办法归入到上面15讲的主题中的，所以我将它们统一放在了这里。

即使如此，仍然会有很多未尽的性教育话题。但是，家长只要记住一点就可以：牢牢掌握赋权型性教育的理念，无论遇到多少独特性的问题，相信都能够迎刃而解的。

身体的探索

问：我儿子问我："我的小鸡鸡和爸爸的不一样，为什么？"

回复：告诉孩子：你的阴茎和爸爸的阴茎不一样，是因为你还是个孩子。等你长大了，也会长出阴毛来，阴茎也会变大变粗。这是正常的生理变化，就像你的脑袋要长大，胳膊和腿都要长长一样。而且，你的腋下也会长出腋毛来，这同样跟年龄有关系。

问：我女儿对我说："我们幼儿园的一个小男生总嘲笑我没有阴茎。"怎么办？

回复：告诉孩子：那个小朋友是错误的，他缺少科学知识。如果我们都好好学习，就会少犯这种无知的错误。你明天就去告诉他：女人有阴道和子宫，男人却没有。所以，男人和女人是平等的。

问：儿子问我："我的阴茎比同学的小，怎么回事？"我该如何回答？

回复：告诉孩子：没有什么可担心的，有的人长得晚，有的人长得早。而且，有的人大一些，有的人小一些。这些都是正常的，对身体不会有任何影响。无论大小，不必自卑，也不必自负。

问：家里正有客人，13岁的儿子突然从厕所里跑出来，大叫：妈妈，我长阴毛了。客人直笑，弄得我们十分尴尬。

回复：这是好事，说明孩子平时不把身体当作禁忌的话题。客人笑，也是善意的，不需要尴尬。如果孩子说，长腋毛或白头发，我们是否会感到尴尬呢？孩子的这种对身体的态度，值得高兴。

问：一个男孩子尿尿后，对父亲说："爸爸，我的小鸡鸡很能干吧？"父亲没回答。这样是不是不好，应该怎么做？

回复：父亲不应回避，而应该交流。当然不是夸孩子很棒、很能干，而是告诉他——尿尿是一件自然的事情。否则，有一天孩子发现别人的更大怎么办？

问：我买了很多绘本书给孩子看，包括介绍人体器官的。但是，最近发现一件事，我六岁的儿子拿着有生殖器那一页给来家里串门的表妹看，人家不看，非追着给人家看。这该怎么办呢？

回复：如果是成年人做这种事，那就是性骚扰了。但这是一年级的小学生，所以不能简单地扣帽子，应该告诉孩子，勉强别人的事都是不应该做的。这个男生可能真的不知道不应该这样做，因为没人告诉过他，他只是觉得这样好玩。

其实很多书是不适宜孩子自己看的，应该有家长或老师陪着，并且配上适当的讲解，甚至讨论。像这本介绍人体器官的画册，家长陪孩子看时，要给孩子讲讲什么叫身体权，我们应该怎样保护自己的身体不受他人侵犯，我们应该怎样尊重他人，这才是正确的性教育。性教育不是孤立的，不是单单讲性，而是整个人格的教育、人生的教育，这样孩子才能健康成长。对于低年级孩子的性教育也是如此。

问：我的女儿问：为什么男人站着小便？每天都把坐垫尿得很脏？

回复：坦然告诉她：男人有阴茎，所以站着小便。但是，把坐垫尿脏是不好的，这是不负责任的行为，他们应该改正。

问：表姐弟相差八个月，六七岁的时候互看小便，祖父母骂丢人，不许看。可以看吗？

回复：可以看，看得多了，以后也就不看了。

问：孩子问卫生巾是什么、干什么用的，如何回答？

回复：可以实话实说。为什么不实话实说？你不实话实说，就是坏的性教育，培养性的污名和与身体有关的污名。

问：15岁男生问妈妈什么是阳痿，因此被骂，该如何对待这种事？

回复：是如何对待孩子，还是如何对待母亲？

首先，这位母亲肯定做错了。如果孩子问他什么是感冒，她会骂孩子吗？孩子是纯真的，可能真的不懂什么是阳痿。但母亲的内心是有性的污名化观念的，还可能会假想孩子问她这问题就是"性骚扰"，是明知故问。其实，即使是明知故问，坦然地回答也是最好的态度。而母亲骂孩子，就是我所称的那种错误的性教育，是在害孩子。培养孩子内心关于性的污名与罪恶，同时也激发孩子对性的好奇。

这个孩子已经受伤了，现在应该做的，是向孩子道歉，坦率地说清楚为什么骂他，检讨自己内心的"阴暗瞬间"。但是，这位母亲能够做到这一点吗？

所以，父母真的需要性教育！

身体接触的困惑

问：十岁的儿子问：什么是接吻？怎么回答？

回复：坦白告诉他。同时告诉他，不同关系有不同的亲密表达。恋人间的吻，是成年的、相爱的人在彼此愿意的情况下发生的。这是一个学习亲密关系表达和责任的过程。

问：十岁的女儿，问我"舌吻""湿吻"是怎么回事，还表示要和妈妈舌吻。我该如何回答？

回复：当孩子提出这种问题时，家长应该平静、自如地用他们能理解的方式回答，避免遮遮掩掩或者答非所问，这样只会加重孩子的好奇心。直接告诉她"舌吻"和"湿吻"就是两个人把舌头伸进对方的口中，与对方的舌头相互接触。这是两个人表达亲密的一种浪漫方式，一般是两个相爱的恋人在彼此尊重、自愿的情况下发生的。只要有一方不舒服，就应该停止这种行为。就像爸爸和妈妈可以这样舌吻、湿吻一样，等你长大了也可以和你爱的人这样亲吻。

问：孩子看了电视上的接吻镜头，要和我们接吻。我按您指导的，对他说：父母和孩子的吻应该是吻面颊、吻额头，不能嘴对嘴的吻。但我妻子有不同看法，她认为父母和孩子也可以嘴对嘴吻。您怎么看？

回复：确实有一些父母说，他们和孩子会有唇齿对唇齿的吻。甚至，有的母亲和孩子还会有舌吻。我想，单纯的唇吻，并不足有很强的性色彩，如果一个家庭中的成员都可以接受，也是可以理解和尊重的。但如果有一方不愿意，就不适宜了。一个女孩子从小到大一直和父亲有唇吻，直到她恋爱，和男友接过吻后，父亲再要唇吻她时，她才觉得不舒服，回避了。但舌吻却是具有非常强的性色彩的，皮肤和黏膜接触的部位都能够带来性快感甚至性高潮，所以我个人认为父母和孩子舌吻还是不合适的。

问：母亲在女儿小时候，带着女儿一起摸父亲的阴茎。长大后会有负面影响吗？

回复：不取决于做了什么，而是取决于做时的态度。估计当时更多的是开玩笑，如果没有经常这样，只是偶尔一次，不会有什么负面影响。一个孩子的性态度、性价值观、性行为方式是受许多因素影响形成的，不会是由一件小事决定的。

问：祖父摸孙子的阴茎，孩子也坦然取悦大家。可以吗？
回复：不要用这种方式表达对孩子的爱。

问：七岁的孩子，让我和他父亲给他演示做爱，我应该怎么回答？

回复：对孩子说，做爱是很私密的事，不能让别人看，即使是自己的孩子也不能看。看别人做爱，也是不对的，因为那是窥视了别人的隐私。每个人应该从小学会尊重别人的隐私，当然也要尊重自己的隐私，不要让别人看。

还可以进一步告诉他：做爱是成年的、相爱的人之间，彼此自愿地表达爱的一种方式。所以，在他成年之前，遇到自己爱并且也爱他的人之前，不应该做爱，更不能勉强别人做爱。

问：我的孩子11岁了，每天晚上睡觉时，都要摸着妈妈的乳房才可以睡，怎么办？

回复：理解和接纳他／她对妈妈乳房的迷恋，看看他／她内心有什么不安和担心？一一排除他／她的疑虑，让孩子感受到足够的安全和爱。然后，跟他／她解释为何不应该再有这样的入睡习惯，比如：他／她需要学习独立入睡，从身体的独立开始，学习独立处理自己的事务。另外，作为妈妈，也不愿意被这个年龄的他／她再触摸乳房等。同时告诉孩子：母子之间的爱和亲密，可以在别的时间，用别的合适的并且是双方都愿意接受的方式来表达和满足。

在得到孩子的理解之后，和孩子共同制订一个独立入睡的计划并实施。视孩子的情况，计划可以有一定的过渡性，比如：不再摸妈妈乳房，但是妈妈仍然可以陪伴在一旁，甚至可以摸着妈妈的手入睡，妈妈离开之前，也可以给予孩子拥抱和亲吻再说晚安。慢慢减少妈妈陪伴的时间，减弱亲昵的方式，直至最后实现孩子完全独立入睡，不需陪伴。

注意在日常生活中，要多关注、陪伴孩子，多和他／她交流，帮助他／她及时解决学习、生活和心理上的困扰和不安。需要的时候，用妈妈和孩子都能接受和喜欢的肢体语言（拥抱、亲吻甚至某些身体抚触）去表达对孩子的关注和爱。

另外，建议有意识地给予孩子一些青春期的性知识和性教育，包括身体发育、初潮或遗精、自慰、尊重他人的身体权和独立感受、爱的表达、爱与责任等。让孩子注意自己身体的变化，感受自己的成长和力量的强大。

还要鼓励孩子多参与学校和家庭事务，尝试新事物，多给予孩子自我选择和决策的机会，理解并支持他／她的合理想法和决定，发展其自主意识，促使其身心成长。

问：有个女孩十岁了，晚上希望能摸妈妈乳房几下。结果妈妈一直不让，女孩觉得被拒绝了，表现得挺伤心。妈妈觉得孩子这么大了，再摸不是好习惯。其中的原因到底是什么呢？女孩在一岁后跟着姥姥生活到三岁才回到父母身边。

回复：孩子依恋妈妈很正常，特别是从小没在妈妈身边，心理缺乏安全感。女孩想摸妈妈的乳房几下，在我看来只是她对身体的好奇，没有什么大不了，更何况她同样是女性，成年女性有时候也会摸其他成年女性的乳房，这都很正常。

拒绝孩子会让孩子误解，以为妈妈不爱她，所以要跟孩子交流。总之让孩子理解妈妈是爱她的，抚摸也是表达亲密关系的方式，跟她说清楚。

如果妈妈实在不喜欢被触摸，那可以心平气和地跟孩子表达自己的感受，让孩子懂得什么是身体权，让孩子知道如果别人的身体不愿意被触摸，那是不可以强迫别人的。同时告诉她，如果她不愿意让别人触摸她的身体，别人硬是要触摸也是一种侵犯，教导她保护自己与尊重别人。

问：朋友家的孩子两岁半看到我给宝宝喂奶，站在旁边说，阿姨我也想吃！我该怎么办？

回复：告诉他：每个小朋友都吃自己妈妈的奶。而且，现在你长大了，不需要吃了。再说，你吃了，小弟弟就没有吃的了……

问：有个母亲规定，孩子出门前必须和母亲抱一下，直到现在。这样做可以吗？

回复：可以。我认为这是一种亲密关系的表达，很自然、正常。父母不应该回避和孩子亲密关系的表达。抱一抱，只要孩子不反感就可以。

问：我的女儿三岁半，今年上幼儿园，最近幼儿园开展了小孩之间的互相帮助活动。今天老师发来大班小朋友帮托班小朋友脱衣服睡午觉的照片，但有一张是个男孩帮一个女孩脱裤子。现在的天气，娃儿的穿衣基本就是一个内裤再加条长裤，虽然不是自己的孩子，但是在看到这个照片时，我作为女孩子的家长是很不舒服的，而且当事的女孩子的家长也提出了我这种质疑。就是自己觉得孩子应该对性有个认识，家长和老师应该有个正确的引导，像穿衣脱衣、上厕所这块不应该是异性之间能相互帮助的内容。不知道我这种想法对不对？

回复：首先，我不认为男孩子帮女孩子脱衣服就是对女孩子的侵犯，我觉得培养女孩子这样的观念是很危险的。作为老师安排大朋友帮助小朋友，大朋友照做而已，这位大朋友没有做出侵犯小朋友的行为，我们不用过于担心。家长感觉不舒服是因为自己过于敏感了。

但是，另一方面，我也不觉得有进行这种帮助脱衣服活动的必要。学习互帮互助是好事，帮助的内容可以是整理教室、打扫卫生等。因为脱衣服、穿衣服，这本来就是应该自己做的事情，怎么还让别人帮忙呢？而且，不同性别的人之间帮忙脱衣服，至少无助于帮助孩子树立隐私与身体权的概念。

总之，老师的用意是好的，家长不必杯弓蛇影，过于紧张，但是，"大帮小"的这次设计的确是不完善的。

性的懵懂与好奇

问：儿子十岁了，我换衣服的时候，他都主动躲开。还会隔着门问："换好了吗？"换好了才进来。他上英语课外班时，有一个比较年轻的女教师很喜欢他，总逗他，捏一把、掐一下的。儿子就问我："妈妈，她是不是对我表示爱情呢？"我该怎么回答？

回复：即使家庭没有进行性别差异的教育，孩子也会通过其他渠道来了解和成长。这个孩子应该就是这样，已经认识到了男女的性差异，也了解到了男女的爱情。但是，从这两件事看，他并没有形成关于性的负面的认知。孩子主动回避妈妈换衣服，就回避好了，不必刻意要他不回避。具体到那个年轻老师的亲昵，完全可以理解成是一种喜爱。那就可以告诉孩子："爱情是两个成年男女之间的事情，老师对你只是喜欢而已，不是爱情。"甚至可以进一步，借机再多讲一些关于爱情的知识。

问：我女儿13岁，非常喜欢同性恋的动漫、日剧，但是她说只是喜欢看美男，性取向没有问题。我担心她这方面的热爱对她将来的婚姻有影响。对了，她对异性恋排斥，并说不想结婚。

回复：对于所谓"腐女"和"耽美"的研究显示，这与当事人的性倾向没有必然的关系。一些女孩子喜欢男同性恋文化，可能与她们对异性恋关系缺少安全感有关。绝大多数人都会随着年龄的增长而变化，家长不必过于忧虑。

问：十岁的女儿看到稍微有些暴露的衣服就会说"好色呀"，父母应该如何应对？

回复：当孩子说出这句话的时候，可以和她讨论为什么看到这些会觉得很色呢？"色"是指看的人还是穿的人？

要传播"如何穿衣服是每个人的选择，体现着不同的审美和风格"的思想，衣着只能体现一个人对美的追求，并不意味着很色。穿什么衣服是别人的权利和选择，可能出于美观或者想凉快一点，穿着暴露并不意味着有性的意义或者说并不代表着这个人就很色。把穿着暴露和性联系在一起，其实是一种对性的污名化，应该对孩子进行好的性教育了，帮她树立起正确的价值观念。

问：我读初中的女儿看了《金瓶梅》后说"恶心"。我应该怎么应对？

回复：对于一个没有或很少接触性信息的中学生来说，初读《金瓶梅》中的性爱描写，可能会有"恶心"的感受。我比较担心的是，这将影响她未来的性观念。我认为这是一个很好的进行性教育的机会。父母可以问孩子：哪些内容让你觉得恶心？为什么觉得恶心？引导她一起讨论性的话题。如果是针对亲密的性关系感觉恶心，可以告诉她：相爱的人之间自愿地有性关系，是很正常、自然的，这是他们彼此之间表达爱的方式，不应该感到"恶心"。无论他们用什么性爱方式，也不应该嘲笑他们。但是，那些不相爱的人，甚至不是自愿地发生的性爱，才是真正"恶心"呢。同时，也可以顺便谈一下父母对她在性爱上的期待：成年之后，遇到相爱的人，选择健康的、自主的性爱方式。

问：我的儿子13岁，最近洗澡出来会用毛巾包住下体，看见我就有意或无意地打开毛巾，又马上包上，连续这样的动作，好像故意给我看他的阴茎一样。我的反应是，"请你穿好衣服之后再出来"。不知道这样处理有没有问题，还需要进一步找他谈谈吗？

回复：我觉得这样处理没有问题，不需要进一步找他谈，也不要认为孩子的这个行为太严重。孩子进入青春期，可能对身体有一些好奇、有一些自豪，对于性有一些小小的想法、好奇、试探，或者给别人看的过程中有一种愉悦等，这都是他探索身体的过程。个人觉得家长不必把这件事情严重化，小题大做，或如临大敌。但建议让家长带孩子参加一些性教育的活动，比如我们暑假会办好几次的青春期的夏令营。为什么要参加这样的活动呢？因为很显然你的孩子已经在关注性了，这是你看到的，你没有看到的可能更多。在这个过程中家长能够讲的和处理的问题可能很少，那不如到一个群体当中去学习，这就是为什么说夏令营这个群体比较好，这是一个参与式的同伴教育的过程，孩子可以在这个过程中自我成长，并形成好的价值观。我们的夏令营不是单纯地告诉你什么对什么错，而是和你谈谈这样的事情，是一个带动孩子去思考、学习、成长的过程。

延伸阅读

[英]安东尼·布朗：《朱家故事》，柯倩华译，河北教育出版社2017年版。

[英]芭贝·柯尔：《顽皮公主不出嫁》，漪然译，新星出版社2015年版。

方刚：《电影性教育读本》，中国人民大学出版社2014年版。

方刚：《电影中的性别暴力》，中国社会科学出版社2016年版。

方刚：《积极行动：校园终止性别暴力工具包》，中国社会科学出版社2017年版。

方刚：《开放的性教育：影响孩子一生的性教育》，广西人民出版社2010年版。

方刚：《性权与性别平等：学校性教育的新理念与新方法》，东方出版社2012年版。

方刚：《中学性教育教案库》，中国人民大学出版社2015年版。

刘文利：《珍爱生命：小学健康教育读本1—6年级》，北京师范大学出版社2017年版。

[英]玛丽·霍夫曼、罗丝·阿斯奎思：《各种各样的家：超级家庭大

书》，黄筱茵译，北京联合出版公司 2017 年版。

[美] 夏洛特·佐罗托、威廉·佩纳·迪布瓦：《威廉的洋娃娃》，周琰译，浙江少年儿童出版社 2016 年版。

UNESCO(United Nations Educational, Scientific and Cultural Organization), 2010, 2018, Guidelines for International Sexuality Education.

WHO, 2010，Standards for Sexuality Education in Europe.

致　　谢

　　本书出版之际，向为本书做出贡献的朋友表示感谢。本书整理所依据的家庭性教育系列网络课程，是葛春燕的"旷达心理"主办，在"千聊"播出的；张琴琴完成了全部录音文字稿的第一轮转录和修订；任敬、李利、张平、葛叶奕、高禄璋、张照临、葛春燕、吴涵、张浩、侯峰、陈春花、张静、张琴琴等，又分别帮我进行了第二轮校改；我自己又进行了第三轮校改，以避免太口语化的内容。

　　各地家长的答问部分，王卫媛曾帮我做过部分录入工作，刘国静帮助整理了全稿，孙立峰又帮我再次审校了全稿。

　　此书的责任编辑郭晓娟，数遍认真阅读全书，提出大量细致的修订意见，我在她意见的基础上又进行了修订。